新编21世纪高等职业教育精品教材

市场营销系列

零售管理

第四版

主编／郑 立

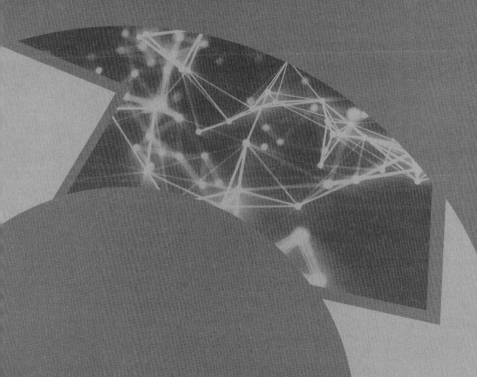

中国人民大学出版社

·北京·

前言

　　近些年来，零售市场的竞争越来越激烈，一方面网络信息技术和物流技术日新月异，另一方面消费者的消费观念和习惯也悄然发生变化，这些使零售行业在快速发展的同时也面临着前所未有的压力和挑战。零售企业为了适应市场环境的变化，不断地进行创新转型，开始广泛应用云计算、大数据等新兴技术，尝试探索社区新零售、全渠道经营、无人零售等新的零售模式，以进一步增强企业竞争力。

　　《零售管理》自第一版、第二版和第三版出版以来，受到广大师生和业内人士的欢迎。现应广大读者要求，以及落实党的二十大要求的"立德树人"根本任务，我们再一次对本书进行了修订，以进一步适应零售行业的发展和变化，满足实践教学和人才培养的需要。

　　本次修订在保留前版知识内容和结构体系的同时，更新补充了一些行业数据和新的案例，并增加了新零售这一项目内容，以帮助读者更好地学习和了解零售行业的发展，掌握零售企业的管理原理、方法与技术。本书案例丰富、鲜活，趣味性强，可作为高职高专经济管理类专业的在校生的教材，也可供相关行业的从业者参考。

　　本次修订由福建船政交通职业学院郑立完成。在本次修订过程中，编者参考了一些国内外学者的著作，也获得了许多专家、学者和教师的支持，在此深表谢意。

　　虽然编者在这次修订过程中力求准确和完美，但由于水平有限，书中难免存在疏漏和不足之处，恳请广大读者批评指正。

编者

目录

项目一　零售世界入门

学习目标

知识目标

1. 掌握零售、零售商的基本概念及零售活动的特点。

2. 掌握零售商具有的商业职能等内容。

3. 掌握各种零售业态的特征。

4. 掌握零售管理的概念、原则，以及零售管理的主要任务。

能力目标

1. 能够解释零售周期。

2. 能够熟练区分不同的零售业态。

素养目标

1. 培养自我学习的习惯、爱好和能力。

2. 培养有效地表达思想和观点、倾听和理解他人的意见和观点的能力。

任务一　　走进零售业

在早期的文明时代，人们能够种植或制作自己需要的商品。但是，在现代社会，有很多商品非常复杂，单靠个人不能完成。这些商品通常由厂商生产，被商店购买后，再卖给客户。

任务情境

张月保持制陶的个人爱好已经有好几年了。许多朋友告诉她，她的设计有趣而又别致。最近，她通过当地一家画廊出售了几件陶瓷品，赚得一笔很可观的利润。她相信自己已经做好准备，为此她不再把制陶当作一种爱好，而是把它当作一项生意，她可以向客户出售她的新奇设计。朋友们鼓励她开一家商店销售陶瓷品。

思考： 张月应该开一家什么类型的商店？

知识精讲

一、零售业概述

零售业是一个向最终消费者提供所需商品及其相关服务的行业。我们衣食住用行的需要，大部分是从零售业获得满足的。零售业是一个国家最古老的行业之一，沿街叫卖是最早的零售活动。人类最早的商业就是从这种沿街叫卖的行商中起步的，并逐渐发展成后来的坐商形式，即现在的店铺零售。20世纪90年代以来，随着人们生活水平的提高，零售业呈现出前所未有的发展，零售业态异彩纷呈。零售商店聚集了世界各地的最新产品，让消费者充分享受到人类文明智慧的结晶；超级市场为消费者提供了整洁舒适的购物场所，让人们告别了肮脏、杂乱、潮湿的集市贸易；邮购商店和网络商店让消费者足不出户就能满足所需。零售业这个古老的行业，其旺盛的发展潜力和充满活力的零售组织使之成为人们普遍关注的热点行业。

（一）零售的概念

人们通常认为零售只是在商店中出售商品，其实零售也包括出售服务。例如，理发店提供的洗头、理发服务；汽车旅馆提供的住宿服务；医生为病人进行的诊断和治疗服务；维修部门提供的修理服务等。

我国将零售定义为向最终消费者个人或社会集团出售商品及相关服务的活动。这一定义里包括下列要点：

（1）零售是针对最终消费者的销售活动。它出售的商品是给消费者用作直接消费而不是用来生产加工或转卖。

（2）零售活动不仅向最终消费者出售商品，同时也提供服务。零售活动包含着伴随商品出售提供的各种劳务，如送货、安装、维修等。

（3）零售对象不仅是指个人或家庭的购买者，也包括非生产性购买的社会集团。

（4）零售活动不仅可以在营业店铺中进行，也可以通过无店铺的方式进行。例如，网络销售、邮寄销售、上门推销、自动售货机售货、电话直销、电视直销等都是将商品出售给消费者，没有改变零售的实质。

（二）零售商的概念

零售商是以零售活动为基本职能的独立的中间商，是介于生产商、批发商和消费者之间，以营利为目的从事零售活动的经济组织。

以零售活动为基本职能的零售商，在产品的流通过程中发挥着至关重要的作用。作为生产商、批发商和消费者的中介，零售商可以提高流通效率、促进生产、引导消费。例如，为了实现效率最大化，许多生产商往往只生产一种商品，而消费者却需要多种商品，并想从种类繁多的商品中选购数量有限的品种。因此，零售商采集来自不同生产商的商品，大批量购买后再零售给消费者。这样使得生产商和批发商可以集中精力专注于商品生产和流通的某一个环节而获得更高的效率，消费者也因为零售商提供了品种繁多的商品和便利舒适的购物环境而感到满意。

（三）零售活动的特点

（1）交易规模小，次数多。由于零售主要面对的是众多的个人消费者，因而每笔交易的数量和金额比较少，在一定时间内交易的次数比较多。在我国的超级市场，平均每笔交易额还不到 20 元，每天发生的交易次数达到上千次。

（2）即兴购买多，且受情感影响较大。在零售交易中，消费者购买呈现出较强的随机性，经常产生无计划的冲动性或情绪性购买。

（3）进店购物仍是消费者的主要购物方式。尽管近几年邮购、电话销售、网络销售的零售额在不断增长，消费者完全可以选择不出家门购买所需商品，但绝大部分零售额仍然是通过商店销售实现的。这说明，许多消费者仍对亲自购物及在不同品牌和款式之间选择感兴趣，甚至将进店购物当作一种休闲方式。

（4）消费者人数众多，需求差异性强。消费者各自的经济状况、价值观不同，因此对商品的品牌、款式需求不同。这就要求零售商经营的商品有较多的商品种类，同类产品应有备选的多种品牌，以满足众多消费者不同的需求，给顾客尽可能多的选择和权利。

（5）现场选购，一次完成交易。零售交易通常是消费者到商店现场选购完成的交易，所以零售商店必须存有一定数量的现货。

（四）零售商的职能

（1）组织商品职能。为了满足消费者多种生活需求，零售商需要按消费者的需求分类、组合、配货，提供衣、食、住、用、行等多方面的生活用品。

（2）服务职能。为了方便消费者购买商品，零售商在销售商品的同时还要向顾客提供各种服务，比如导购、包装、免费送货、电话预约、安装、维修等与商品销售直接相关的服务。有的零售商还提供顾客休息室、儿童游乐室、停车场、临时保管顾客物品等服务。

（3）储存商品职能。为了满足消费者随时购买商品的需要，零售商需要储备一定量的各种商品现货。

（4）信用职能。零售商采用信用销售商品的方式主要有赊销、分期付款等。对于消费者来说，信用销售方式可以避免每次购物都要支付现金的麻烦，而且，即使手头现款不足，也可以购货，使消费者能用将来的收入购买到现在需要的消费品，对消费者起到了融资的作用，促进了消费。

（5）信息传递职能。作为生产商与消费者的中介，零售商能够最快地获得消费市场上的信息，并不断地将需求信息反馈给生产商，使它们能够及时生产出适合消费者需求的商品。

（6）娱乐职能。零售商通过商店的外观和内景装饰、色彩运用、橱窗展示、商品艺术陈列以及霓虹灯的彩色照明等，创造出独具魅力的环境与气氛，使消费者在购买商品的同时，获得美的享受。

（五）零售业的作用

零售业是流通产业中的重要行业，它对国民经济的发展起着重要的作用。

（1）零售业承担着把商品从生产领域转移到消费领域的重要任务。社会生产的目的是消费，商品要进入消费领域，主要经过零售业。零售业将社会生产的商品迅速、顺畅地送至消费领域，是社会再生产得以顺利进行的重要保证，对商品生产起到很大的促进作用。

（2）零售业税收在国家财政收入中占有相当大的比重。零售业税收是国家税收的主要来源。零售业把生产部门创造的全部商品价值通过向最终消费者销售商品，实现了商品的价值，并向国家缴纳利税，为国家提供用于经济发展的资金积累。

（3）零售业为社会提供大量就业机会。零售业是各国家和地区的主要就业渠道。零售业是劳动密集型行业，容纳就业人口数量多，因而成为一个对就业有特别贡献的行业。

（4）零售业是反映国民经济发展状态的晴雨表。零售业完成的社会商品零售总额反映了国民经济发展的动态，为国家实行宏观调控提供了依据。国民经济是否协调发展，社会与经济结构是否合理，首先会在流通领域，特别是在消费品市场上表现出来。

（5）零售业对社会安定起着保障作用。零售活动与人们的生活息息相关。零售业通过自己的活动，积极组织消费者购买需要的商品，及时解决人们的后顾之忧，推进家务社会化，满足人民生活稳定、安居乐业的需要，保障社会的稳定。

? 课堂思考： 零售商有哪些职能？

课堂延伸

互联网时代的零售通俗地讲就是要把互联网搬到店里，把物联网搬到消费者家里，把商店开到消费者口袋里，从互联网的经营与零售、物联网的服务到大数据的管理，对已有的零售行业产生底层逻辑的改变，使之成为支撑企业发展的商业逻辑和商业模式。

二、零售企业分类

由于零售企业形式繁多，划分的标准也不统一。目前，对零售企业的分类主要有三种方式：按零售企业经营模式分类、按零售企业有无店铺分类、按零售企业经营范围分类。以下介绍前两种分类。

（一）按经营模式分类

按经营模式分类，零售企业可分为独立商店、连锁商店、特许经营商店、出租部门、垂直零售商店、消费合作社、国有零售商店等。

1. 独立商店

独立商店通常是由店主自己经营，拥有一个店铺的独立零售商店。这类商店在零售业数量中所占比例最高。譬如美国，零售商中的80%～90%都是独立商，它们的零售额通常占零售总额的一半或者更多一些。我国的情况也大致如此，个体零售商占零售商总数的85%左右。

2. 连锁商店

连锁商店也称联号商店，即在总店的管理控制下，采取统一的商品经营和标准化的经营方法。连锁商店有以下两种基本形式：

（1）直营连锁商店。这是指零售商经营多个属于同一所有者的相同商号的商店，构成一个整体的单一的经营企业，通常实行一定程度的集中采购和集中决策。直营连锁商店在国内外均发展得非常迅速，进入世界"500强"的零售企业大部分是采用直营连锁方式发展起来的。

（2）自愿连锁商店。这是指由许多独立的商店自愿联合起来，进行共同活动的联合组织。自愿连锁商店总的特点是：连锁总部遵循共同利益原则，统一组织进货，协调各方面关系，制定发展战略，收集信息并及时反馈给各成员店。参加连锁的各零售店使用共同的店名，尽可能使经营标准化，并按销售额或毛利的一定比例向总部上缴加盟金及指导费。但各成员企业可以保持自己的经营自主权和独立性，独立核算，自负盈亏，人事自主，在经营品种、经营方式、经营策略上也有很大的自主权。

3. 特许经营商店

特许经营是指特许者将自己所拥有的商标（包括服务商标）、商号、产品、专利和专有技术、经营模式等以特许经营合同的形式授予被特许者使用。被特许者按合同规定，在统一的业务模式下从事经营活动，并向特许者缴付相应的费用。

4. 出租部门

出租部门是百货公司或专业店等将其店内的某部门或专柜出租给店外人经营，由承租者负责部门或专柜的全部经营业务，并从经营额中抽取若干比例作为租金缴付给出租人。

5. 垂直零售商店

垂直零售商店是由生产商自行投资建立及管理的零售店，即为厂商的直营零售店。厂商直接经营零售，主要出于以下目的：第一，为商品寻求出路；第二，通过零售直接获得消费者对商品需求的信息；第三，实验和宣传商品。

6. 消费合作社

消费合作社是以消费者所有制为特征的零售商店，由消费者自行投资、经营管理并分配利益。创建的目的是减少中间商环节，维护自己的利益，而不是盈利。消费合作社的社员由缴纳一定入社费和定额股金的消费者组成。消费合作社实行民主管理，由社员选出一个管理委员会或董事会，负责经营管理工作。每个社员不论投资多少，都只有一票的选举权。消费合作社以低价向社员提供商品和劳务。对社员股金付给一定的利息，每年所得纯利按每位社员购货额所占销售额的比例分红，社员能参加消费合作社的大会和享受盈余分配，社员以外的任何消费者也可以在消费合作社购买商品。

7. 国有零售商店

国有零售商店是指由国家投资建立的零售商店。零售商店所有权属于国家，其管理方式实行所有权和经营权分离，由企业行使经营权，组织商店的零售经营活动。在我国，这种国有零售商店占零售机构总数的 30% 左右。

（二）按有无店铺分类

按有无店铺分类，零售企业可分为有店铺零售企业和无店铺零售企业，其中后者又包括自动售货机、邮购商店（含电话销售、电视销售）、登门推销（流动商贩）、网络商店四种类型。

有店铺零售是有供顾客选购商品的场所，为大家十分熟悉的传统入店购物方式。无店铺零售是没有供顾客选购商品的场所，顾客购物无须进店，坐在家中就可完成购物。这种新的销售方式节省时间、精力，其优越性使其成为全球商业主流模式之一，并与传统的有店铺零售展开竞争。无店铺零售企业的主要类型及销售方式如下所述。

1. 自动售货机

自动售货机是使用投币式自动化机器售货，只要顾客按商品标价投入硬币，就可以将商品取出。自动售货机一般多置于人流量比较大的公共场所，如车站、码头、机场、剧院、运动场、学校、医院、办公大楼等。自动售货机以其灵活便捷、清洁卫生、24 小时服务的方式满足不同消费群体对饮料、零食、烟酒、报纸等日常生活用品的即时消费需要。

自动售货机能够实现昼夜服务，比较灵活方便；但适用商品范围窄，只限于单位价格低、体积小、重量轻、包装标准化的商品，不符合顾客的购买习惯，不能在买前接触商品，而且也容易被窃或被破坏。

2. 邮购商店

邮购商店是指通过商品目录或电视、广告宣传等资料，供顾客通过电话或邮局进行订购，待收到订单后再寄送商品的商店。

世界上第一家邮购商店于 1872 年诞生于美国，以后逐渐在美国和日本以及西欧发展起来。近年来，邮购和电话订购零售业又兴旺地发展起来。

邮购商店的经营方式特征主要有以下几方面：

（1）定期免费向顾客寄送邮购商品目录，同时在办事处备有商品目录。

（2）借助报纸、杂志、广播、电视等刊登广告，宣传某些产品，如图书、唱片、录音带等，顾客可以写信或打电话订购。

（3）向邮购经纪行购买邮寄名单，按邮寄名单择定可能成为顾客的名单，向他们寄发推销信、传单或书册中的插页等，然后根据顾客的订单邮寄。

（4）利用电话推销商品，即把录音通过自动电话向顾客通话推销。

3. 登门推销

登门推销是由销售人员亲自上门，挨家挨户地推销商品。登门推销类似于古老的流动商贩，由工商企业派出许多推销员，随身携带样品登门推销。先取得顾客订单，然后回到企业办理送货上门。登门推销的商品主要是化妆品、服装、家用器皿、图书、杂志、食品等。

登门推销由于没有店铺，可以省去一般零售店的许多费用；登门推销可以方便顾客购买，同时也可以针对顾客的各种问题给予恰当的解释，经过当面演示，销售的成功率会较高。但是，登门推销对推销人员的要求较高，需要对推销员进行培训，推销员的佣金也较高，不利于消费者对商品的质量与价格进行比较。

4. 网络商店

网络商店是通过互联网进行商品经营活动的一种商店形式。零售商在互联网上开设虚拟商店、建立网上营销的网站，上网的消费者可以根据网址进入网站访问，浏览商店的商品目录等各种信息，找到合意的商品后向零售商订货，通过网上支付系统付款。零售商通过邮寄或快递公司把商品送给购物者。通常所见的网上书城、网上花店、网上订票等网络商店以及部分网上拍卖，均属于网络商店模式。

？课堂思考： 说出常见的零售企业分类方法。

三、零售业态

零售业态是指零售企业为满足不同消费者的需求而形成的不同的经营形态。零售业态的分类主要根据零售业态的选址、规模、目标顾客、商品结构、店堂设施、经营方式、服务等因素确定。

（一）百货商店

1. 百货商店的定义

百货商店是指经营包括服装、家电、日用品等众多种类商品的大型零售商店。它是在一个大型建筑物内，根据不同商品部门设销售区，满足顾客对时尚商品多样化选择需求的零售业态。

2. 百货商店的组织形式

（1）独立百货商店，即一家百货商店独立经营，别无分号。

（2）连锁百货商店，即一家大百货公司在各地开设若干百货商店，这些百货商店都属于百货公司所有，由公司集中管理。

（3）百货商店所有权集团，即由若干个独立百货商店组成，但所有权统一的零售组织。

3. 百货商店的特征

根据国家出台的《零售业态分类规范意见（试行）》，百货商店有以下特征：

（1）选址在城市繁华区、交通要道。

（2）商店规模大，营业面积在 5 000 平方米以上。

（3）商品结构以经营男装、女装、儿童服装、服饰、衣料、家庭用品为主。

（4）商店设施豪华，店堂典雅、明快。

（5）采取柜台销售与自选（开架）销售相结合的方式。

（6）明码标价，按价销售，可以退货。

（7）服务功能齐全。

百货商店大多设在城市繁华的商业街和郊区购物中心，内部装饰得富丽堂皇，橱窗商品陈列得琳琅满目。百货商店以其多样、热闹、有吸引力、充满生气、有刺激性、色彩丰富的特色吸引大量顾客前往参观和购物。

现代大型百货商店营业面积在 5 000～10 000 平方米，职工 500～2 000 人，经营品种 4 万种以上。在西方国家，大百货商店一般有 100～150 个商品部。百货商店把各类商品按部门进行收集及管理，并连接在一起，通过相互配合，相互照顾，发挥出其巨大的作用，让顾客能够在一个地方买齐他所需要的所有商品，更便于顾客有比较、有选择地购买。百货商店因此能够大量销售商品，更好地满足消费者的需求，而且足够大的规模还能吸引大量远方顾客。

百货商店每个商品部、商品柜都有若干服饰整洁、彬彬有礼的营业员为顾客介绍、取送商品、解答问题、包装商品，为顾客提供一系列服务，如分期付款、送货到家等。顾客进入百货商店购买商品时，通过销售人员的帮助，了解到商品的性能、质量、使用方法等有关情况，买到称心如意的商品，享受到优质服务，能增加购物的愉快感。

百货商店拥有较高的市场占有率，在顾客心目中具有良好的印象。在百货商店里，顾客可以放心地购买他所需要的商品，因为在百货商店购买商品，不论在商品质量还是在价格上都是放心的。每种商品都明码标价，价钱公道，而且当商品有问题时可以换货或退货，解除顾客后顾之忧。百货商店汇集了许多新商品、优质商品、流行性很强的商品、高档商品和名牌商品以及礼品等。顾客可以在百货商店愉快地购买商品，即使不买商品，也能在百货商店内欣赏新式时装，观看商店的豪华场景。所以，很多顾客喜欢逛百货商店，并将百货商店作为休闲去处。

（二）超级市场

1. 超级市场的定义

超级市场是实行自助服务和集中式一次性付款的销售方式，以销售包装食品、生鲜食品和日常生活用品为主，满足消费者对日常生活必需品需求的零售业态，普遍实行连锁经营方式。

2. 超级市场的特征

（1）以食品为经营重点，基本上满足食品购买者一次性购齐的要求。超级市场是以经营食品为主、日用品为辅的零售店。它应是传统的菜市场、粮油商店、食品商店、杂货店的组合，向顾客提供高品质、新鲜、卫生的生鲜食品及一般食品和日用杂货。

以食品经营为重心的超级市场，其主要功能是满足消费者一次购齐食品的要求，充分发挥作为家庭食品提供者的社会功能。有了超级市场，家庭主妇不必再去肉店买肉、去菜店买菜，而只要进一家超级市场，就能买全一般日常生活所需的商品。

（2）采取开架自选、自我服务、一次结算的售货方式。超级市场采取与众不同的经营方式，由顾客自选、自我服务、一次结算的售货方式是超级市场得到迅速发展的主要原因。在超级市场里，摆放着一排排货架，绝大部分商品采用小型透明包装，并贴有醒目的价格标签，不但同类商品陈列在一起，用途相近或有关联的商品也放在一起，使顾客选购商品既方便又节省时间。顾客可以用商店准备好的手推车或提篮，自由挑选货架上的商品，若有需要也可以招呼店员提供咨询服务，这就使顾客在心理上产生一种自主感，也可以使店员从静止、被动的等待状态中解脱出来，为顾客提供更为轻松、活泼而有效的服务。而对超级市场来说，则可以大大节省人力，降低成本。顾客挑选完商品后，可以在出口处向收银员一次付清所有商品款项，收银员用电子收款机记录商品的数量和价格，开出收据，向顾客收款，这样大大节省了顾客付款的时间。

（3）廉价销售，商品周转速度快。超级市场的利润率较其他商店低。如美国的超市，净利润占零售额的 1.5%～2.0%。价格低廉是大多数超级市场价格定位的首选。如果超级市场中商品的价格昂贵，一般工薪阶层不敢问津，这就背离了兴办的宗旨，也很难在市场中立足。超级市场将低毛利、低费用、低价格作为自己的经营原则，薄利多销，商品周转速度快。由于低价销售，超级市场对消费者具有吸引力，促进批量购买，加速商品周转。

（4）具有一定规模。超级市场必须具备一定的规模。我国的普通超级市场（或称标准超市、生鲜超市）面积一般在 800～1 500 平方米，设在生活小区内或附近，商品以包装冷冻食品、生鲜食品为主，附带一些日用品，这种超市在未来极有可能取代传统的菜市场。大型综合超市（或称大卖场）面积在 5 000～20 000 平方米，主要开设在城乡接合部。大型综合超市的商品以低价格和品种齐全的优势对消费者有较大的吸引力，满足消费者一次性购齐的需要。在国外，大多数国家对超级市场都要求规模标准，如日本要求营业面积必须在 3 000 平方米以上；德国要求营业面积在 400～2 500 平方米。

（5）店址主要设在居民住宅区或郊区。据中国连锁协会对上海超市的调查，市民通常去超市购买的商品种类前五位分别是：食品（86.5%）、日用品（83.7%）、化妆品（20.2%）、家用电器（15.5%）和服饰（14.5%）。为了方便居民去超级市场购买食品及日用品，其店址应靠近居民住宅区，这也是国内外超级市场经营成功的重要经验。据美国资料介绍，一家超级市场是否成功，主要取决于在距商店约 1.6 千米范围内能否有一个较高购买力的消费群。一般来说，2 000 户的住宅区可配备一家超级市场，10 000 户的住宅区可设立一个 2 000 平方米的超市。国外居民喜欢居住郊区，超级市场也在郊区设立，吸引车程 20～40 分钟的顾客。

（6）采用现代化设备及管理。采用现代化设备与管理，也是现代超级市场的一个主要特征。超市运用商业信息化和自动化技术，配有计算机设备。连锁超市集团一般都建有

POS 系统、自动订货系统等。当顾客选购完商品付款时，收银员用扫描仪读取商品上的条形码信息，电脑便自动统计商品种类和价格，分别将信息传递到总部或配送中心，由总部或配送中心及时进行销售结算和营业统计，管理人员能通过销售终端及时掌握不同商品的销售状况、库存状况、盈亏状况，并保证分店货品供应和零库存，提高连锁超市的管理效益。

（三）专业店

1. 专业店的定义

专业店是指以经营某一大类商品为主、配备有丰富专业知识的销售人员并提供适当的售后服务，满足消费者对该类商品选择需求的零售业态。经营者以某一顾客群为目标市场，针对性强。常见的专业店如服装店、体育用品商店、家具店、花店、书店等。

2. 专业店的特征

专业店这一零售业态具有以下特征：

（1）选址多样化，多数设在繁华商业中心、商业街、百货商店或购物中心内。

（2）营业面积根据主营商品特点而定。

（3）商品结构体现专业性、深度性，品种丰富、选择余地大，主营商品占到经营商品的 90%。

（4）经营的商品、品牌具有自己的特色。

（5）采取明码标价和开架销售。

（6）从业人员具备丰富的专业知识。

专业店是将全部精力放在满足某种特定的市场需求上。一个专业店一般只拥有一条产品线，如儿童服装、时尚精品、家用电器等。有的专业店的规模较小，产品线较窄，但经营的商品规格、花色、式样、品种齐全，由经过训练的销售人员向消费者提供充分的服务。一些专业店为吸引高收入阶层的顾客，还配置了精巧的货架和高档的商品；另一些则是折扣导向的，目标在于吸引价格意识强烈的顾客。由于专业店经营的商品专业化很强，所以其在商品品质或陈列上都优于百货公司。顾客到专业店购买商品，不需要多方奔跑、选择，就可以满足某一方面的需要，甚至可以满足特殊需求。

3. 专业店经营的商品品种

（1）花色品种繁多，需求变化快，挑选性及时间性较强的服装、纺织品、鞋帽等商品。

（2）商品构造复杂或经营技术要求高或需提供售前或售后服务的钟表、照相器材、家用电器、药品等商品。

（3）鲜活商品以及由于采购加工、保管条件需要专营的蔬菜、水果、鱼肉、糕点、茶叶、肉制品、风味食品等商品。

（4）需要具有某些专业知识及经营技术的金银制品、文物、工艺美术品等。

（四）便利店

1. 便利店的定义

便利店是一种以自选销售为主，销售小容量应急性的食品、日常生活用品和提供商品性服务，以满足顾客便利性需求为主要目的的零售业态。

2. 便利店的特征

便利店这一零售业态具有以下特征：

（1）选址在居民区、交通要道、娱乐场所、机关、团体、企事业办公区等消费者集中的地方。

（2）商店面积在 100 平方米左右。

（3）步行购物 5～7 分钟可到达。

（4）商店结构以速成食品、饮料、小百货为主。

（5）营业时间长，一般在 16 小时以上，甚至 24 小时，终年无休息日。

（6）以开架自选为主，结算由收银机统一进行。

便利店一般是独资经营或合伙经营的小商店，营业面积只有 100 平方米左右，也有一些是大公司经营的小商店。营业时间上方便顾客，从早上 7 时到晚上 11 时，有些甚至是全天 24 小时营业，而且一年中没有休息，顾客可以在任何时间内购物。店址一般处于居民区内，或设在街头巷尾、车站码头以及高速公路两旁，以便于居民或来往行人、旅客随时购买。经营的商品主要是方便食品，如各种面包、饮料、香烟等，以及便利性的服务，如出售报纸、提供复印服务等。便利店的毛利、销售价格较高，如美国便利店的商品价格比超级市场高 10%～20%，利润率高达 4%。

目前，由于一些大城市的超级市场竞争激烈，便利店发展条件已趋成熟。作为后起之秀，便利店市场竞争相对较弱，发展潜力十分巨大，发展前景非常诱人，便利店将是继超级市场之后的又一个新生的主力业态。我国居民生活方式发生着变化，生活节奏越来越快，空闲时间越来越少，便利店以全天 24 小时的营业时间、紧邻住宅区的便利购物地点、配合各种便民服务措施而适应了现代人的生活方式；国内大量小型商店经营规模小、商品质量无保证、经营费用较高、管理水平差，由连锁形式的便利店来整合或取代它们已是大势所趋；便利店适合采取特许经营方式发展连锁网络，在这方面比其他业态占有优势，因而容易后来居上，形成迅猛发展之势；便利店可以解决电子商务的物流瓶颈，通过强大的配送能力将商品散布在各个居民区的销售网络并送到消费者手中，这一新的利润增长点使得未来的便利店具有广阔发展前景，并成为各商家炙手可热的争夺焦点。便利店投资项目具有抗市场风险能力强、投入成本低、投资见效快和发展空间大等特点。同时，便利店具有商品少而精、库存调整灵活、利润率高、易于拓展、采购方便、贴近消费者需求等诸多优点，很适合我国现阶段的经济发展水平。从国外便利行业发展的经验来看，随着商业法律法规的不断完善与贸易政策的公平化实施，便利店的发展速度会步入更快的发展轨道。

（五）仓储式商店

1. 仓储式商店的定义

仓储式商店是一种将仓库与商场合二为一，主要设在城乡接合部，价格低廉，服务有限，并实行会员制的零售业态。

2. 仓储式商店的特征

仓储式商店这一零售业态具有以下特征：

（1）经营范围广泛，包括食品、日用品、耐用品等。

（2）规模较大，设备简单，人员较少，费用和价格较低。

（3）批量作价，多是成件或大包装出售。

（4）开架售货，附设大型停车场。

（5）实行会员制。

3. 仓储式商店的经营风格和观念

（1）通过降低经营成本实行低价策略。仓储式商店选在地价或房租较低处设店，且不专门装修门面、美化橱窗，以仓库存放货物的基本格局陈列商品；尽量缩减员工人数，由于采取自选方式，顾客自我服务，集中付款，因此员工人数比同等规模的其他类型商店少一半以上；直接从厂家进货，既保证了商品的质量，又免去了中间环节的"盘剥"；慎重选择经营品种，经营使用频率高的食品和日用消费品，不求花色品种齐全，只求销售最快的抢手货，加速货物周转。美国的仓储式连锁商店一般均大批进货，付款日期可推迟一个月，在此期间货物以现金交易出售，若在付款到期前将货基本售出，则销售收入可基本抵付进货价款。这样，商店的大量进货资金都是厂商无息提供，从而大大降低了流通资金占用的成本。我国的外资仓储式商店，如麦德龙、万客隆等，之所以能成功，正是从各个方面降低了经营费用。

这些仓储式商店虽然设施简单，服务项目稀少，不设立导购人员，但管理十分精细，既使建筑物装修成本达到最低，又使店铺运营成本降至最少，真正实现了商品的低价格，所以在零售市场中占有一席之地。

（2）营造宽松便利的购物环境。现代仓储式商店基本上实行开架自选售货方式，由于营业面积巨大，售货员很少，顾客丝毫感觉不到拥挤，从而真正享受到悠然购物的自由与乐趣。食品及日用品采取间隔式陈列，每一类均占一行陈列位置，行与行之间堆放着未开封原包装箱商品，高度不超过 1.5 米，顾客可以从货架上零散取货，也可以整箱取货。一些极易弄坏且超小的商品采用壁柜式陈列，既新颖又方便；服装及鞋类则采用区间式陈列，形成许多别致的小型屋，使顾客在心理上产生高档精美的感觉。仓储式商店另一胜人之处是醒目的 POP 广告，即销售点广告。在商场的周围、入口、内部随处可见所售商品的广告宣传，如天幕、海报、彩旗、展示物、说明书等，这对于渲染商店气氛、诱发消费者潜在愿望、形成冲动性购买，具有积极的促进作用。

仓储式商店的本质特征是廉价销售，将目标市场明确定位于工薪阶层，提供低廉的价格，让利于民，毛利率一般固定在10％，价格低于超级市场26％～40％，给消费者和经营者带来最终的实惠。例如，广州大型仓储式批发零售自选商场——天河万客隆开业的第一天，有10万人次光临购物，销售额达70多万元。开业以来，平均每日有数万人光临。在国内大型商场销售额下降或平稳的今天，万客隆的销售额却保持不断上升的势头，每月营业额都稳定在1 000万元以上，成为广州零售业中的一匹"黑马"。这说明仓储式商店将市场目标投向中低收入阶层的定位适应当前消费状况，颇受消费者欢迎。虽然近年来经济发展和人民生活水平提高很快，但大多数居民的生活水平属温饱型，我国目前有60％～70％的消费者消费水平仍然较低，因此目标市场的容量很大。只要掌握仓储式商店的经营特征和竞争优势，将经营成本降低，实现商品的低价格，这种模式就会被越来越多的企业接受。

？课堂思考： 请指出能够提供大多数商品的商店类型。

案例研究

我国便利店行业发展现状

便利店是指以经营即食性商品或服务为主，以满足便利性需求为第一宗旨，采取自选购物方式的小型零售店。按经营模式划分，便利店可分为连锁便利店和非连锁便利店；按区域划分，便利店可分为社区便利店、风景区便利店、商业区便利店、车站便利店等，不同区域便利店的消费者需求存在一定的差异。

我国政府不断推出政策推动便利店行业加快发展，促进其服务质量提升和市场竞争力增强。2023年7月出台的《全面推进城市一刻钟便民生活圈建设三年行动计划（2023—2025）》，将便利店纳入保障民生、应急保供体系，为消费者提供更便捷、优质以及出现灾难时能随时采购的场所，促进行业的可持续发展。

国家统计局数据显示，2010—2022年，我国城镇居民人均可支配收入从19 109元一路升至49 283元，2023年城镇居民人均可支配收入继续上升至51 821元，同比增长5.1％。收入提高促使居民消费支出增多。同时，在收入不断增长的情况，居民生活节奏加快，便利店凭借购物的便利性优势逐渐成为快节奏居民的主要消费场所。

除了居民收入不断提升外，我国城市化水平的提升也持续推动着行业的发展。便利店只有建在人口密集地区才能实现盈利。我国城市化水平的提升促使城市人口增多，城市面积增加，为连锁便利店行业发展奠定了基础。国家统计局数据显示，我国城镇化率从2010年的49.95％发展到2022年的65.22％，GDP超过万亿元的城市已达到24座城市。随着我国城镇化率持续提升和城镇经济实力持续增强，我国城市中适合便利店经营的区域不断增多，为我国连锁便利店行业发展提供了广阔的空间。

目前我国便利店行业呈现出快速发展的态势。随着人们生活水平的提高和消费习惯的改变，便利店已成为日常购物的主要渠道之一。便利店数量大幅增加，遍布城市、乡村和交通要道等区域。从中国连锁经营协会（China Chain Store & Franchise Association，CCFA）数据来看，我国便利店行业市场规模从 2015 年的 1 181 亿元一路上升至 2022 年的 3 834 亿元，其中品牌连锁便利店为 3 264 亿元，增速达到 9.8%。从门店规模看，2022 年全国便利店门店规模达到 30 万家，年增速约 19%。其中品牌连锁便利店 18.7 万家，便利店数量持续快速增长。商品结构不断拓展，除了传统的食品、饮料和日用品外，还引入了生鲜食品、健康食品和个性化产品等。服务水平也得到提升，智能技术的应用使购物更加便捷，部分便利店还提供送货上门等增值服务。便利店行业也越来越重视绿色环保，推出环保产品和减塑措施。电商融合发展成为趋势，便利店积极探索线上线下融合模式。品牌竞争加剧，知名品牌扩大规模，新兴品牌崛起。总体来说，我国便利店行业正朝着更加多元化、便捷化和服务化的方向发展。

案例解析：随着社会、经济的发展，百货业态逐渐没落，超级市场则竞争激烈，而便利店的发展条件则日趋成熟，竞争也相对较弱，市场潜力巨大，便利店将成为继超市、百货等业态之后又一新生主力业态。

任务二　解读零售管理

　　管理是企业经营活动得以顺利进行的必要条件，是企业维护和完善一定的社会生产关系的客观要求，是促进企业生产力发展的有力杠杆和提高企业经济效益的重要手段，也是企业自我完善以适应社会发展的可靠保证。有人做过以下比喻：将管理、科学和技术，看成是关系到企业能否存在和发展的"三个支柱"；也有人把科学管理和现代技术比喻为支持经济高速增长的"两个轮子"。在这些比喻中，管理的重要性不言自明。俗话说"三分技术，七分管理"，企业不仅要有先进的技术，也要有先进的管理与之相适应，否则落后的管理将使先进技术得不到很好的发挥。

　　零售企业要想生存与发展，必须认识到管理这一要素在企业经营中的重要作用，并真正贯彻实施，以推动企业的进步。

任务情境

　　世界零售巨头沃尔玛业绩优良的奥秘何在？当然是卓越的企业管理。由于良好的管理信息及沟通系统，店员极强的责任心，再加上特别褒奖及利润分成，这使得沃尔玛公司成为具有成本优势的竞争者，并为沃尔玛公司带来了较低的售价、单位面积营业额的增高、惊人的利润及令人垂涎的市场份额。

　　思考：你知道沃尔玛到底有哪些管理典范吗？

知识精讲

一、零售管理概述

(一)零售管理的概念

管理是指通过计划、组织、控制、激励和领导等环节来协调利用组织的各种资源,以实现组织目标的过程。一个企业要有成效,必须使组织中的各个部门、各个单位直到个人的活动互相协调发展。组织中的人力资源、物力资源、财力资源的配备也要同步,只有如此,才能实现组织目标。

零售管理是管理的一个分支,它是指零售企业针对自己的组织进行各种资源的协调利用,以实现企业的零售目标,是一个动态的管理过程。零售管理与其他各种行业的管理有着共性的东西,如对人、财、物的管理,对人的激励与领导问题等。零售企业要实现既定的经营目标,必须对各项经济活动进行计划、组织、指挥、监督、协调等工作,有计划地调配和使用人力、物力及财力,疏通流通渠道,保证购销活动的顺利进行,以较低的成本获得较大的经济效益。

(二)零售管理的原则

1. 管理目标要明确

零售企业目标是企业为实现经营目的而规定的、需要在特定时期内实现的具体成果。一个企业有了明确的目标,企业人员才会明白自己应该努力的方向,从而调动积极性,最终使目标变成现实。否则,就会事倍功半,白白浪费精力。

目标对于人们开展活动具有重要作用,它可以统一和协调人们的行动,使人们的活动有明确的方向;可以激发人们的努力;可以衡量人们的工作成绩。对于一个企业来说,如果没有明确的目标,企业的经营活动就会盲目;没有方向,管理就会杂乱无章,企业就不能使其活动获得良好的成效。

企业目标有长期目标和短期目标。企业在一定时期内所要实现的目标,具体可表现在市场占有率、销售额、利润额、效益规模、上缴税金和福利基金等方面。企业目标不能定得过高,要实事求是,通过全体员工的上下团结一致努力可以实现。企业目标必须明确、具体,使所有员工感觉到它的真实存在。

目前,零售业市场竞争空前激烈,对大多数企业来说,要想在开业之初就收回成本是不大可能的。因此,许多经营者将目光放长远,树立了"先生存、后发展、再盈利"的长远经营目标与思想。沃尔玛的深圳分店就宣称三年不要利润,以打开市场、扩大市场占有率。它把眼光放在了中国的未来。

2. 经营管理要适应环境

企业的经营环境在很大程度上决定了管理层可能的选择。成功的战略大多是与环境相适应的战略。环境是制约零售经营活动的主要因素,环境分析是战略过程的关键要素。每个零售商都需要进行市场调查，了解市场及其变化动态，根据调查结果，准确把握环境的变化和发展趋势及其对组织的重要影响，适应环境和改善环境，制定经营管理目标，有效地开展企业的经营管理。许多国外大企业进入中国市场，首先都进行市场调查，对人口数量、民族分布、风土人情、地理因素、政府政策等可能影响本企业管理的因素进行细致深入的分析，以保证管理的安全性及正确性。例如，法国的家乐福、德国的麦德龙、美国的沃尔玛在进入中国市场时进行了长达数年的调查工作。它们发现，原封不动地将原有的经验照搬到中国市场是不可能成功的，必须结合中国的国情，对中国的消费市场进行重新研究，选择目标顾客群。

3. 管理的重点是降低成本

在竞争激烈的市场环境下，零售企业最重要的管理突破点是通过降低成本提高竞争力，而不是单纯依赖寻找不同的业态。因为所有的业态都处在同一起跑线上，企业增加利润的途径一是增加收入，二是降低成本。现实中，零售企业要通过增加收入来增加利润已经变得越来越困难，通过降低成本增加利润已经成为一条非常重要的途径。因此，降低成本是零售企业内部管理的重要目标。

降低成本的管理重点是采购管理、物流管理、商品组合管理这三个核心内容。其中，采购管理能力是零售企业的核心之一。零售业的绝大部分商品来自外购，从总成本构成看，采购成本占零售企业现金总支出达75%～85%，因此，采购成本管理就显得非常重要。很多外国企业，如美国最大的百货商店西尔斯公司，曾因经营不善濒临破产的边缘，后来公司整顿了内部采购管理，不但使产品集中管理，而且更注重采用新的方法降低采购成本，由此带来成本的大幅降低。

采购成本管理能为企业带来可观的经济效益。假设采购成本占销售额的70%，如果采购成本降低5%，对于销售额为10亿美元的企业来说，相当于净收益增加了3 500万美元，但企业增加3 500万美元的销售额却非常困难，相对来讲，降低5%采购成本不是非常困难的事情。因此，这种方法已被很多企业采用。如沃尔玛、凯玛特、西尔斯等都有一些成功的案例，说明采购成本的降低为企业带来很多利润。因此，我国零售企业也可以参照这种方法，从分析成本构成开始，逐渐深入，最终找到降低采购成本的办法，实现有效的采购管理。

除采购成本之外，还有一种降低成本的重要途径——降低物流成本。物流成本虽然没有采购成本所占比重大，但它仍然对企业降低成本发挥着非常重要的作用。另外，商品组合管理的优化也是降低成本的途径之一。

? 课堂思考： 零售管理的原则是什么？

二、零售企业管理的主要任务

企业管理要通过管理者在生产经营过程中发挥计划、组织、指挥、协调、控制和激励等职能，完成企业管理任务，实现企业目标。零售企业管理的主要任务有零售商圈分析与选址、卖场设计与布局、商品陈列、零售商品管理、零售服务管理、零售价格管理、零售促销管理、零售安全与防损管理、零售企业信息管理、组织人事管理和零售企业经营业绩评价等内容。

（一）零售商圈分析与选址

商圈分析是对零售店商圈的构成、范围、特点以及影响商圈规模变化的因素进行调查、评估和分析。商圈分析对合理选择零售店店址、制定和调整零售店经营战略和经营方针、制定零售店竞争策略、加速资金周转具有极其重要的意义。

零售店商圈的分析，主要包括人口特点、经济基础特点、竞争状况与市场饱和度等内容。一旦确定了商圈的范围和形状，接下来应深入研究这几个主要因素。在分析商圈时，如果不分析竞争程度和市场饱和度，往往难以得出正确结论。

（二）卖场设计与布局

卖场的整体设计与布局是一个零售店的脸面，体现零售店的形象，传递给顾客第一印象，对顾客起着吸引、邀请的作用。其主要包括卖场的店头设计、店面布局以及店内装饰美化等内容，根本任务与目的是营造一个使顾客满意的购物环境。在设计卖场时，要始终围绕着"吸引顾客"的主题进行。首先，卖场的外部特征能够最有效地吸引过往人群；其次，确保当顾客进入卖场内部后，能够接触到尽可能多的商品，方便顾客购物；最后，通过环境的美化与装饰为顾客营造更好的购物氛围。

因此，卖场设计与布局被人们视作"三度空间的广告"，是店铺促销的一个重要手段。卖场的设计千差万别，但是归根到底都有一个共同的目标——吸引顾客、增加营业额。而有效的卖场设计与布局能够创造这样一种氛围：吸引顾客进入商店而且尽量使他们停留更长的时间。其目的是让顾客有更多的时间在店铺里游逛。顾客在店内停留的时间越多，消费就越多。所以，卖场设计要尽可能引导客流，确保顾客光临店铺并看见尽可能多的商品。

（三）商品陈列

商品陈列是指商品在货位、货架、售货柜台内的摆放，将真实的商品经过艺术性的处理直接展现在顾客面前。商品陈列被称为"无声的推销员"，是商店营业现场的"门面"和顾客购买商品的"向导"，它主要通过顾客的视觉通道进入记忆过程，达到参观浏览、选择购物的目的。顾客进店后，首先看到的是各种商品的陈列。它的促销作用要比电视、报纸广告更为直接、有效。成功的商品陈列可迅速将商品信息（外观、性能、特征、价格）传递给顾客，减少询问，加速成交过程，并能改善店容、店貌，创造良好的企业形象，给顾客带来美的享受。

商品的陈列必须适应顾客的选择心理和习惯心理，并努力满足顾客求新爱美的追求。常用的陈列方法有分类陈列、按品牌陈列、按主题陈列、按季节陈列、按相关性陈列和按特写陈列等。

（四）零售商品管理

零售商品管理主要是指零售店所经营的零售商品结构和商品组合的确定、商品的采购与验收、商品库存管理与商品盘点等主要工作。

零售店经营的商品结构和商品组合，按不同标准可以分为不同类型，但不管是哪种组合都要遵循商品化原则、品种齐全原则、重点商品原则、商品群原则和利润导向原则，并通过商品环境分析法、商品系列平衡法、四象限评价法和资金利润率法等不断寻求商品组合优化。

商品采购是企业为了保证销售需要，通过等价交换方式取得商品资源的一系列活动过程。零售企业组织商品采购应遵循五大原则：以需定进原则、保质保量原则、勤进快销原则、经济核算原则和信守合同原则。零售企业应根据需要选择恰当的采购方式，确保在适当的时期，以适当的价格，购入必需数量的商品，并严格进行收货验收。

商品的验收是做好商品保养的基础，验收记录是仓库提出退货、换货和索赔的依据，验收还是避免商品积压、减少经济损失的重要手段，验收有利于维护企业利益。采购的商品必须经过检查验收方可入库保管，商品验收必须做到及时、准确、严格、经济。

在商品库存方面，零售企业应明确管理目标，利用定额控制、ABC管理、保本分析等方法进行科学有效的管理与控制，包括存货估价、销售预测、订货点与订货量的确定等。

商品盘点是零售企业经营中必不可少的一个环节，可以帮助企业更好地掌握盈亏状况、恢复正确库存数据、发现问题、加强损耗控制。零售企业盘点作业的制度有两种：一是定期盘点，二是永续盘点。在进行盘点业务时，库存区、卖场陈列区的商品盘点均应遵循各自的盘点程序和作业要求进行，确保准确、高效。

（五）零售服务管理

零售服务是零售商为顾客提供的，旨在增加顾客购物价值并从中获益的一系列无形的活动。由于零售服务是与商品紧密联系在一起的服务，零售商所提供的一切服务都紧紧围绕着销售商品这个核心。

零售服务具有以下特点：无形性、有偿性、功效性和利益性、不可分割性、多样性、广泛性、易消失性。主要服务项目包括：营业时间、送货服务、退换服务、修理服务、包装服务、信用服务和租赁服务等。

零售店要想在市场中占据一席之地，要更多地依赖企业所提供的完美服务。而服务到位与否，关键在于细节。服务是无形的，却是有价值的。服务按照销售流程可以分为售前、售中、售后服务。销售过程中，营业员要充分了解顾客微妙的心理活动过程，提供细致、舒心的服务，以促进销售的完成。真正的销售始于售后，零售企业一定要高度重视售后的服务工作，尤其是顾客投诉。这是稳定企业客户群、提高口碑效应的重要方面。

（六）零售价格管理

价格是市场营销组合中的重要因素，零售价格的制定受企业内部因素和外部因素的制约。定价首先要确定定价目标，在分析影响商品定价的因素后，选择适当的定价策略和方法确定商品价格。在确定了商品价格后，零售企业还需要根据市场环境和自身条件的变化，对既定商品价格进行调整。

零售商品的定价目标是指零售企业通过制定及实施商品价格所要达到的目的。定价目标是选择定价方法和制定价格策略的依据。零售企业的定价目标主要包括利润目标、销售目标、竞争目标和企业形象目标四类。利润目标体现在追求利润最大化和高资金利润率两个方面。销售目标包括销售水平和市场占有率两个方面。竞争目标包括防止竞争、适应竞争和躲避竞争三种。企业形象目标主要包括维护企业形象和产品质量最优化两个方面。

商品价格的高低，主要是由商品中包含的价值量的大小决定的。但从市场营销角度看，市场上商品的价格除了受商品价值量的影响之外，还要受其他诸多因素的影响和制约。影响零售定价的因素主要包括商品成本费用、商品的市场类型、市场需求状况和商品的市场特点。

（七）零售促销管理

零售促销，是零售企业为了将商店、商品、价格和服务等有关企业各方面的信息传递给消费者，使其接受并采取购买行为而进行的一切沟通联系活动。零售促销是零售商有目的、有计划地将销售服务、广告活动和公共关系等促销方式结合起来，并综合运用的过程。

零售企业经常采用的促销策略有：折扣促销（优惠券、购买折扣、数量折扣、免服务折扣、有效期折扣、限时折扣、供应商折扣、联合折扣）、奖励活动（抽奖、赠送礼品、竞赛活动、购物印花票）、特价、节日促销、会员制促销（公司会员制、终身会员制、普通会员制、内部信用卡会员制）、广告促销、商品陈列促销、制造气氛以及其他促销方式。

促销是零售企业最容易见效的营销工具，促销活动的策划、执行、评估有一套科学和系统的管理程序。外资零售业进入中国，之所以能迅速地打开市场，一个很重要的经营策略就是灵活运用了各种促销方式，迎合了我国消费者的心理。

（八）零售安全与防损管理

安全管理是为了实现安全运营而组织和使用人力、财力、物力等各种资源的过程，是零售企业经营活动正常进行的重要保障。它通过制定最佳的安全保障方案和管理措施，控制来自自然界、物质的不安全状态以及人的不安全行为等因素，避免发生意外事故，确保商品、设施、人员的安全与健康，从而使商场更好地进行运营销售工作，取得更好的经济效益。

安全管理要贯彻法制原则、监督原则和教育原则，从职业安全、消防安全、商品损耗预防和控制、突发事件处理四大方面全面展开。

（九）零售企业信息管理

现代零售企业高效的运行体制和规模效益的实现，很大程度上将依赖于有效健全的信息管理系统。零售企业信息管理旨在阐明企业信息管理系统、零售业信息管理系统，以及零售业发展必不可少的 POS 销售系统。

信息管理系统是提供管理活动所需信息的一种有组织的程序，它具有四项基本功能：确定信息需要、信息的收集与加工、信息提供和信息的系统管理。信息管理系统的结构设计是一项极其复杂的工作，应遵循系统原则、效益原则、统一原则和发展原则来进行系统的分析、设计和实施。

信息管理系统的发展给现代零售企业带来了深刻影响，可实现自动订货、自动配货，减少商品的采购成本；提高销售现场管理效率；及时、准确地掌握商品库存信息等。零售企业内部信息管理系统的设计应以标准化的业务流程和规范的管理系统为基础，大致可分为采购管理、库存管理、财务管理、销售管理、经营计划管理及人事管理六个部分。其整体结构也可分为三个部分，即公司总部电脑系统、仓储配送中心电脑系统、各连锁店电脑系统。

POS 系统是零售信息管理系统的重要组成部分，其最重要的功能是实时采集各种商品的销售信息，对经营商品实行单品管理。POS 系统的基本构成要素是硬件和软件两个部分。前台硬件设备包括 POS 收银机、条码扫描器、磁卡阅读器；后台硬件设备包括个人电脑、印表机、条码打印机、稳压器等。

（十）组织人事管理

零售企业的内、外部经营环境相当复杂，零售企业为了组织、指挥经营活动，实现其经营目标和销售任务，必须从自身的实际需要出发，充分利用自身的优势、寻找机会，按照市场的动态发展状况，建立完整的组织机构，进行人事管理。

我国零售企业组织机构的模式主要有职能式、事业部式和综合式等。每种组织机构，都是从企业实际情况出发来设置的，各有其特点。

零售企业的销售人员处于商品流通领域与消费领域的衔接口，扮演着十分重要的双重角色。零售企业要根据自身经营需要，合理确定销售人员选择的标准、招聘数量和途径，并对新进员工进行必要的培训。

在任何一个组织中，每一个成员都希望得到社会和集体的公正评价，得到合理的荣誉与物质利益。而组织本身也希望有严明的纪律，以维护各项工作的顺利开展。零售企业的奖励方法可分为经济奖励和非经济奖励两类，两种奖励措施一般结合使用，既要考虑到员工的个人需要，也要考虑到每个部门的团体需要，只有两者兼顾，才能达到预期的效果。

（十一）零售企业经营业绩评价

零售企业经营业绩评价是指通过考核、考查和评比的方法，对零售企业经营活动过程中的经济效益、服务效益和管理效益进行综合考评与客观分析，以便总结经验教训，促进企业不断发展，实现最佳的社会经济效益。

经营业绩评价对零售企业有十分重大的意义，要从经济效益、服务效益和管理效益入手，全面展开。一般来说，经济效益的评价考核以资金利润率为核心，服务效益的评价考核以顾客满意率为核心，管理效益的评价考核以库存商品适销率为核心。

为了全面反映经营业绩的全貌，零售企业必须建立经营业绩评价的指标体系。一般来说，该指标体系应包括以下诸多方面的指标：经济效益评价指标，主要有资金占用率、流动资金周转率、资金利税率、流通费用率、流通费用率升降程度和升降速度、毛利率、销售利润率、全员劳动效率和人均创利税额等指标；服务效益评价指标，主要有顾客满意率、商品备货率和商品退换率等指标；管理效益评价指标，主要有库存商品适销率、经济合同签证有效率、账货相符率和销售长短款占总营业额的比率等指标。

零售企业要想生存和长期发展，必须经常进行顾客满意度的评价，包括外部顾客满意度评价和内部员工满意度评价。

？课堂思考：零售管理有哪些内容？

拓展案例：7-11便利店成功的管理

任务三　零售业生命周期及发展趋势

随着科学技术在零售业中的渗透与应用，通过对零售业经营理念的变革和经营模式的探索，零售业服务人员和管理人员已充分认识到应不断提高自身素质，以适应零售业发展变化的新趋势、新特点。

任务情境

日本的外贸组织认为日本的零售业在很多方面比美国落后15年。但是，从某一方面来说，日本的零售业十分发达，当许多国家的零售商开始注重客户服务并对其投资的时候，日本的零售店已经致力于客户服务很长时间了。百货商店是日本人最喜欢光顾的购物场所，它们拥有大量的雇员，并且坐落在交通方便的地方，还为客户提供广泛的个人服务。

思考：中国的零售业能够从日本零售业那里学到些什么？

知识精讲

一、零售业生命周期

零售业的生命周期分为四个阶段：创新阶段、发展阶段、成熟阶段和衰落阶段。

（一）创新阶段

许多新开张的零售商店是建立在经营者的某个想法之上的，而这个想法就有可能让这家企业成功。所谓创新就是任何新的、独特的东西，它能够让一家零售商店与其他零售商店相区别。它可以包含一件新商品或一些新商品；也可以包含简单到诸如降低价格之类的事情；还可以包含方便客户购物的商业区位设置。

要经营一家新的商店，不仅仅需要有一个好的想法，还必须有勇气、技巧、努力工作的能力、好的计划，以及一定的资金来支持新的企业度过创新阶段。因为企业的运营基于一种新的思想，经营者不要期望它能够很快就盈利。事实上，由于在这个阶段要付出很高的启动成本，许多企业在赔本运营，因此，有很多企业在这个阶段失败。假如经营者的想法起到了作用，那么企业就会在接近创新阶段结束的时候开始发展壮大并且盈利，从而为企业发展到下一个阶段打下基础。

（二）发展阶段

到了这个阶段，经营者已经开始成功地经营自己的生意。在企业的创新阶段，经营者努力工作并超越了失败的可能。客户已经知道他的零售商店，并且开始转向购买其商品，因此零售商店的销售和盈利会迅速增长。

随着企业的壮大，经营者将会面临许多挑战。其他的零售商可能会采用他的经营思想来管理他们的公司，从而与其竞争客户。随着业务继续发展，企业会变得更加复杂。经营者必须做出许多关系企业前途的决定，比如说通过增加新的零售商店或销售新的商品来扩大规模。另外，还可以通过其他途径来赢得更多的客户以扩大经营，例如，提供客户目录或者在网上销售。制订一份经营计划将会有助于引导企业发展壮大。此时企业需要雇用更多的员工为日益增加的客户群和销售业务服务。在发展阶段的后期，企业盈利将会达到最高水平。一个好的经营者会利用一切机会为企业下一个阶段的发展做好准备。

（三）成熟阶段

企业只有经历快速发展并做出一系列正确的决断才能到达成熟阶段。随着企业的成熟，它的客户量和销售额开始下降。企业面临着由于自身发展带来的障碍。曾经带领企业走过发展阶段的管理层现在面对的是一个更为庞大、复杂的企业。成熟的企业需要一个新的管理团队。即使在企业的成熟阶段，它也会遇到在初期那样可能导致企业失败的竞争。有很多新建立的企业正处于创新阶段，它们带着新的思想和方法进入市场，与成熟企业竞争客户。成熟企业仍然需要为其在发展阶段所计划和发起的扩张追加投入，尽管它已经没有必要扩大规模了。另外，员工的增加、内部管理和交流的复杂化也增加了成熟企业的成本。

（四）衰落阶段

如果企业的管理人员在成熟阶段能够做出一系列正确的决断，那么，企业的衰落以及最终破产可以被延迟。假如成熟的企业能够通过降低成本、增加销售的商品类型等措施进行调整和适应，它的成熟阶段就会更长一些。只要企业开始衰落，其结果是可以预见的。企业最终会丧失客户而不再盈利，这时企业就该倒闭了。

? 课堂思考： 零售商店的运营周期包括哪几个阶段？

二、零售业的发展趋势

21世纪零售业的发展趋势大致表现在以下五个方面。

（一）信息化

随着现代科学技术的发展，尤其是信息技术在流通业中的广泛应用，零售业正处于以信息技术为推动力的变革之中。信息化已成为零售业的鲜明特点。

零售业的经营活动是商品流、信息流、资金流的统一体。信息流将商品流和资金流紧密地联系在一起，而且贯穿整个商业企业的经营过程。零售业的信息化包括以下两方面的内容。

1. 商品流信息化

商品流信息化包括电子订货（无店铺营销的新趋势）、自动配送、实时存盘等，商品流实现信息化，每一件商品从订货开始到销售完毕进行全过程监控，使商品流通的成本降到最低。沃尔玛的成功与其高效率的配送是密不可分的。这种高效率的配送中心的技术核心就是商品流的信息化。

消费者行为转变很快，如果零售商不能跟上这种快速的变化，就会造成销售机会丧失。商品生命周期的变短和畅销商品的集中，是现今销售的一个特征，缩短的产品生命周期要求零售业快速跟踪顾客需求信息。

2. 财务电算化

财务电算化是资金流信息化的主要内容。它不仅可以降低财务人员的劳动强度，减少手工操作出现的差错，提高工作效率，同时还可以及时了解各项财务数据，为整个企业的营销活动提供财务决策依据。

（二）网上销售

"网上销售"是一种销售方式的革命，它使产业间、行业间的分工模糊化，使行业内部的专业化分工进一步深化。由于冲破了时间和空间的界限，传统的商圈被打破，客户一下子扩展到全国乃至全世界，真正意义上的国际化市场形成，使竞争更趋激烈。

"网上销售"在中国正以其方便、快捷、新潮等优势对传统的零售业提出挑战。但是，制约其发展的瓶颈和劣势也是存在的，如无法享受购物休闲的乐趣等。

（三）服务战略

众所周知，提供多层次的服务比提供多种多样的商品更难做到。即使一个商场和另一个商场在硬件条件上难以相比，但可以在服务软件上更胜一筹。

传统意义上，商场只是用来卖货的地方，而现在，商场是顾客用来买货的地方，这是一种思想上的变革。"卖"与"买"的交替，却是人们思维定式的一大变化，这意味着要从顾客的角度去考虑所有的问题——店铺、商品和服务。成功的目标是：顾客的快乐就是我们的幸福。有些公司企图通过增建新公司来扩大销售量，或通过"越大越好"的运作使"人们可以在一幢楼里买到任何东西"。但这种模式也会给顾客带来不便，因为其不可能为不同生活方式的所有顾客提供所需商品和高水平的服务。日本西武百货公司理事长表示，他没有考虑在时尚商品的数量和种类上跟其他公司竞争，但要求每个商场都要用专业化的服务推出经过挑选的高质量商品，并提供一对一的消费服务。

目前上网人数在增多，购物渠道正在扩展，一些商店已开展在线服务，但这并不意味着所有的零售店都将转向这项业务。网上购物者消费的重点正从享受购买过程转向买到想要的东西。

在网络零售业占据了市场的部分地盘时，传统的零售商有必要认识到：应为顾客提供一种面对面的热忱服务和专业服务，来实现零售业主流形象的塑造。

（四）个性化经营

现代零售业经营，已经不能停留在商店开了之后什么都卖的形式了，要多导入新的营销观念、新的经营技术以及企业文化，展开整体运作。具体表现在以下两方面。

1. 差异化的商品策略

商店最基本的特征之一是集合商品。针对目前的消费者日益多样化的需求和个性化的消费习性，组织系列相关的商品、满足顾客的需求，成为现代商品策略的重点。如高档的商店努力引进世界名牌商品以满足高收入消费者的需求。

2. 个性化的店铺

面对不同层次的消费者及商品结构，如何利用卖场空间有效地进行设计，体现商店的个性化，即如何创造个性化的商店，也已成为商店经营的重要课题之一。现代商业企业注重通过环境设计，运用卖场陈列和商品展示陈列，使整个销售空间的气氛能和商品、顾客层搭配和谐，更加突出店铺的个性化。

（五）品牌战略

一些大型商场开始投入"自有品牌"的发展计划，开展有自我个性的商品生产和销售路线，以使自己区别于其他商场，努力做到人无我有。

品牌战略当然是在高质量的基础上，又是在零售市场严酷的价格战中产生的，主要目标是那些信任本商场的、重质量又特别注重价格的顾客，因此定位是"好产品、低价位"，维护产品的品质，同时降低价格，做到"加质不加价"或"保质又低价"。

"自有品牌"的发展，使百货商场呈现了由综合型转向专卖业发展的趋势。日本一些公司把主力商品放在自有品牌上，使其占有的比重越来越高，有的达到20%左右。这是百货商场形成独特风格的重要策略。

？ 课堂思考： 零售业的发展趋势如何？

课堂延伸

《零售业的新规则》中提到：批发商和零售商会转变为品牌管理商。对于国内电商来说，这种变化已经开始发生。

课后复习与思考

一、单选题

1. （　　）是在总店的管理控制下，采取统一的商品经营和标准化的经营方法。

A. 独立商店　　　　B. 连锁商店　　　　C. 消费合作社　　　　D. 国有零售商店

2. （　　）是通过互联网进行商品经营活动的一种商店形式。

A. 自动售货机　　　B. 邮购商店　　　　C. 登门推销　　　　D. 网络商店

3. （　　）是一种以自选销售为主，销售小容量应急性的食品、日常生活用品和提供商品性服务，以满足顾客便利性需求为主要目的的零售业态。

A. 百货店　　　　　B. 超级市场　　　　C. 便利店　　　　　D. 专业店

4. 零售企业中的盘点工作是属于（　　）工作的内容。

A. 商品陈列　　　　B. 商品管理　　　　C. 安全与防损管理　　D. 经营业绩评价

5. 新开张的零售商店属于零售生命周期的（　　）。

A. 创新阶段　　　　B. 发展阶段　　　　C. 成熟阶段　　　　D. 衰落阶段

二、多选题

1. 根据零售业的选址、规模、目标顾客、商品结构、经营方式等，零售的业态可分为（　　）。

A. 超级市场　　　　B. 百货店　　　　　C. 便利店

D. 专业店　　　　　E. 仓储式商店

2. 下列属于无店铺零售的有（　　）。

A. 自动售货机　　　B. 邮购商店　　　　C. 登门推销　　　　D. 网络商店

3. 连锁经营商店的形式有（　　）。

A. 直营连锁商店　　B. 特许连锁商店　　C. 自愿连锁商店　　D. 独立商店

4. 超级市场的特征有（　　）。

A. 开架自选、一次结算　　　　　　　　B. 店址主要设在居民住宅区或郊区

C. 廉价销售，商品周转速度快　　　　　D. 以经营食品为主、日常用品为辅

5. 便利店的特征有（　　）。

A. 商店面积在 100 平方米左右

B. 开架自选、统一结算

C. 营业时间长，一般在 16 小时以上，甚至 24 小时

D. 商店结构以速成食品、饮料、小百货为主

三、判断题

1. 批发业是一个向最终消费者提供所需商品及其相关服务的行业。（　　）

2. 零售主要面对的是众多的个人消费者，每笔交易的数量和金额比较少。（　　）

3. 直营连锁商店，是指由连锁企业总部开设，在总部的直接控制下，开展统一经营的门店。（　　）

4. 特许经营是指特许者将自己所拥有的商标（包括服务商标）、商号、产品、专利和专有技术、经营模式等以特许经营合同的形式授予被特许者使用。（　　）

5. 便利店是指经营包括服装、家电、日用品等众多种类商品的大型零售商店。（　　）

四、简答题

1. 零售活动的特点有哪些？

2. 零售商有哪些职能？

3. 零售业的作用是什么？

4. 超级市场的特征是什么？

5. 简述零售管理的原则。

五、案例分析

中国商超界的天花板——胖东来

在河南，有这么一家企业：总部设在一个三线城市，规模不及沃尔玛、家乐福等国际大品牌，却能成为家喻户晓的商超界顶流；对顾客好，对员工更好。明明开一家火一家，老板却怕影响"员工幸福生活"，拒绝大规模扩张；在加班和内卷文化盛行的当今，打工人叫苦不迭时，它却非常舍得给员工分钱和放假；每年拿出利润的 30% 分给员工，还总想方设法给员工放假，如果员工敢加班，直接扣钱 5 000 元……业内人士都对其赞誉有加，有人称它是"中国企业的一面旗子"，有人称它是"中国零售业神一般的存在"。它就是胖东来，被誉为中国商超界的天花板。

为何一家商超，能得到全民喜爱？在胖东来的服务宗旨中，所有的出发点都是人，所有的落脚点，也都是人。但这个"人"，不单是顾客，还有帮企业提供服务的员工，甚至包括商超周边的环卫工人和外卖员等。

1. **胖东来对顾客的服务**

（1）高品质的产品和丰富的选择。

胖东来超市以提供高品质的商品和丰富的选择而著称。超市的商品种类繁多，涵盖了

日常生活所需的各类食品、日用品等，同时也有一些独特的自有品牌和进口商品，满足了不同消费者的需求。此外，超市还注重商品的品质和新鲜度，严格把关进货渠道，确保消费者能够买到安全、放心、高品质的商品。比如冰鲜虾，就是当天刚死的虾，当天卖不完，员工内部消化，明天再捞明天刚死的虾。水产品进货后检测，不符合标准的自己清水养，符合其标准的再售卖。所以胖东来的冰鲜虾，比一些地方的活虾还好吃。

（2）周到细致的服务体验。

胖东来超市一直致力于提供优质的客户体验。超市的员工热情周到，服务态度好，能够及时解决消费者的疑问和需求。从消费者还没走进大门的时候，胖东来的服务就已经开始了。超市门口提供宠物寄存服务，有员工会定时去查看宠物的状况，给宠物喂食喂水。超市里边的购物车，分7种类型，如老年人购物车配置了放大镜，带小孩的顾客可以选择婴幼儿手推车。

超市设置的母婴室内，有婴儿床、温奶器、饮水机、消毒柜、小冰箱、洗刷工具等，样样齐全，堪称"小型月子中心"。卫生间配置戴森洗手烘干一体机，梳子、棉签、护手霜、发卡一应俱全。每个楼层都有自助饮水机。胖东来的许多商品旁边都会设置使用提示，让消费者了解使用方法。蔬菜不仅会标明产地，还会标明储藏时间和烹饪方法。所有的水果可以查询到原产地，一些果蔬拼盘甚至细致到标注不同水果的食用建议的顺序。

此外，超市还提供了多种便民服务，如免费充电、免费 Wi-Fi、自助购物车等，为消费者提供了便利。这些高品质的服务体验，不仅吸引了大量的消费者，也提高了消费者的忠诚度和口碑。

（3）售后有保障。

让人津津乐道的还有胖东来的售后。胖东来对于所有售卖的商品进行无理由退换，就算你吃过的商品也能退，对顾客的服务做到近乎极致。有顾客在胖东来买了两件防晒衣，3个月后接到店铺电话，通知所采购的防晒衣降价了，让顾客提供账户，商场补差价。还有顾客反映购买的电视存在问题，店长带着新电视去顾客家更换，给予补偿。在胖东来消费，店家有种怕你吃亏的感觉。胖东来没有各种客服、各种规定跟顾客玩心眼，也从来没有店大欺客，当顾客是傻子，宰客等行为。

当种种细节全面细致地展示到顾客面前的时候，相信在主营业态只需比齐竞争对手的情况下，胖东来做大做强是必然的，因为到店顾客获取了两种价值，一种是商品价值，另一种就是人文关怀，后一种价值甚至在很大程度上增加顾客忠诚度的同时，也降低了顾客的价格敏感度。

2. 胖东来对员工的管理

对于员工而言，胖东来超市提供了非常优厚和人性化的待遇和福利。比如，胖东来超市给员工提供了免费的住宿、餐饮、医疗、培训等福利，还定期组织员工的旅游、体检、聚餐等活动，每年都有生日、节日、结婚、生子等礼物，还有升职、加薪、表彰等机会，以增进员工的归属感和提高员工的团队精神。胖东来超市还给员工提供了广阔的发展空间和机会，鼓励员工创新和创业，给予员工股权和分红，让员工成为企业的合伙人和主人。胖东来超市还重视员工的意见和建议，定期开展员工大会和民主评议，让员工参与企业的决策和管理。

员工的工作时间是同行业的一半，每个员工每周双休且只工作 40 个小时，不允许加班。由于胖东来的口碑好，商超客流量越来越大，为了保证员工的休息，每周二闭店休息一天，春节从除夕到初四闭店休息，全年闭店 57 天。员工请假不需要理由，"不想上班"必须批假，下班不允许接打工作电话，员工个个都发自内心地工作。所以胖东来的员工都很主动热情，没有垮着脸上班的，连保洁人员都自发蹲在地上擦地。

胖东来尊重员工、善待员工，员工自然会珍惜这种来之不易的机会，员工感受到企业的善与快乐，势必会把这种善与快乐传递给企业最直接的利益相关者—客户，赢得客户，也就赢得了市场，赢得了长足的发展空间。

总结：善意产生商业价值。胖东来超市以人为本，尊重和信任员工和顾客，让员工感受到幸福、成长和共享，让顾客感受到真诚、温暖和尊重。正如胖东来超市的创始人于东来所说："我们不是卖商品，我们是卖服务，我们是卖人本。"

问题：胖东来超市之所以会成功，其原因何在？

实践操作

1. 实训题目：考察所在地区某知名连锁集团的经营管理模式。

2. 实训目的：通过对该集团管理模式的考察，了解我国本土零售企业的经营管理方法，并能够写出考察报告，给出改进建议。

3. 实训要求：6～8 人组成一组，做好小组分工，协同调查。

4. 实训地点和设备要求：可以就近选择考察区域。带上手机，做好相关的录音，拍照记录，以辅助说明问题。

5. 实训内容：分别到该集团的总部和各个分部进行考察，找出问题。

6. 实训实施方案：事前做好分工，做好计划，合理分配人力、物力。考察结束要及时总结，得出合理的结论。

7. 实训结果要求：对考察的全程做好记录，最后用充足的证据论证考察报告。

项目二　零售商圈分析与选址

💡 **学习目标**

知识目标

了解商圈和商圈分析方法。

能力目标

学会运用相关理论进行商圈分析和选址。

素养目标

1. 培养团队精神和交际能力。

2. 培养信息获取与处理能力、问题解决能力和克服困难的勇气。

任务一　零售商圈分析

当今社会，零售店间的竞争异常激烈，零售店能否生存、能否制胜取决于方方面面的原因，但商圈分析是零售店能否制胜的基础。

👥 **任务情境**

2024年5月底，吉林省榆树市安先生兑下了朋友经营的一家童装童鞋连锁专卖店，前后共投入4万多元，虽然前期做了大量宣传，但经营了一个多月后，销售却不尽如人意。从市场反馈信息来看，产品销不出去的原因主要是价位偏高，超出当地的正常消费水平。如今，安先生加盟费、兑店费、宣传费赔进2万多元，尚有2.7万元的存货积压在手里卖不出去。而当初接手该项目时，加盟总部口头承诺货卖不出去可退可换，如今也都成了泡影。想退出加盟，存货没法处理，继续经营只能赔得更多，安先生此时陷入投资创业的两难境地。

思考：你认为安先生陷入目前困境的原因是什么？

知识精讲

一、商圈及商圈分析

（一）商圈和商圈分析的概念

商圈，又称商业圈或商势圈，是指零售店以其所在地点为中心，沿着一定的方向和距离扩展，吸引顾客的辐射范围，简而言之就是指店铺对顾客的吸引力所能达到的范围。不同的零售经营业态会有不同的商圈，相同的经营业态在不同地区的商圈大小也有所不同。

商圈与零售店经营活动有着极其密切的关系。无论是新设或已设的零售店，都不应忽视对商圈的分析。

商圈分析就是经营者对商圈的构成情况、特点、范围以及影响商圈规模变化的因素进行实地的调查和分析，为选择店址、制定和调整经营方针及策略提供依据。

（二）商圈形态

对商圈形态的了解是进行商圈分析的基础。一般而言，商圈形态可分为以下几种：

（1）商业区。商业区即商业行业的集中区，其特色为商圈大、流动人口多、热闹、各种商店林立。商业区的消费习性为快速、流行、娱乐、冲动购买及消费金额比较高等。

（2）住宅区。该区户数多。住宅区的消费习性为消费群体稳定、具有便利性、家庭用品购买额高等。

（3）文教区。该区附近有大、中、小学校等。文教区的消费习性为消费群以学生居多、消费金额普遍不高、休闲食品和文教用品购买率高等。

（4）办公区。该区办公大楼林立。办公区的消费习性为具有便利性、消费水准较高等。

（5）混合区。混合区包括住商混合区、文教混合区。混合区具备单一商圈形态的消费特色，属多元化的消费习性。

（三）商圈的层次

商圈一般可分为三个层次，即核心商圈、次商圈、边际商圈（又称辐射商圈）。

（1）核心商圈：最接近商店并拥有高度密集顾客群的区域，通常商店的55％～70％的顾客来自核心商圈；顾客步行到达店址所需时间在10分钟以内；销售额占本店销售额的70％～90％。

（2）次商圈：位于核心商圈之外，顾客密集度较稀的区域，包括15％～25％的顾客；顾客步行到达店址所需时间在10～20分钟；销售额占本店销售额的10％～25％。

（3）边际商圈：位于次要商圈以外的区域，在此商圈内顾客密度最低，商店吸引力较弱，规模较小的商店在此区域内几乎没有顾客；顾客步行到达店址所需时间超过20分钟；销售额占本店销售额的5％～10％。

商店的商圈范围及形状常常由于商店内外部环境因素的变化而变化，商圈并非呈同心圆，而表现为各种不规则的多角形。为便于分析研究，我们一般将商圈视为同心圆形。

（四）商圈的生命周期

一个完整的商圈生命周期具有以下四个发展时期：

（1）起步期。这个时期城市中心商圈内的商业网点数目比较少且分布相对集中，而且中心商圈内区域的城市功能比较多，包括居住、商业、办公甚至工业。因此中心商圈在向城市边缘区延伸时，影响力急剧下降。

（2）发展期。这个时期城市中心商圈内的商业网点数目开始快速增加，随着城市不断向四周拓展和中心商圈地价的上升，一些经营不善的企业和店铺就会退出商业中心区的经营地块，而让位于其他效益更好的企业和店铺。同时，一些居民由于无法支付高昂的土地价格而向城市近郊区甚至远郊区迁移，从而使中心商圈内功能越来越向单一化发展，商业集中程度更高，中心商圈影响力开始快速增加。

（3）成熟期。随着城市拓展程度的加深和人口的不断外迁，城市化水平越来越高。城市特别是大城市就不仅仅只有一个核心商圈，还可能在附近或者近郊区人口密集的地方形成一个或几个次商圈，从而可能导致原有城市核心商圈的人流减少，影响力降低，出现了核心商圈的相对衰落、次商圈相对兴旺的现象。但是这个时期还没有出现核心商圈缺口，即核心商圈的人流量、商品交易额、店铺数量等仍然占有明显优势。同时，各个次商圈之间以及次商圈与核心商圈之间常常展开激烈的竞争，因此它们的影响力也互相竞争、互为补充。

（4）衰退期。当城市出现了新的商贸规划，城市整体布局发生较大的变动时，原有核心商圈可能出现衰退现象，而新城区的次商圈则取而代之。核心商圈内大量商业店铺进行转移，核心商圈内人流量、销售额、店铺数量都大量下降，商圈影响力急剧下降，蜕变成次商圈或更小的商圈。

课堂延伸

购买力流入是指本地区对外地区购买力的吸引，具体表现为外地顾客来本地购物；购买力流出是指本地区购买力被外地区所吸引，具体表现为本地区顾客到外地区购物。

？课堂思考：你能根据商圈的生命周期理解产品的生命周期吗？

二、影响商圈设定的因素

（一）商圈的顾客来源

商圈的顾客来源包括居住人口、工作人口和流动人口三个部分。

（1）居住人口，即居住在零售店附近的常住人口，是核心商圈内基本顾客的主要来源。

（2）工作人口，即那些并不居住在零售店附近，但工作地点在零售店附近的人口。这部分人口中的不少人利用上下班就近购买商品，他们是次级商圈中主要的顾客来源。一般来说，零售店附近工作人口越多，商圈规模相对扩张越大，潜在的顾客数量就多，对零售店经营越有利。

（3）流动人口，即在交通要道、商业繁华地区、公共活动场所过往的人口。这些过路人口是位于这些地区零售店的主要顾客来源，是构成边缘商圈内顾客的基础。一个地区的流动人口越多，在这一地区经营的零售店可以捕获的潜在顾客就越多，同时经营者云集，竞争越激烈。

（二）商圈外部环境因素

商圈外部环境因素直接影响商圈的规模、人气和经营业绩，在分析商圈时，必须考虑这些因素。商圈外部环境因素包括以下方面：

（1）家庭与人口因素。企业所在地的人口密度、收入水平、职业构成、性别、年龄结构、家庭构成、生活习惯、文化水准、消费水平，以及流动人口的数量与构成等，对商圈的形成具有决定性的意义。

（2）产业结构。商圈的周边区域是农业区、工业区还是商业区，对商圈的形成有着重要的意义。一个地区产业结构发生优化和升级，如以第一产业为主导向第二产业为主导发展，或以第二产业为主导向第三产业为主导发展，都会引起商圈的较大变化。

（3）交通地理状况。交通状况对商圈的形成十分重要。要考虑商圈范围内是否有公共汽车或电车停靠站，是否有地铁站连接等。位于交通便捷地区的商圈规模会因此而扩大。反之，商圈规模的延伸会受到限制，如山脉、河流、桥梁、铁路等会截断商圈的界限，成为商圈规模扩大的障碍。

（4）城市商贸网点布局。商圈的影响范围会受到城市商业布局的影响。如果商圈位于市级商业中心，其商圈范围大，可能涉及全市；如果商圈位于区域性商业中心，则可能仅覆盖该区域。

（5）商圈内商店的聚集状况。商圈内零售企业的聚集状况有以下几种情况：一是不同业态零售企业的聚集，如百货商店同专业店、超级市场等的聚集，这种聚集在企业之间一般不会产生直接的竞争，而会产生一定的聚集效应，使商圈产生更大的市场吸引力。二是同种业态商店的聚集，如北京王府井百货大楼和新东安市场，这种同种业态同等规模的商店聚集在同一商业区，其结果是这些商店之间既产生竞争，又产生一定的聚集效应，一方面使消费者能在同类型的商店之间进行商品质量、价格、款式及服务的比较，从而加剧了企业之间的竞争性；另一方面，由于同类型商店的聚集，又会产生商圈放大效应，吸引更多的消费者前来购物，从而扩大销售额。当然，这里有一个度的问题，如果聚集过度，超过当地市场容量，必然导致企业之间恶性竞争，两败俱伤。三是不同商业行业企业的聚集，比如零售业与饮食业、服务业、娱乐业，以及邮电、银行的聚集，这是一个多功能的聚集，有利于产生放大的聚集效应，扩大商圈。

（6）消费者的购物方式。一是消费者出行购物使用的交通工具不同，商圈空间范围会有所不同。二是消费者购买商品的频率和批量，一般而言，消费者购买商品的频率越小，批量越大，则商圈范围越大，即消费者购买商品的频率和批量成反比。

（三）商圈内部环境因素

商圈毕竟是商业企业在空间上的聚集，因此，作为微观主体的商业企业也会对商圈产生非常重大的影响。商圈内部环境因素包括以下几方面：

（1）零售商店的业态。不同的业态，对商圈大小的影响力也不同。如便利店以销售居民日常生活用品为重点，其影响区域较小，而大型百货商店主要销售选购性商品和高档性商品，因而其影响区域较大。一般来说，零售店经营业态一旦选定，则其商品结构、商店规模、经营策略等也就大体上确定下来了。因此，零售业态是决定商圈大小的一个很重要的因素。

（2）商品结构。同等规模、同一业态的零售企业，由于它们经营的商品结构不同，也会造成商圈大小差异。如都是百货商店，以经营日用消费品为主的商店，其商圈可能会较小，而以经营家用电器、服装、黄金饰品等选择性较强、价值较贵重的商品为重点的商品，其商圈较大。

（3）商店规模。商店规模在一定范围内与商圈大小成正比，商店规模越大，其市场吸引力越强、商圈越大。当然，商店规模并非越大越好，应保持在与商圈购买力相适应的范围之内。

（4）营销手段和信誉。商店可以通过广告宣传，开展公关活动，以及广泛的人员推销与营业推广活动，不断扩大知名度、影响度和信誉度，吸引更多的顾客慕名光顾，以扩大商圈的规模。

课堂延伸

"一次购足"是家乐福首先提出的服务形式。随着人们的时间观念和生活方式的改变，一次大批量购物满足一段时间所需一切商品成为人们普遍接受的方式。因此家乐福从卖场开始，将单一销售转化为多样化，卖场规模也越来越大。顺应这种趋势，我们能够看到，在家乐福的附近都能形成规模不小的集餐饮、休闲、娱乐、购物、服务为一体的商业圈，有快餐店、品牌专营店、服饰店、理发店、游戏场、胶卷冲洗店等。

？课堂思考： 你认为跟着零售巨头开店会是我国零售企业选址最为简单的捷径吗？

三、商圈设定的方法

（一）商圈设定的概念

商圈设定就是划定零售店商圈的范围，也称为商圈的测量，是零售店商圈分析中最基础的工作。商圈设定的范围是否适合，直接影响零售店的选址。

（二）设定商圈范围的方法

由于零售店所处位置和规模大小、购物出行方式及购物频率的不同，因此不同的商圈有不同的范围设定方法。

1. 根据业态设定商圈范围

各种商业业态的商圈范围有较大的差异。百货商店、高级专卖店、大型购物中心一般追求大商圈。百货商店商圈的人口在 30 万～100 万；大型购物中心的商圈则可包括周边的几个城市，超级市场与百货店、购物中心等业态相比，商圈偏小，来店单程时间约为 10 分钟，超市奉行小商圈主义，地处社区或居民区的商圈人口在 7 万～12 万；以经营食品为主的超级市场的商圈更小，商圈人口仅仅为 3.5 万～5 万。据调查表明，人们对肉、鱼、蔬菜、水果的经常性购买距离不足 2 千米，而服装、化妆品、家具、耐用品购物距离为 4～5 千米。

2. 根据零售店所处位置设定商圈范围

一般来说，位于都市中的超级市场商圈要远远小于郊区的超级市场的商圈范围。对于居民区类店铺来说，如社区型超市商圈仅仅为社区范围，便利店常常没有边际商圈的顾客。对于商业中心区店铺来说，核心商业圈的顾客较少，次级和边际商业圈的顾客较多，商圈范围较大。

3. 根据零售店市场规模设定商圈范围

一般来说，零售店市场规模越大，商圈范围越大；反之，则越小。除了不同业态的零售店经营规模不同，商圈的范围不同外，同一业态由于规模的不同，商圈的范围也不同。

4. 根据顾客购物出行方式设定商圈范围

人们购物出行的方式不同，零售店商圈的范围也就不同。出行方式越现代化、机械化程度越高，商圈越大；反之，则越小。

5. 根据顾客购买频率设定商圈范围

一般来说，顾客购买的频率越高，商圈范围越小；反之，则越大。不同的商品，购买的频率不同，人们出行的范围也不同。如食品、日用品，购买的频率较高，出行的范围较近，而耐用品购买频率低，人们购买出行的距离较远。受收入水平及消费习惯的影响，居民购买频率显示出不同的特征，即使是对同一种商品也会出现购买频率的差异。

四、商圈特点的调查与分析

商圈特点调查与分析是对零售店商圈的构成、范围、特点以及影响商圈规模变化的因素进行调查、评估和分析，主要包括人口特点、交通状况、经济基础特点、竞争状况与商圈饱和度、商圈的投资回报率分析等内容。一旦确定了商圈的范围和形状，接下来应深入研究这些内容。

（一）人口特点

商圈分析中，人口特点是分析的基础，没有一定的消费群体，根本无从谈起消费和零售。下面主要从人口密度、客流量、家庭状况和购买力几个方面阐述人口特点。

1. 人口密度

一个地区的人口密度，可以用每平方千米的人数或户数来确定。一个地区人口密度越高，则选址商店的规模可相应扩大。

要计算一个地区的白天人口，即户籍中除去幼儿的人口数加上该地区上班、上学的人口数，减去到外地上班、上学的人口数。部分随机流入的客流人数不在考察数之内。

白天人口密度高的地区多为办公区、学校文化区等地。对白天人口多的地区，应分析其消费需求的特性。比如采取延长下班时间、增加便民项目等以适应需要。

人口密度高的地区，到商业设施的距离近，可增加购物频率；人口密度低的地区吸引力低，且顾客光临的次数也少。

2. 客流量

一般在评估地理条件时，应认真测定经过该地点行人的流量，这也就是未来商店的客流量。人流量的大小同该地上下车人数有较大关系。上下车人数的调查重点为：各站上下车乘客人数历年来的变化。

根据车站出入的顾客年龄结构，可了解不同年龄顾客的需求。一般而言，调查人口集聚区域是企业选择立地的重点。日常上班的场所、学校、医院等，为白天人口集结之场所，也就是人口聚集区域；火车站、汽车站、地铁站等是人们利用交通工具的集结点，也是人口聚集之处；体育场、旅游观光地及沿途路线也是人们集聚活动的场所。

3. 家庭状况

家庭状况是影响消费需求的基本因素。家庭状况包括：人口、家庭成员年龄、收入状况等。每户家庭的平均收入和家庭收入的分配，会明显地影响未来商店的销售。如所在地区家庭平均收入揖高，则会增加家庭对选购商品数量、质量和档次的要求。家庭人口的多少也会对未来的商店销售产生较大影响。如一个两口之家的年轻人组成的家庭，购物追求时尚化、个性化、少量化；而一个三口之家的家庭（有一个子女），其消费需求则几乎是以孩子为核心来进行的。家庭成员的年龄层次也会对商品需求产生影响。如老龄化的家庭其购物倾向为购买保健品、健身用品、营养食品等；而有儿童的家庭则重点投资于儿童食品、玩具等。

4. 购买力

商圈内家庭和人口的消费水平是由其收入水平决定的，因此，商圈人口收入水平对地理条件有决定性的影响。家庭人均收入可通过入户抽样调查获取。如北京西郊某商厦在立地之初，就对周围商圈1～2千米半径的居民按照分群随机抽样的方法，抽取出家庭样本2 000个。经过汇总分析，这2 000户居民中，人均月收入在1 000元左右的约占40％，

500～1 000元的占20%，1 000～1 500元的占20%，人均月收入500元以下的占10%，人均月收入2 000元以上的约占10%。由此说明，该地区居民大都系工薪族家庭，属于中低等收入水平。

企业在选择立地时，应以社会经济地位较高、可支配收入较多者居住区域作为优先选址。

（二）交通状况

交通状况对于商圈形成十分重要。它决定了企业经营的顺利开展和顾客购买行为的顺利实现。

1. 从企业经营的角度对交通条件的评估

从企业经营的角度来看，对交通条件的评估主要有以下几个方面：一是城市规划。城市零售商店的规划建设要受到城市整体规划的制约。如果企业选址于城市的市级商业中心规划区，其商圈范围大，可能涉及全市；如果企业选址在区域性商业中心，则商圈范围为区域性的地域。二是在开设地点或附近，是否有足够的停车场所可以利用。绝大多数购物中心设计的停车场所与售货场所的比例为4∶1，如果不是购物中心，对停车场所的要求可以有所降低，零售店应根据需要做出选择。三是商品运至商店是否容易。在运货费用明显上升的情况下，这会直接影响经济效益。

2. 从方便顾客购买的角度对交通条件的评估

零售店能为来自不同地区的顾客服务，顾客能否容易接近商店，是商店成功的一个关键性的决定因素。易接近性是由若干因素构成的，如商店周围道路的数量、车辆、旅游和该地区的心理屏障等。还要考虑道路状况，是否有公共汽车或电车停车站，是否有地铁站连接等。交通条件便利，会扩大商圈的范围；反之，则会缩小商圈的范围。评价易接近性可从下面两个方面分析：

（1）设在边缘区商业中心的商店。要分析开设地点与车站、码头的距离和方向。一般距离越近，客流越多，购物越方便。选择开设地点还要考虑客流来去方向，如选择面向车站、码头的位置，以下车、船的客流为主；选在邻近市内公共车站的位置，则以上车的客流为主。

（2）设在市内公共汽车站附近的商店。要分析公共车站的性质，是中途站还是始终站，是主要停车站还是一般停车站。一般来说，主要停车站客流量大，商店可以吸引的潜在顾客较多；一般停车站客流量小。中途站与始终站的客流量无统一规律。

（三）经济基础特点

首先，要进行经济基础和购买力分析。零售商应该考察一些经济因素，如经济周期波动对地区或行业的影响、某些行业或企业的发展前景等。

其次，在分析中，一个有关需求的指标尤其应引起重视，这就是购买力指数。比较不同商圈的购买力指数，可为发现潜在的消费市场提供依据。购买力指数的计算公式如下：

购买力指数＝$A×50\%＋B×30\%＋C×20\%$

式中：A——商圈内可支配收入总和（收入中去除各种所得税、偿还的贷款、各种保险费和不动产消费等）；

B——商圈内零售总额；

C——具有购买力的人口数量。

最后，还要对商圈内经济状况分析。如果商圈内经济很好，居民收入稳定增长，则零售市场也会增长；如果商圈内行业多样化，则零售市场一般不会因对某产品市场需求的波动而发生相应波动；如果商圈内居民多从事同一行业，则该行业波动会对居民购买力产生相应影响，商店营业额也会相应受影响，因此，要选择行业多样化的商圈开业。

（四）竞争状况

同一地区内的竞争店的竞争状况对零售店有一定的影响力。对商圈竞争店情况调查与分析是商圈调查分析的重要内容。

竞争店调查主要立足于商圈范围内，重点是那些具有竞争相关性的店型。零售店做好立项开店前的竞争调查可以使自己心中有数，便于做好决策。

（1）综合调查。公司高级负责人对竞争店的情况进行综合调查，包括选地、用地、店铺构造、商品策略、店铺计划、营运管理等内容。如果调查证明它是一个没有竞争力的店，可不用再进行具体调查；如果是一个威胁性很大的竞争店，则必须再深入地进行调查。

（2）商店能力调查。商店能力调查主要包括两项内容：一是商品综合能力调查，即由采购员和部门负责人对竞争店每一部门经营商品的品种、面积、货源等情况进行调查，以便进行市场定位，或与自己的零售店进行比较，找出双方的差异，以求改进。二是A类商品能力调查，即对竞争店中的商品，通过ABC分析法找出A类商品，进行种类、陈列长度、商品价格、商品数量、商品质量的调查。

（3）店铺调查。店铺调查主要包括三项内容：一是店址环境调查，指对竞争店选地、用地、停车场及商品搬入口的调查。二是店铺设计调查，包括对竞争店的店铺形象、构造、建筑、空调、电气设备、器具等的专门调查。三是店铺陈列布局调查，包括对竞争店的楼面构成、平面布局、面积分割、商品陈列及家具用品等方面的调查。

（4）店铺运营管理调查。店铺运营管理调查主要包括对促销、补货、陈列及清扫等店铺运营管理方面的调查。

（五）商圈饱和度

任何一个商圈都可能会处于商店过少、过多或饱和的情况。商店过少的商圈，只有很少的商店提供满足商圈内消费者需求的特定产品与服务；商店过多的商圈，有太多的商店销售特定的产品与服务，以致每家商店都得不到相应的投资回报；一个饱和的商圈，商店数目恰好满足商圈内人口对特定产品与服务的需要。商圈饱和度分析是在竞争店分析的基础上，通过进一步的消费调查，计算出商圈范围内的饱和度，并判断开店的有效性。饱和指数表明一个商圈所能支持的商店不可能超过一个固定数量。饱和指数可由下面的公式求得：

$$IRS = C \times RE \div RF$$

式中：IRS——商圈的零售饱和指数；

C——商圈内的潜在顾客数目；

RE——商圈内消费者人均零售支出；

RF——商圈内商店的营业面积。

假设在商圈内有 10 万个家庭，每人每周在食品上的支出为 250 元人民币，共有 15 个店铺在商圈内，共有 144 000 平方米销售面积，则该商圈的饱和指数为：

$$IRS = 100\,000 \times 250 \div 144\,000 = 173.6 \text{（元）}$$

这一数字越大，则意味着该商圈内的饱和度越低；该数字越小，则意味着该商圈内的饱和度越高。在不同的商圈中，应选择零售饱和指数较高的商圈开店。新建零售店可能使这一指数降低，一定要考虑待建和正在施工的零售店面积。如果饱和指数理想，可选择在该区设店。

（六）商圈的投资回报率分析

盈利与否是商店开办与否的最终决策标准。因此，商圈分析的核心部分就是投资回报率分析，其他分析都是为其服务的。

商圈的投资回报率分析包括：销售额预测、投资预测、各项经费预测、盈亏平衡点销售额和投资回收期限。

1. 销售额预测

对于销售额的预测有多种方法，为了使其较为准确与科学，一般是几种方法同时采用，然后找到折中的数据。

（1）购买力估算法。购买力估算法源自美国，被称为最原始的销售额预测法。该方法具体可分为四个步骤：第一，划定商圈。因前文中已详细阐述过，这里不再赘述。第二，调查商圈内人口数或居民户数。按人口数或按户数都可，只是应注意单位的一致性。第三，计算出商圈内相关商品的总支出额，用此乘以商圈内总户数，就得出该地区相关商品的购买总额。第四，估计新商店所能实现的销售额。通过分析与类比，用此乘以该地区的购买总额，便可得出新商店预计的销售额。

（2）商店业绩类比法。也有人称其为控制商店法，这种方法是依据本公司已有商品店面的市场占有率情况推算新开商店店面的市场占有率，进而推算新店铺的销售额。该方法具体分为三个步骤：第一，确定相似的店铺。根据待开店铺的环境情况寻找一家本公司已开业一段时间内的相似店铺，称为样品店铺。第二，分析样品店铺的商圈。首先划定样本店铺商圈，由店长调查求出商圈内购买力总金额，方法是用平均每人购买力乘以商圈总人口。然后用样本店铺实现的销售额与之相比，算出市场占有率。第三，类比新店铺。将样本店铺的市场占有率视为待开店铺的市场占有率，进而可以推算出它的销售额。商店业绩类比法比购买力估算法要准确些，但也有缺陷，主要是忽视了商圈内一些因素，例如，竞争因素，旧有店铺的竞争店数与新开店的数量不同，市场占有率按旧有占有率标准算。

（3）卖场面积比较法。卖场面积比较法是美国超级市场专家 J. 凯恩提出的，是以样本店的面积比例、市场占有率来推算待开店铺的市场占有率，进而推算出待开店铺的销售额的一种方法。但须记住：

$$\frac{样本店的面积比例}{样本店市场占有率} = \frac{新店的面积比例}{新店市场占有率}$$

2. 投资预测

开办商店是一种投资，投资需要回收并带来一定的利润。因此，在开办零售商店之前，一定要对投资规模进行预测。

首先，预测投资项目明细，计算总投资。商店的投资一般包括建筑物、内外装潢、设备、开发行为等方面的成本费用。

其次，参考其他商店单位面积的投资，计算总投资。从我国的实际情况看，零售商店现代化设备并没有一步到位，一般投资额为每平方米 1 万元左右。

3. 各项经费预测

商店的各项经费预测包括：人工费、房租、促销费、水电燃气费等。由于商店的具体情况不同，会有不同的费用水平，最为准确的预测方法是分项计算，然后进行累加。

4. 盈亏平衡点销售额

盈亏平衡点又称为保本点，是待建商店必须实现的最低销售额。如果达不到该指标，表明该店没有建立的必要，必须放弃或另择他点，否则必须使销售额增加或是使费用率下降。

5. 投资回收期限

在一般情况下，我们不仅要考虑费用与利润之比，还要考虑投资回收期限。当然，建立商店不是暴利投机行为，不能指望一两年就把投资全部收回，而要进行较为长期的分析。从日本的店铺情况看，两三年后才有利润，平均七年能收回投资。一些商店要求 2～3 年收回投资，现实中很难实现。

投资回报率的预测方法是将开业后若干年的销售额、费用、利润等情况列表，制订投资回收计划，评估投资是否理想。

？课堂思考：你知道大型零售店是如何进行商圈分析的吗？

案例研究

超市开店商圈分析

一、背景

某超市企业为了加快拓展其总部所在市场的销售网络，计划在利用部分闲置资产的基础上，租用一家工业企业的闲置车间，开设 1 500m² 左右的超市。闲置车间的情况如下：

位置：处于 A 路 75 号，与城市主干道距离较远，A 路属于小区的生活道路。

面积：闲置车间总面积约 2 000m²，计划租用 1 500m²，其余的仍将用作为对方企业仓库使用。

布局：整个车间呈东西向建造，层高最高处在 7m 以上，能够满足超市的层高要求。

二、周边交通

（一）区内交通情况

（1）有一机动车道 A 路由南向北从门口经过，为双向两车道。

（2）北有 B 路。因拆违原因，路面平整度差，加之沿路有小饭店，路面污水较为严重，可容一辆 5 吨载重汽车通行。

（3）南有 C 路，路况较 B 路好，可容一辆 5 吨载重汽车通行。

（4）西有通往某小学的水泥路 D，为人行道。

（二）区间交通情况

（1）北向，B 路与 D 路相通，A 路北接城市主干道。

（2）南向，可经 C 路到公交车站。

（3）东向，规划中的 E 路可通向城市主干道。

（4）西向，D 路为人行道，只通到某小学。

（5）公交线路：只有一班公交车通往小区内。

（6）居民出行。

在闲置车间所在小区内，除了一路公交车外，居民出行主要靠自行车。区间交通情况图示见图 2-1。

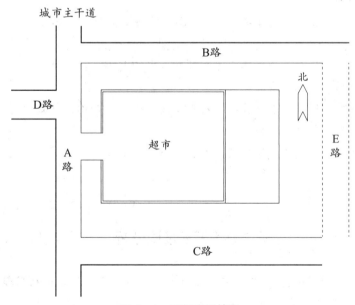

图 2-1　区间交通情况

三、商圈内目标消费群体

这个目标店面地处城郊，区内的居民整体消费水平不高，还有不少居民自己种蔬菜。

1. 小区内的居民

围绕闲置车间，有3个居民小区，居住相对集中，在0.5km内约有5 400户居民，在1km范围内约有7 000户居民。

2. 学校

有技工学校、小学、幼儿园、初级中学四所，共有约1 200名走读生，有约一半学生中午在学校食堂就餐。

3. 附近的企事业单位

有一家银行分理处和一家信用合作社分社，还有8家工矿企业、1家运输公司。

四、周围的商业网点

3km外有华联超市。距小区1.5km范围内，有8家小型超市、3家个体批发户。

五、消费潜力与投资收益分析

根据投资估算，测算如下：

（1）固定资产投资：14.7万元。

（2）改造装潢费用：16万元。

（3）开办费：3.9万元。

合计：34.6万元。按照两年摊销，每年摊销17.3万元。

（4）销售收入估算见表2-1。

表2-1 销售收入估算

周边居民（户）	按照每户3.5人计算的人口数（人）	就近购物的人口占有率（%）	就近购物人数（人）
0.5千米范围内：5 400	18 900	32	6 048
0.5～1千米：7 000－5 400＝1 600	5 600	16	896
就近购物人数总计			6 944

按照人均消费1 200元/年估算，总消费额＝1 200×6 944＝8 332 800（元/年），平均每天就近消费金额＝8 332 800÷360＝23 146.67（元/天）。

（5）投资收益分析见表2-2。

表2-2 投资收益分析

项目	金额（元）	备注
年销售额	8 332 800	
日均销售额	23 146.67	
毛利率	11.50%	
年毛利额	958 272	

续表

项目	金额（元）	备注
年营业费用	795 284	
工资	312 000	人员编制 20 人
运输费	9 600	
办公费	10 800	
邮电费	7 200	
差旅费	4 800	
包装费	26 600	
维修费	4 800	
折旧	176 900	
商品损耗	17 784	
宣传费	8 400	
房租	108 000	6 元/m² · 月
水电费	100 800	
招待费	4 000	
低值品摊销	3 600	
年其他业务收入	36 000	
年税前利润	198 988	

投资回收期：1.74 年。

六、结论与建议

根据以上的分析，可得出以下结论：

（1）交通不便，在 3km 外有华联超市，按照原来的决策思路，开这样的超市有很大风险。可经过对周围情况的了解，在 1km 内有 7 000 多户常住居民，相对封闭的交通把人们很大程度上限定在就近消费，这就是机会。

（2）从目前周边商业网点的规模和竞争力分析，日均销售达到 23 146.67 元，可实现 19.8988 万元的税前利润，可在两年内收回投资。因此，在短期内，开设超市是可行的。

（3）从长远来看，超市主要的经营风险就是该区域内规划的调整，这为超市的持续经营带来了不确定性。

根据以上分析，该超市公司决策层认为开新店可行。

案例解析：商店在选址开店之前都要进行商圈分析，以判断能否开店。首先要分析商圈内的人口、交通、竞争等因素，得出市场收益的潜力，然后再进行投资收益分析，以判断项目的优劣，最后得出开店与否的结论。

任务二　零售店选址

商圈分析是选址开店的前提，但如何选址，还须做一些定性定量分析，只有在充分论证的基础上，方可选定较为理想的店址。

任务情境

作为落地广州的首批旗舰标志之一，OK便利店在盘福路分店的选址可谓独具匠心。

OK便利店盘福路分店（简称OK盘福店）位于盘福路汽车站靠近居民区的拐角，店面20多平方米。该店门前的车站设有一二十条公交车线路的停靠点，是日常客流量的高峰路段。同时，盘福路作为实行交通管制的单行线，道路两边的人流容易汇聚到公交车站这一侧，在此设店可使单边地段享受双边客流之利，还使顾客省去了过马路的麻烦，符合方便快捷消费的要求。另外，OK盘福店贴近该处的居民区，对面还有新开发的楼盘，可以尽享这一路段的流动消费者与固定客群，有利于树立企业品牌。

便利店的另一个选址原则是：在靠近红绿灯的时候，通常以越过红绿灯的位置为最佳。OK盘福店选址在盘福路和解放北路十字路口红绿灯的下游，而且正好卡在盘福路拐进居民社区的道路接驳口，这样更便于顾客进入，避免了靠近路边容易造成门口拥挤堵塞的问题。

OK盘福店处在盘福路从解放北路到东风路之间的区域，这一路段是个东高西低的斜坡。按照便利店选址的经验，在有斜坡的地方，选在坡上比选在坡下要好，因为下坡的行人过往较快，路边的店铺不易引起行人的注意。OK盘福店位于靠近解放北的一侧，即斜坡中段地势较高处，较易引起行人的注意。

此外，作为这一选址的最有力支持，OK盘福店的店址是OK便利店的合作伙伴之一——广州粮食集团旗下的物业，其前身是粮食集团的8字店，租金较低。在眼下广州商铺物业租金高企的背景下，OK便利店在这方面具有其他商家不具备的优势。所以盘福店的这一选址，可谓天时、地利、人和兼得。

思考： 如果让你为OK便利店选址，你会如何选呢？会考虑哪些因素呢？

知识精讲

一、选址的重要性和原则

（一）选址的重要性

通常，店址被视为商店的三个主要资源之一，理想的店址对商品销售有着举足轻重的影响。店铺的特定开设地点决定了店铺顾客的多少，也决定了店铺销售额的高低。店址选择的重要性体现在以下几个方面。

1. 店址投资数额较大且时期较长，关系着店铺的发展前途

店址不管是租借的还是购置的，一经确定，就需要大量的资金投入，以营建店铺。当外部环境发生变化时，它不能像人、财、物等经营要素一样，可以随时做相应调整。因此，确定店址前应深入调查，周密考虑，妥善规划，以便做出较好的选择。

2. 店址的确定是店铺经营目标和经营策略制定的重要依据

每个地区在社会、地理环境、人口、交通状况、市政规划等方面都有自己有别于其他地区的特征，这些特征制约着该地区店铺的顾客来源、特点和店铺对经营范围、商品价格、促销活动的选择。所以，经营者在确定经营目标和制定经营策略时，必须考虑店址所在地区的特点，以使得目标与策略都制定得比较现实。

3. 店址是影响店铺经济效益的一个重要因素

店址选择得当，就意味着其享有优越的"地利"优势。就同行业商店而言，在规模相当，商品构成、营销服务水平基本相同的情况下，有利的店址无疑会有较大的优势。

（二）选址的原则

零售店选址的资金投入大，且长期受到约束，不可能轻易搬迁，也不太可能轻易换改经营方式，是零售商战略组合中灵活性最差的要素。那么，零售商选址一般遵循什么原则呢？

1. 方便顾客购买

商店地址一般应选择在交通便利的地点，尤其是以食品和日用品为经营内容的普通超级市场应选择在居民区附近设店，应以附近稳定的居民或上班族为目标顾客，满足顾客就近购买的要求，且地理位置要方便顾客的进出。

2. 方便货品运送

商店经营要达到规模效应的关键是统一配送，在进行网点设置时要考虑是否有利于货品的合理运送，降低运输成本，既要保证及时组织所缺货物的供给，又要能与连锁店相互调剂、平衡。

3. 有利于竞争

商店的网点选择有利于发挥企业的特色和优势，形成综合服务功能，获取最大的经济效益。大型百货商店可以设在区域性的商业中心，提高市场覆盖率；而小型便利店越接近居民点越佳，避免与大中型超市进行正面竞争。

4. 有利于网点扩充

商店要取得成功，必须不断地在新区域开拓新网点。在网点布置时要尽量避免商圈重叠，避免在同一区域内重复建设。否则势必造成自己内部的相互竞争，影响各自的营业额，最终影响总店的发展。

二、影响选址的因素

（一）人口因素

1. 客流性质

客流是商店经营成败的关键因素，一家商店若要获得成功，必须有足够的顾客来源。一般来说，任何一家商店的客流均可分为三种类型：分享客流、派生客流、本身客流。分享客流，是指从邻近其他商店形成的客流中获得的客流，而不是自家商店本身产生的客流。这种客流往往在大型商店与小型商店之间，或同类商店之间产生。派生客流，是指顾客到某地并不是专程购买商品，而是因其他目的，顺路进店所形成的客流。如顾客乘坐火车时，在候车时间可顺便到火车站旁边的商店看看。本身客流，是指专程到此商店购买而形成的客流。大中型商店的客流大部分均属于这种客流，本身客流的形成和发展是零售企业获得成功的重要因素。

2. 潜在固定顾客

所有的人都是消费者，很自然也是商店的潜在顾客。要了解商店的客流规律，必须分析当地的人口总数、人口密度、人口分布及年龄构成等。人口最多的区域产生最多的潜在顾客，未来人口成长趋势决定着商店的发展规模，商圈内人口的增长情况、新婚家庭的增加、人口年龄结构等都是开设新商店前必须了解的。

3. 过往行人的特点

过往行人也是商店客流来源的一个重要组成部分，其流动规律同样不能忽视。首先要了解行人的年龄结构，因为有些过路者未必是顾客；其次要了解行人来往的尖峰时间和稀薄时间；最后要了解行人来往的目的以及停留时间。在商业集中的繁华街道，行人的目的一般以购买商品为主，或顺便浏览其他商品，为以后购买做准备，这些人多表现为行走速度缓慢且停留时间长，希望获得比较各种商品的价格、品质和式样的最大满足，这种行人对商店最为有利，这也是许多商店愿意设在商业中心的原因。有些地点虽然拥有相当多的过往行人，如在车站、码头等交通枢纽，或机关、工厂、学校、公园附近、车辆通行丁道等地，但行人的目的不在购物，只是顺便或临时冲动购买一些商品，这类客流一般停留时间短，流动速度快，是商店的派生顾客，只有进行一些特殊宣传才能吸引他们的目光。

（二）地理因素

1. 城市规划

城市规划也会对商店经营产生重大影响。有些地点从近期来看，可能是店址的最佳选择，但可能随着城市的改造和发展将会出现新的变化而不适宜设店。相反，有些地点如果从近期看可能并不理想，但是从规划前景看可能很有前途。

2. 区域规划

潜在地点的区域发展规划、建筑布局规划是零售企业在选址之前必须充分了解的。因为区域规划往往会涉及建筑物的拆迁和重建，如果未经了解，盲目选址，在成本收回之前就遇到拆迁，会使企业蒙受巨大的经济损失，或者失去原有的地理优势。同时，掌握区域规划便于零售企业根据不同的区域类型，确定不同的经营形式和经营规格。

3. 位置

零售企业经营所在的区域适宜选择在城市核心商业中心、旅游中心以及住宅聚集区内，至少能使消费者步行 10～15 分钟到达此区域。

4. 可见度和形象特征

为让消费者能够便于找到目标商场，特别是对开车的人，在行驶当中寻找会更加困难，因此要有远距离确认、中距离确认和近距离确认。我们说的远距离通常是 200 米以外，近距离就是 50 米。所以实际选址中，商业建筑应有明显的指路标示，在建筑的外墙要有大型的店标，甚至在路边上还要设有店标的指示牌。

5. 交通地理条件

（1）交通便利性。方便的交通要道，如接近公共汽车停车站、地铁出站口等地，由于来往行人较多，具有设店的价值。交叉路口的街角，由于公路四通八达，能见度高，也是设店的好位置。但是，在有些地方，其道路中间隔了一条很长的中央分向带或栏杆，限制行人、车辆穿越，则会影响设店的价值。

（2）街道特点。由于交通条件、公共场所设施、行人方向习惯、居住区范围及照明条件等影响，一条街道的两侧客流往往并不均衡，或在同一条街道也可能因地段不同而客流量也不同，因此，在选择店址时要分析街道客流的特点，选择客流较多的街道一侧或地段。

（3）地形特点。新商店通常应设在能见度高的地方，如两面或三面临街的路口、公共场所的迎面处等，还可通过尽量扩充橱窗面积、增开出入口等方法提高能见度。此外，还应研究该地点过去的情况，如分析之前商店经营状况、成败记录等原因。虽然过去商店的成败并不能意味着新设商店的成败，但研究这些资料可为新设商店选择地址提供参考的依据。

（4）周围环境。店址周围的环境对零售企业经营的成功与否会产生巨大影响。任何一家新建商店，都必须对店址周围环境如建筑、治安、卫生等情况进行仔细分析。如地点附近有许多空建筑、烂尾楼，会令人感到颓废衰落和不愿涉足；某些地区被传闻治安状况欠佳，无论是否属实，都会妨碍顾客前来；还有其他如不良气味、噪声大、灰尘多、破旧及走道不良等环境，都会影响设店的价值。此外，当地居民的受教育程度、经济状况、年龄结构等都对购买习惯有影响，因此在选择店址时，必须予以注意。

（三）市场因素

1. 竞争状况

一个地区零售行业的竞争状况可以分成两个不同的部分来考虑：一是直接竞争的评估，即提供同种经营项目，同样规格、档次的零售企业可能会导致的竞争。二是非直接竞争，包括不同的经营内容和品种，或同样品种、不同规格和档次的零售企业，这类竞争有时起互补作用，对零售企业是有利的。在选择零售企业经营区域时，如果无任何一种形式的竞争，将具有垄断地位；如果有任何一种形式的竞争，都是值得在投资前认真研究和考虑的，包括竞争对手的商场类型、位置、数量、规模、营业额、营业方针、经营商品及服务对象的阶层等方面。

2. 规模和外观

零售企业位置的地面形状以长方形为好，必须有足够大的空间容纳建筑物、停车场以及展示台等其他必要设施。如果地面形状是三角形或多边形的，除非它非常大，否则是不可取的。同时，在对地点的规模和外观进行评估时也要考虑到未来消费的可能。

（四）经济成本因素

1. 土地价格或建筑物租金

地价或租金的费用是在逐渐上涨的，而且零售企业在投资时，土地费用或建筑物租金所占的比重也是较大的。城市中不同区域、不同街道、不同地段的地价或租金相差是很大的。因此在选址时，应选择地价或租金合理、有较大潜在成长优势的位置。物业面积和形状也要与零售企业的设计思路吻合。商场所处地区的基础设施情况，包括道路设施状况，水、电、气等的供给状况等也应予以考虑。

2. 货源的供应及价格水平

零售企业经营经常需大量商品货物的供应。如果所在地区及周边区域的商品供应不足或物流系统不畅通，会影响零售企业的发展和声誉。如从远距离地区供应无疑会增加成本，影响企业经营。

3. 劳动力供应状况及工资成本高低

零售企业经营需要使用大量的各种层次的人员，包括管理人员和具有一定技能的服务人员等。潜在市场上是否具有企业所需要的人员及其工资标准对零售商业经营尤为重要，这关系到整个商业集团的服务水平和管理成本，以及向其他地区的拓展问题。

对以上这些因素，商店在设立之前，必须进行详尽的调查研究，掌握所有可能对商店产生的有利或不利影响因素的情况，并以发展的观点分析商店布局的选择，以正确预见未来。

? 课堂思考：为什么将店铺开在"物以类聚"的地方，顾客较多，"钱途"也较好？

三、零售店选址方法

（一）位置类型设计

零售商店按位置类型，一般可分为孤立店、已经规划的购物中心和自然形成的商业中心，它们各有特色，各有利弊。

1. 孤立店

孤立店是指商店独立开店，不与其他竞争对手毗邻相设。

（1）利：无竞争对手；租金较低；具有灵活性；开店费用低；能见度高；有选择和扩大规模的潜力；有利于顾客一站式购物或便利购物。

（2）弊：如果商店规模不够大，不易吸引远方顾客，商圈较小；广告费可能较高；在多数情况下，建筑不能租用而必须新建。

2. 已经规划的购物中心

已经规划的购物中心是指经过仔细规划设计并集中管理的商店群，通常是由房地产公司事先规划设计，兴建完工后再把各铺面出租或出售给零售商。一个典型的购物中心，是由一家或一家以上的主力商店，以及各种各样较小的商店所组成的，有时还包括餐馆、快餐店、邮局、银行以及一些游乐场所。

（1）利：协调规划，商品和服务品种组合合理；拥有完善的设施、宽敞的停车场；商店各具特色，又具有统一规划的购物中心形象；有较大的商圈，适合家庭购物及休闲。

（2）弊：通常租金较贵，营业管理易受限制，竞争也较激烈。

3. 自然形成的商业中心

自然形成的商业中心是指未经规划自然发展起来的商业中心。这种自然形成的商业中心可以分为中心商业区、次级商业区、邻里商业区和商业街四种类型。

（1）中心商业区（Central Business District，CBD），指一座城市商业网点最密集的购物区。中心商业区吸引着来自整个市区的消费者，包括所有阶层的人。在此开店，可以借商业群体效应吸引较多较远的顾客群，但开办费用一般较高，新建店址难以寻找。这种商业繁华区是百货商店或专卖店的首选地址。

（2）次级商业区（Secondary Business District，SBD），指分散在一座城市的多个繁华程度较低的购物区域。次级商业区通常位于两条主要街道的交叉路口，至少由一家百货商店或大卖场和几家专业店或专卖店构成，此外，周围还聚集许多小商店。这一商业区主要面向城市的某一区域消费者，以销售家庭用品和日常用品居多。在这里设店，交通比较便利，人群不太拥挤，店址也相对好找，但供应的商品和服务不均衡，难以吸引较远的顾客。

（3）邻里商业区（Neighborhood Business District，NBD），指为了满足住宅区居民购物和服务方便而自发形成的一个小型商业区。邻里商业区主要由若干小商店组成，如标准超市、便利店、冲印店、快餐店、干洗店、美容院等。在邻里商业区设店竞争程度低，最接近顾客，能保持良好的顾客关系，但商圈小，价格通常也不优惠。

（4）商业街（Commercial Street），指由若干经营类似商品的商店聚集在一起形成的一条街道。在许多历史悠久的城市，往往会自发形成一条条特色商品街，这是城市发展积淀下来的商业文化，极大地丰富和活跃了城市居民的消费生活。

（二）区域位置选择

零售店区域位置选择指的是零售店应选择设在哪一个区域，即在哪一级商业区或商业群中。为具体的门店选址时，应先考虑在哪一类商业区开店，充分考虑顾客对不同商品的需求特点及购买规律。一般来说，顾客对商品的需求一般可分为下述三种类型。

1. 日常生活必需品

这类商品同质性强，选择性不强，同时价格较低，顾客购买频繁。在购买过程中，顾客求方便心理明显，希望以尽可能短的路程，花尽可能少的时间去实现。所以，经营这类商品的商店应最大限度地接近顾客的居住地区，将商店设在居民区商业街中，辐射范围以半径 300 米为限，步行在 10 分钟以内为宜。

2. 周期性需求的商品

对这类商品，顾客是定期购买的。在购买时，顾客都进行了一定的比较，最终才选择出适合自己需要的商品。另外，顾客购买这类商品数量不大，有高度的周期性。经营这类商品的商店以选择在商业网点相对集中的地区为宜，如地区性的商业中心。

3. 耐用消费品及特殊需求的商品

耐用消费品多为顾客一次购买且长期使用，购买频率低。顾客在购买时，一般已有既定目标，在反复比较权衡的基础上再做出选择。特殊需求的商品购买的偶然性较大，频度更小，顾客比较分散。经营这类商品的商店，商圈范围要求更大，应设在客流更为集中的中心商业区或专业性的商业街道，以吸引尽可能多的潜在顾客。

（三）地点选择

仅仅选择店址的区域位置是不够的，因为在同一区域内，一个便利店可能会有好几个开设地点可供选择，但有些地点对某一类商店来说，是最满意的开设地点，而对另一类商店来说，就不一定是合适的开设地点。因此，新设商店在选择好区域或位置以后，还要切实考虑多种影响和制约因素，选择具体开设地点。

1. 分析交通条件

交通条件是影响便利店选择开设地点的一个重要因素，决定了企业经营能否顺利开展和顾客购买行为能否顺利实现。

（1）从企业经营的角度来看，对交通条件的分析主要有以下两方面内容：

1）在开设地点或附近，是否有足够的停车场所可以利用。绝大多数购物中心设计的停车场所与售货场所的比率为 4∶1。

2）商品运至商店是否容易。这就要考虑可供商店利用的运输工具能否适应货运量的要求并是否利于装卸，如果运货费用明显上升，经济效益就会受到影响。

（2）从方便顾客购买商品的角度来看，对交通条件做以下几方面具体分析：

1）设在边沿区商业中心的商店，要分析与车站、码头的距离和方向。一般距离越近，客流较多，购买越方便。开设地点还要考虑客流来去方向，如选在面向车站、码头的位置，则以下车、下船的客流为主；如选在邻近市内公共汽车站的位置，则以上车的客流为主。

2）设在市内公共汽车站附近的商店，要分析公共汽车车站的性质，是中途站还是终始站，是主要停车站还是一般停车站。一般来说，主要停车站客流量大，商店可以吸引较多的潜在顾客；中途站与终始站的客流量无统一规律，有的中途站多于终始站，有的终始站多于中途站。

3）要分析市场交通管理状况所引起的有利与不利条件，如单行线街道、禁止车辆通行街道，与人行横道距离较远都会造成客流量在一定程度上的减少。

2. 分析客流规律

影响商店成功的另一个关键因素是客流。客流包括现有客流和潜在客流，商店选择开设地点总是力图处在潜在客流最多、最集中的地点，以使多数人就近购买商品。但客流规模大，并不总是带来相应的优势，具体问题还须具体分析。

（1）分析客流类型。一般商店客流分为以下三种类型：

1）自身客流，即那些专门为购买某商品的来店顾客所形成的客流。这是商店客流的基础，是商店销售收入的主要来源。因此，新设商店在选址时，应着眼评估自身客流的大小及发展规模。

2）分享客流，即一家商店从邻近商店形成的客流中获得的客流。分享客流往往产生于经营相互补充商品种类的商店之间，或大商店与小商店之间。如邻近大型商店的小商店，会吸引一部分专程到大商店购物的顾客顺便到毗邻的小店来。不少小商店设在大店旁边，就是利用这种分享客流。

3）派生客流，即那些顺路进店的顾客所形成的客流。这些顾客并非专门来店购物。在一些旅游点、交通枢纽、公共场所附近设立的商店所利用的就是派生客流。

（2）分析客流目的、速度和滞留时间。不同地区客流规模虽可能相同，但其目的、速度、滞留时间会有所不同，要做具体分析。如在一些公共场所附近，车辆通行干道，客流规模很大，顾客虽然也顺便或临时购买一些商品，但其目的不是购物，因此客流速度快，滞留时间较短。

（3）分析街道两侧的客流规模。同样一条街道，两侧的客流规模在很多情况下，由于光照条件、公共场所、交通条件设施等影响，会有所差异。另外，人们骑车、步行或驾驶汽车都是靠右行，往往习惯光顾行驶方向右侧的商店。鉴于此，开设地点应尽可能选择在客流较多的街道一侧。

（4）分析街道特点。选择商店开设地点还要分析街道特点与客流规模的关系。交叉路口客流集中，能见度高，是最佳开设地点；有些街道由于两端的交通条件不同或通向地区不同，客流主要来自街道一端，表现为一端客流集中、纵深处逐渐减少的特征，这时候店址宜设在客流集中的一端；还有些街道，中间地段客流规模大于两端，把店址放置在中间地段就能招揽更多潜在顾客。

3. 分析竞争对手

商店周围的竞争情况对其经营的成败会产生巨大的影响，因此，选择商店开设地点时必须分析竞争对手。一般来说，在开设地点附近如果竞争对手众多，但商店经营独具特色，将会吸引客流，促进销售增长，增强商店信誉。如果与竞争对手相邻而设，却不具特色，将难以获得发展。当然，店址还是应尽量选择在商店相对集中且有发展前景的地方，对经营选购性商品的商店尤其如此。

4. 分析地形特点

选择商店开设地点时，分析地理特点，就是要选择能见度高的地点设店，所以商店尽量临街而设，并尽可能选在两面或三面临街的路口，增强能见度，并可多设出入口，多设临街宣传橱窗。

5. 分析城市建设规划

城市建设的规划，既包括短期规划，又包括长期规划。有的地点虽然从当前分析是最佳位置，但随着市场的改造和发展将会出现新的变化而不适合设店；反之，有些地点虽然从当前来看不是理想的开设地点，但从规划前景看会成为有发展前途的商业中心区。因此，商店经营者必须从长考虑，在了解地区内的交通、街道、市政、绿化、公共设施、住宅及其他建设或改造项目的规划的前提下，做出最佳地点的选择。

（四）选址步骤

1. 确定区域——靠资料证明

零售店计划进入某城市，可先通过有关部门或专业调查公司收集这个地区的资料，如地区人口资料、年龄分布资料、政府未来变动情况、教育程度资料、人流变动资料、竞争店资料、交通状况、商店分布资料等，把资料凑齐之后，再开始规划商圈。

2. 划分商圈——用数据说话

划分商圈采取的是计分的方法。例如，某个地区有一个大型商场，商场营业额有1 000万元算1分，有5 000万元算5分，有一条公交线路加××分，有一条地铁线路加××分，这些分值标准是多少年平均下来的一个较准确经验值。通过打分把商圈分成好几大类，以天津为例，有市级商业型、区级商业型、定点（目标）消费型，还有社区商务两用型、旅游型等。

3. 选择地点——在最聚客的地方开店

商圈的成熟度和稳定度也非常重要。开店的原则应是：努力争取在最聚客的地方和其附近开店。

古语说"一步差三市"，意思是开店地址差一步就有可能差三成的买卖。这跟人流动线（人流活动的线路）有关，比如可能有人走到这，该拐弯了，则这个地方就是客人到不了的地方；又如差不了一个小胡同，但生意差很多。这些在选址时都要考虑进去。人流动线是怎么样的，应派人去掐表、去测量，有一套完整的数据之后才能据此确定地址。选址时一定要考虑人流的主要动线会不会被竞争对手截住。

（五）选址评估

1. 选址的战略层面

从对零售企业的多年研究经验中，专家归纳出商圈研究的整体框架，认为零售企业在选址过程中一般应关注以下几个战略层面。

（1）整体市场评估。这包含以下几方面内容：

1）城市基本形态，如内陆城市、沿海城市、主流消费形态、对周边地区的影响等；

2）城市经济指标，如社会消费品零售总额、人均 GDP、人口结构、人口总量等；

3）居民经济指标，如人均可支配收入、人均消费支出等；

4）政府商业规划，如近、中、远期商业规划，城市交通建设以及城市改造等；

5）城市人文状态，如文化娱乐形态、资讯消费情况、媒体影响度等。

（2）选址及商圈调查。这包含以下几方面内容：

1）三级商圈范围及人口数量、人口结构等；

2）商圈内商贸状况、道路交通状况、业态业种配置状况等；

3）商圈内行业，如经营模式、内部装潢设计、商品组合、商品陈列、商品价格、物业管理、租金、基本人工费用等。

（3）消费者研究。这包含以下几方面内容：

1）消费者购买行为和习惯，如购买场所、交通工具、购物时间等；

2）消费者满意度，如对目前商圈的满意度、对不同商家的评价和喜好度等；

3）消费者购买力，以及其他娱乐、饮食、休闲、资讯等方面的研究。

（4）商圈人流监测。这包含以下几方面内容：

1）在工作日进行定点监测，统计出不同时段内经过店址的人流总数、性别人数、年龄层人数等；

2）周日（节假日）进行定点检测，统计出不同时段内人流总量、人流结构、外来人口数量等。

（5）竞争者经营情况研究。竞争者经营情况包括经营规模、产品结构、经营模式、发展战略、营销管理、员工素质、顾客满意度等。

2. 店址具体评价

（1）新店营业潜力。新店营业潜力可通过预测商店销售额来确定。这种预测可以根据过去在类似环境中的经验，同行业的一般水平，或者经过调查后采用统计分析方法计算出来。有一种测算方式比较简单易行，即根据已知的商圈内消费者的户数、离店的远近、月商品购买支出比重及新商店在该区域内市场占有率四个因素来估算。

（2）开店投资与经营费用测算。通过商圈调查可以估算新店的营业额，但该新店是否值得经营，还必须把营业额与投资额作比较，评估出损益状况。

? 课堂思考：你知道我国有哪些零售店在选址时运用了 GIS 技术吗？选址效果如何？

拓展案例：便利店的选址技巧

课后复习与思考

一、单选题

1. （　　）的消费习性为快速、流行、娱乐、冲动购买及消费金额比较高。

A. 商业区　　　　　　　B. 住宅区　　　　　　　C. 文教区　　　　　　　D. 办公区

2. 商圈一般可分为三个层次，其中（　　）最接近商店并拥有高度密集顾客群的区域，通常商店的 55%～70% 的顾客来自该区。

A. 核心商圈　　　　　　B. 次商圈　　　　　　　C. 边际商圈　　　　　　D. 社区商圈

3. 当商圈内大量商业店铺进行转移，商圈内人流量、销售额、店铺数量都大量下降，说明该商圈进入（　　）。

A. 起步期　　　　　　　B. 发展期　　　　　　　C. 成熟期　　　　　　　D. 衰退期

4. （　　）是核心商圈内基本顾客的主要来源。

A. 居住人口　　　　　　B. 工作人口　　　　　　C. 流动人口　　　　　　D. 外来人口

5. 客流类型中那些专门为购买某商品的来店顾客所形成的客流属于（　　）。

A. 本身客流　　　　　　B. 分享客流　　　　　　C. 派生客流　　　　　　D. 自由客流

二、多选题

1. 商圈一般可分为三个层次，即（　　）。

A. 核心商圈　　　　　B. 次商圈　　　　　　C. 边际商圈　　　　　D. 社区商圈

2. 在分析商圈时，需要考虑的外部环境因素包括（　　）。

A. 家庭与人口因素　　　B. 产业结构　　　　　C. 交通地理状况

D. 城市商贸网点布局　　E. 商圈内商店的聚集状况

3. 商圈分析中，人口特点主要从（　　）方面进行分析。

A. 人口密度　　　　　　　　　　　　B. 客流量

C. 家庭人口及收入水平　　　　　　　D. 购买力

4. 商圈内部环境因素包括（　　）。

A. 零售商店的业态　　　　　　　　　B. 商品结构

C. 商店规模　　　　　　　　　　　　D. 营销手段和信誉

5. 零售商店选址的原则有（　　）。

A. 方便顾客购买　　　　　　　　　　B. 方便货品运送

C. 有利于竞争　　　　　　　　　　　D. 有利于网点扩充

三、判断题

1. 不同的零售经营业态会有不同的商圈，相同的经营业态在不同地区的商圈大小也有所不同。（　　）

2. 一般来说，零售店市场规模越大，商圈范围越大；反之，则越小。（　　）

3. 食品、日用品，购买的频率较高，出行的范围较远，而耐用品购买频率低，人们

购买出行的距离较近。（　　）

4. 对于商业中心区店铺来说，核心商圈的顾客较少，次级商圈和边际商圈的顾客较多，商圈范围较小。（　　）

5. 百货商店、高级专卖店、大型购物中心一般追求大商圈。（　　）

四、简答题

1. 简述零售店在选址时应考虑的交通地理条件。

2. 简述商圈评估的数据型分析和概念性分析。

3. 简述零售店商店位置类型。

五、案例分析

肯德基快餐店选址分析

1986 年 9 月下旬，肯德基快餐店开始考虑打入人口众多的中国市场。其面临的首要问题是：第一家肯德基店址应当选在何处？这一决策对将来肯德基在中国市场的进一步开拓至关重要。现在有三个地点可供选择：上海、广州、北京。

1. 上海

上海有 1 100 多万居民、19 000 多家工厂和中国最繁忙的港口，是繁荣的商业中心，其优越的经济地位在国内显而易见。上海的明显优势是在这里容易获得合乎质量的充足的肉鸡供应，通过兴办合资企业，泰国的正大集团已经在东南亚地区建立了 10 个饲料厂和家禽饲养基地，可以为上海供应肉鸡。肯德基的东南亚办公室与正大集团有着良好的关系。虽然上海一向是主要的商业中心，但改革开放初期人民收入水平增长不快，能否迅速接受西方快餐文化还是个疑问。

2. 广州

广州是可供选择的另一个方案。它位于中国东南部，离香港很近，作为中国 14 个沿海开放城市之一，广州于 1984 年成为优惠外资的经济特区，这样，广州在批准外资项目、减免税收和鼓励技术开发方面被授予更多的自主权，而且广州人的收入水平近几年增长很快。广州是西方商人经常光顾的地方，同时也是旅游者从香港出发作一日游的好地方。广州与香港相距不到 120 千米路程，公路铁路交通都很便利。在广州做买卖很容易得到肯德基香港办公室提供的服务。另外，广州人也更熟悉西方管理惯例和西方文化。广州人也讲粤语。初步调查表明，在广州找到一个充分供应肉鸡的来源也没有什么困难。

3. 北京

北京是中国的政治、文化中心，有 900 万居民，人口数量仅次于上海。北京的外来人口数量众多，有潜在的消费群体，这对肯德基的销售是极为重要的。北京是那些向往故宫、长城、十三陵的西方游客的必到之地，这意味着肯德基将会有稳定的外汇收入。因此，如果从北京做起，无疑将更大地吸引人们的注意力，并且不言而喻地表明政府的赞同态度，这将有助于肯德基今后往其他城市的进一步发展。调查也表明，北京城郊有好几个家禽饲养基地。

问题：肯德基在中国选择第一家店址时主要考虑了哪些因素？

—————————| 实践操作 |—————————

1. 实训题目：撰写零售店选址分析报告。

2. 实训目的：培养理论联系实际的能力。

3. 实训要求：通过调查，分析所熟悉的一个商业区域，选出可能开设零售店的地址，并说明是从哪些方面着手调查、研究的。

4. 实训地点和设备要求：可以选择学校附近的商圈或在教室进行实训。请带好笔和纸。

5. 实训内容：通过考察，运用所学知识，并结合实际目标，解决实际问题。

6. 实训实施方案：先确定选址分析报告的主要内容和格式，再按照先后顺序，一项项调查，边学边做。

7. 实训结果要求：就所调查结果写一份选址分析报告。

8. 指导教师配备：配备一名专业教师，即任课教师，以及一名企业岗位指导教师。

项目三　零售环境设计

学习目标

知识目标

1. 掌握店面设计的基本原理。

2. 掌握招牌的设计。

3. 掌握店面通道的设计。

4. 掌握店面布局的原则和类型。

5. 了解店内装潢要素。

能力目标

1. 能够运用所学原理设计卖场。

2. 能够独立设计招牌。

3. 能够进行合理的店面布局。

素养目标

1. 培养批判性思维、主动探究和积极思考的能力。

2. 培养创造性思维和创新意识。

任务一　店头设计

　　风格独特的店头设计，能在几秒钟内抓住顾客或过路者的注意力，使他们立刻想知道这是何种店铺。它所经营的商品种类以及内部气氛与周围其他商店有何不同等情况，会使顾客产生进店观赏、购物的欲望。因此，店头设计是不可忽视的重要一环，企业必须采用能够表达和加强店铺品牌的方式来设计店头，策略性地引导人流，确保顾客能够清楚地识别店铺是哪种类型、经营何种商品、提供何种服务。

任务情境

小李经营着一家饰品店。起初，小李认为店面小，只有 8 平方米，资金有限，所以在店面的外观设计上没有多考虑，只是简单做了个牌匾挂上去，把资金都用在进货、选货上。但是，开业一个月后，她发现离她 100 米的地方也有家饰品店，店内货品质量不如她的店，但是客流量明显好于她的店。仔细研究之后，她才明白，对方的店面设计装修比自己的店吸引人，所以引来了大量的顾客。

思考：小李应该怎样改变现状呢？

知识精讲

一、店头设计的基本要素

在设计店头之前，必须明确你想要向顾客展示什么样的店铺类型，然后围绕这个定位设计店铺的店头，一般需要考虑以下两个基本要素。

（一）商品的价格水平

廉价商品店铺需要看上去干净、明亮、实用，不要把店头装饰得过于华丽，与廉价店铺的商品价格水平不相符；但是这并不意味着店铺的装修一定是非常便宜的。高档店与此相反，需要在设计中体现奢华与精美，可以使用一些昂贵华丽的材料装饰店头。

（二）零售企业的 CIS

CIS 包括企业理念识别、视觉识别和行为识别三方面内容，这三者缺一不可。零售店铺作为一个企业，在设计店头时，要突出企业的形象识别。店头使顾客第一眼就能感受到的企业形象，所以必须使店铺的店头设计与整个店铺的形象一致。如果是单店经营，作为店铺的标志性形象，店头设计要能体现出店铺的商品、服务特点，代表店铺独一无二的品牌；如果是连锁经营，每一个分店的店头都要与连锁总店的设计一致，不允许自行更改或修饰店头。

店头设计中最能体现店铺特点的部分包括店铺前的看板设计和招牌的设计。

二、店铺前的看板设计

店铺若要吸引过往顾客，就必须设立引人注意的标志，既要在店铺前设立看板，又要在预定的商圈内设置引导看板。十字路口、公共汽车站、住宅出入口等处，都是设立看板的最好选择。此外，若要保证夜间销售额，还要布置照明设施，只有这样，才能吸引顾客注意，引导顾客进入店铺。

三、招牌的设计

招牌，我国商界自古有之，如在古代的酒店、粮店门口都悬挂一个大大的"酒"字或"米"字。这是布幅式招牌。还有一种是匾额式招牌。现在的店铺一般采用的是灯箱式招牌。招牌是店铺店标、店名、造型及广告的载体，以文字、图案或立体造型标明卖场的名称、经营范围、经营宗旨、营业时间等重要信息。

（一）招牌的类型

目前国内流行的店头招牌大致有以下几种：

（1）屋顶招牌。屋顶招牌即在屋顶上立一个广告牌，以便消费者从远处就可以看见店铺，从而达到宣传自己店铺的目的。

（2）栏架招牌。栏架招牌一般装在店铺正面，牌上内容包括业务经营范围、店名、商品名、商标名等，可采用投光照明、暗藏照明或霓虹灯照明来引人注目。

（3）侧翼招牌。侧翼招牌一般可位于零售店的两侧，其内容能够充分吸引两侧行人的注意。其可以用来表示零售店的店名，也可用来表示零售店的经营方针、经营范围和商品广告，一般以灯箱或霓虹灯为主。

（4）路边招牌。店铺的吉祥物、人物也可作为招牌，放在店铺前人行道上，用来增加店铺对行人的吸引力。此类招牌也可以是一个商品模型或一台自动售货机。

（5）墙壁招牌与垂吊招牌。墙壁招牌就是利用墙壁作为招牌，一般可以用来书写店名。垂吊招牌一般是悬挂在店铺正面或侧面墙上，其作用基本上与栏架招牌一样。

（6）遮阳篷招牌。这类招牌一般是供应商提供的商品广告招牌。

招牌的种类虽然各异，在设计上也各有其独特性，但是在进行设计时，为了使顾客便于识别，不管店标是用文字还是用图案或符号来表达，其设计都要求做到五易：易见、易读、易记、易理解和易联想。另外，顾客对招牌的识别常常是先识别色彩，再识别店标，所以栏架或垂吊招牌的色彩必须符合店铺的标准色。色彩会对顾客产生极强的吸引力。当把这种设计要求推广到连锁零售店铺时，更会使顾客产生对店铺的认同感，从而有利于店铺的发展。

（二）招牌的命名

名称是招牌的脸面，在命名店铺招牌时，要做到言简意赅、清新脱俗、富有吸引力。具体而言，可依据下列内容设计招牌名称：

（1）以商品属性命名。这种命名反映商店经营商品范围及优良品质，树立店铺声誉，使顾客易于识别，并产生购买欲望，达到招徕的目的，如"诚品书店"，取名"诚品"代表着书店对美好社会的追求与实践。

（2）以服务精神命名。这种命名反映卖场文明经商的精神风貌，使顾客产生信任感，如"百分百鞋店"，其中蕴涵着商品会百分之百满足顾客需要的含义。

（3）以经营地点命名。这种命名反映店铺经营所在的位置，易突出地方特色，使顾客易于识别，如"济南第一百货大楼""上海第一百货公司"等。

（4）以著名人物或创办人命名。这种方式以众所周知的人物来命名，使顾客闻其名而知其特色，便于联想和记忆，能反映经营者的历史，使顾客产生浓厚的兴趣和敬重心理，如"亨利表店"等。

（5）以美好愿望命名。这种命名反映经营者为顾客实现某种美好愿望而尽心服务，同时包含对顾客的良好祝愿，能引起顾客有益的联想，并对商店产生亲切感，如"开心饼屋"等。

（6）以外语译音命名。这种命名方式大多被外商用在国内的合资店或代理店上，便于顾客记忆与识别，如"佐丹奴""麦当劳"等。

（7）以新奇幽默的名称命名。有些企业命名十分风趣，也容易使顾客记忆，如"汤姆叔叔的小屋""胖太太时装"等。

（三）招牌设计技巧

（1）以顾客最容易看见的角度来安置招牌，并以顾客看的位置来决定招牌的大小高低。

（2）店名、业种、商品、商标等文字内容应准确，尤其是店名的选择应以独特、新颖为佳。

（3）文字、图案、造型要适合卖场的经营内容和形象。

（4）设计与色彩要符合时代潮流。

（5）夜间营业的店铺，招牌应配置霓虹灯设备。

招牌不仅要根据自己店面的情况来设计，还要注意与周围环境的协调，如果只顾突出自己而忽略了周围环境，很可能收到相反的效果。在设计时，还要考虑安全因素，如在沿海地区，台风出现得比较频繁，招牌不宜悬挂过高。灯箱的支架应邀请专业机构设计和安装，力求做到稳固安全。要定期对招牌进行清洗和照明线路检查，防止出现安全隐患。招牌整体设计的安全性与协调性好，可以给顾客留下良好的第一印象。

？课堂思考： 零售企业的 CIS 有什么作用？

任务二　店面设计与布局

店面设计应主要考虑经营的商品类型和主要顾客群的特点，力求创新，显示个性，力争让顾客产生好印象，既能使顾客在精神上获得美感，又能在现实中符合顾客的购物需要。

在进行店面设计之前，经营者应该全面地了解本店销售商品的种类、规模、特点等，尽量使店面外观与这些因素相结合；同时还应了解周围环境、交通状况、建筑风格，使店铺造型与周围环境协调一致；要了解现代国内外零售店外观的发展趋势，设计形式新颖、实用、结构合理的零售店门面。

任务情境

小梅在市中心为她的鲜花店租了一个铺位，花店附近有中学、银行和医院。周围的人流非常大，工作日的时候，银行会有办理业务的人进进出出。而且，附近的医院也能为花店带来一些销售机会。现在，小梅必须布置商店的内部。目前它只是一间后面有储存空间的大房子，以及一个大的展示橱窗。

思考：小梅应当怎样布置商店的内部才能吸引大量的顾客？

知识精讲

一、店面设计注意事项

店面结构是商店整体结构的一个重要组成部分，设计时应从整体效果出发，力求使店面与商店整体建筑浑然一体、协调一致。

（一）突出行业特点

最基本的要求是能鲜明地显示出它是商业建筑而非其他公共建筑物；从店面的形象和风格上要能反映出不同商店的经营特色，使路人在较远距离的不同方向都能清楚辨认，留下深刻印象。

（二）形成独特风格

商店的店面必须与周围商业设施环境相区别，向顾客显示一种特殊形象以区别竞争者。那种一味追求富丽堂皇的做法是文化格调不高的一种表现，容易流于俗气。一些店铺十分注重自己的品位与形象，例如，有些专售古董、玉器、字画的商店有意识地将中国古老的民族建筑风格糅合到现代建筑形式中去，体现出悠久的历史风貌，与其所售商品相映生辉。有些儿童用品店用卡通形象来装饰，来吸引小朋友们的注意。

（三）要与周围环境相互协调

店面设计虽然应有不同特色以显示其独特风格，但也要注意造型与色彩的整体效果，不宜与周围商业环境的气氛相差过大。在顾客心中，对不同商店类型已有基本的印象，如果店面设计过于风格迥异，反而会使顾客难以接受。

（四）要有较高的能见度

店面外观的能见度，是指行人或驱车人能清晰看到商店外观标志的程度。能见度的提高主要依靠构成要素的独特性和鲜明性，如独特的建筑外形、鲜明的招牌、光彩夺目的照明装置、宽敞的商店入口、诱人的橱窗等，均能吸引路人的视线，使之形成深刻印象。

（五）尽可能方便顾客

商店除了要求外部结构美观、引人注目外，还要为顾客提供方便，要便于顾客行进或停车。这样，才能吸引更多的顾客进店购物。

? 课堂思考： 店面设计的要求是什么？

二、出入口设计

出入口选择得好坏是决定卖场客流量的关键。卖场在设计店面时，最重要的一条原则就是因地制宜，合理利用周围的环境、空间、商业氛围和道路的走向来布置店面，给顾客留下美好、鲜活的第一印象。为此，不管什么样的卖场，出入口的设计都要便于顾客进出。

（一）出入口设计类型

出入口设计应考虑店铺规模、客流量大小、经营商品的特点、所处地理位置及安全管理等因素，既要便于顾客出入，又要便于店铺管理。出入口设计主要有以下几种类型：

（1）封闭型。这种设计类型的店铺，通常是面向大街的一面用橱窗或有色玻璃隐藏起来，入口较小，设计别致，用料精细、豪华。顾客在陈列橱窗前大致品评之后，进入店内可以安静地挑选商品。由于全部封闭，使人产生一种错觉，认为店里的商品高档而且昂贵，所以这种类型非常适用于经营宝石、玉器、金银等商品的高级品商店。封闭型出入口如图 3-1 所示。

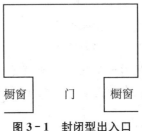

图 3-1　封闭型出入口

（2）半封闭型。这种设计类型的店铺入口适中，玻璃明亮，倾斜配置橱窗，使橱窗对顾客更具吸引力，尽可能无阻碍地把顾客引进店内。一般来说，经营化妆品、服装、装饰品等的零售店，比较适合采用这种半封闭型出入口。半封闭型出入口如图 3-2 所示。

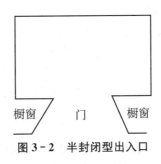

图 3-2 半封闭型出入口

（3）开放型。这种设计类型的店铺往往是正对街道的一面全部开放，没有橱窗，使顾客从街道上很容易看到商店内的商品，而且能使顾客自由出入商店，非常方便。此类型适合经营大众化消费品，如食品、水果、蔬菜、海鲜等的商店。开放型出入口如图 3-3 所示。

图 3-3 开放型出入口

（4）出入分开型。这种出入口即出口和入口通道分开设置，顾客进入后必须走完整个卖场才能到出口处结算。这是超级市场典型的出入口设计思路。此类设计能有效阻止商品偷窃事件的发生，提高顾客接触商品的概率。一些著名的外资大型连锁零售企业，如沃尔玛、家乐福、宜家等，都采用这种设计方式。

（二）出入口设计注意事项

（1）出入口选择应依据行人流动路线，车水马龙的大马路边不宜设置出入口，行人串流的步行街是开设出入口的好位置。所以出入口设置务必以客流量、客流方向、行人目光辐射调查为基础，把门口开在行人最多、路径最顺畅、最引人注目的地方。

（2）位于大型商业设施内的店铺，其入口要设立醒目而有特色的标志，并采取人员促销等方式。此外，走廊要清洁、无障碍物，地形复杂的要设置指示牌。

（3）对于能够清楚地看见店内商品的出入口，为了引起顾客的购买欲望，店内陈列一定要有强烈的吸引力。

（4）以顾客进店购物为主的商店，出入口一定要方便进出，所以必须排除店面前的一切障碍。如果店面前安排得不好，顾客进入商店就很困难。对于需要人员接待的商店而言，店员要跟随顾客出入商店，那就更困难了。

（5）为方便顾客购物，坡形的走道比台阶更合适。走道的坡度不宜过陡，以方便购物车、婴儿车和助力车等进出为宜。坡面上要设置一些防滑措施。北方城市的店面在冬季还要注意及时清扫积雪，以免形成冰面给顾客带来危险。

（6）设计出入口时还要考虑阳光照射问题。既要充分利用阳光带来的自然光线，又要避免因阳光照射而使商品发生变质、变形、变色等问题。

（三）常见卖场出入口设计

1. 便利店

由于面积较小，因此便利店一般只设置1~2个出入口，这样，就不会因太多的出入口而占用营业空间，也便于工作人员的管理。因为行人一般有靠右走的习惯，所以入（出）口一般设计在店铺门面右（左）侧。同时，出入口处的设计要保证店外行人的视线不受到任何阻碍而能够直接进入店内。

2. 专卖店

专卖店的外观要求精美豪华，能给顾客足够的信任感，要使在这里购物的顾客具有与众不同的优越感。原则上专卖店应采取封闭型出入口设计方案。但对于服装、鞋帽、装饰品等专卖店而言，顾客希望从橱窗外看到店内商品，因此进行橱窗陈列是必要的，原则上应采用半封闭型出入口设计方案。

？ 课堂思考： 便利店一般采用哪种出入口设计方案？

三、橱窗设计

在现代商业活动中，橱窗既是一种重要的广告形式，也是装饰店面的主要载体。作为店面外观的一个重要组成部分，橱窗的主要作用如下：一是让顾客识别店铺及其商品；二是吸引顾客进入店铺。橱窗通过陈列各种样品，可以为零售店铺创造不同的形象特征；通过显示时尚商品和季节商品，可以表明自己商品的时尚性和新颖性；通过摆放处理商品，招揽对价格敏感的顾客；通过进行艺术化处理，可以吸引行人注意，并显示高雅的格调。一个构思新颖、主题鲜明、风格独特、装饰美观的橱窗，可以与整个卖场的建筑结构和内部环境构成一个和谐的立体画面，除了美化店面以外，还能起到美化市容的作用。

零售店铺的橱窗尺寸主要取决于店铺类型和门面长度。其长度和宽度的比例一定要符合人的视觉习惯。一般橱窗的高、宽比例以1∶1.62为佳，符合人们常说的黄金定律。橱窗的设计、装潢、陈列是一门艺术，一般由专业人员负责。

（一）橱窗设计的注意事项

（1）橱窗横向中心线最好与顾客的视平线等高，这样，就把整个橱窗内所陈列的商品都展现在顾客的视野之中了。

（2）设计橱窗时必须考虑防尘、防淋、防晒、防风、防盗等因素，要采取具体、有针对性的措施。

（3）橱窗建筑设计规模应与店面整体规模相适应，不能影响店面外观造型。

（二）橱窗陈列的技巧

（1）注意颜色搭配。橱窗陈列的颜色搭配不当，会降低整体美感，甚至让人产生杂乱无章的感觉。

（2）选择陈列商品。陈列在橱窗内的商品必须是本商店所经营的，而且是最畅销或最时尚的商品，要能代表商店经营特色和优势。

（3）突出季节性。橱窗陈列要随季节变化及时调整和更换，季节性商品必须在季节到来之前一个月预先陈列出来，起到迎季宣传的作用。

（4）把陈列焦点集中在顾客目光所及处。不要形成顾客伸长脖子观看商品的现象。一定要在顾客视线所及的地方挂出牌子，做出价格的标示，让人看了心里有"底"，这样才能吸引顾客，增强其记忆。

（5）高低档商品不要混放在一起。高档商品和低档商品摆放在一起，会由于价格的原因使人感到很别扭。顾客无形中会去比较价格，容易导致交易失败。

（6）不要过分追求艺术化。橱窗商品毕竟不是艺术品，其陈列要讲究实效，必须杜绝浮夸等不切实际的做法。

（7）突出陈列主题。必须确定和突出橱窗陈列的主题，它可以让摆设的商品收到意想不到的效果。橱窗吸引顾客的并非是大量的商品陈列，太贪于陈列的种类与数目，容易使人产生混乱的感觉，觉得与仓库没什么两样。

（8）注意配色和灯光。在配色方面，要使其发挥充分的美感，橱窗越大越需要专门人员来为其配色；灯光照明的成本没有想象的那么高，没必要为省钱而让顾客看不清商品。

（9）摆脱形式化。不要认为通过所谓的专家权威之手，摆设过的商品就不可更改了，商品的摆设不能走形式化的道路，要使顾客易看、易选、易买，能够满足自由活动的范围，让顾客满意才是标准。

（10）橱窗陈列要富于变化。橱窗陈列一个月至少要改变两三次，重要的是保持橱窗和货架的新鲜感。

（三）橱窗陈列类型

根据顾客的兴趣和节气变化，把畅销品或新商品摆在显眼的位置上，不但能给顾客一个经营项目的整体印象，还能给顾客以新鲜感和亲切感，引起顾客对店铺的注意。橱窗陈列通常有以下五种类型：

（1）综合式。这是指将许多不相关的商品综合陈列在一个橱窗里，组成一个完整的橱窗广告。这种橱窗陈列由于商品之间差异较大，设计时一定要谨慎，不要使之杂乱。综合式陈列方法主要有横向、纵向及单元陈列。

（2）系统式。有的卖场橱窗面积较大，可以按照商品的不同标准组合陈列在一个橱窗内。

（3）季节式。这是指根据季节变化把当季商品集中进行陈列，满足顾客当季购买的心理特点。这样做有利于扩大销售。

（4）特写式。特写式是运用不同的艺术形式和处理方法，在一个橱窗内集中介绍某一产品，适用于新产品、特色商品的广告宣传。特写式陈列方法主要有单一商品特写陈列及商品模型特写陈列。

（5）专题式。专题式是以一个广告专题为中心，围绕某一特定的事情，组织不同类型的商品进行陈列，向顾客传送一个主题。专题式陈列方法可以分为节日陈列、场景陈列与事件陈列三种。

橱窗直接或间接地反映商品质量可靠性、价格合理性等方面的信息，不但可以提高顾客选购商品的积极性，还可以增强顾客购买信心，使顾客尽快做出购买决策。

❓ 课堂思考： 橱窗陈列有哪些类型？

四、店面广告设计

店面广告又称售点广告，是指设置在店铺购物场所的周围、入口、内部以及陈列商品区域的广告。

（一）店面广告的功能

1. 掌握顾客的购买行为

店面广告是大众传播广告的补充工具。厂商可以运用各种大众传播媒体传达企业印象及商品印象给顾客。在顾客走入商店、考虑购买与否的一刹那，店面广告能更有效地唤起顾客的再记忆，使之形成最终购买决定，以免顾客临时变卦，功败垂成。

2. 是无声的忠实推销员

店面广告被张贴在墙壁上或被吊挂在天花板下，传达商品信息，像一个忠实推销员，永不擅离工作岗位。

3. 提高商品的知名度

店面广告摆设在商店最显眼的位置，能快速大幅度提高广告商品的知名度。

4. 告知新产品

店面广告能及时向顾客传达最新产品的消息，提示顾客购买、尝试。

5. 诱使消费者产生购买欲望

许多店面广告的设计色彩鲜亮、形象生动、图文并茂，可对顾客形成强烈的感官刺激，诱使顾客产生购买欲望。

6. 争取商店的销售空间

店面广告可以张贴、悬挂，在宣传促销的同时，可以节省店内有效空间，增加实体商品的陈列面积。

（二）店面广告的设计原则

设计店面广告时必须注意广告的独特性。无论是采用发放形式，还是陈列形式，都必须独特、新颖，能够迅速让顾客注意到并且激起他们"想要了解"和"想要购买"的欲望。一般情况下，卖场的店面广告设计应遵循以下原则。

1. 简练、醒目

店面广告要想在琳琅满目的商品中引起顾客的注意，必须以简洁的风格、新颖的格调、协调的色彩突出自己的特色。否则，就会被顾客忽视。

2. 重视陈列设计

店面广告不同于节日的点缀。店面广告是商业文化中企业经营环境文化的重要组成部分。因此，店面广告的设计要有利于树立企业形象，借助商品陈列、悬挂以及货架的结构等，加强和渲染购物场所的艺术气氛。

3. 强调现场效果

由于店面广告具有直接促销的特点，因此设计者必须深入实地了解店内的经营环境，研究经营商品的特色、档次、质量、工艺水平，以及零售店的知名度和售后服务等状况，主要知晓顾客的心理特征与购买习惯，以求设计出最能打动顾客的店面广告。

（三）店面广告的种类

店面广告可以分为室内店面广告和室外店面广告两种。

1. 室内店面广告

室内店面广告是在经营场所内部设计的各种广告。室内店面广告的设计十分注重展示商品的质地。现代声像技术可以在室内营造出一种温馨的购物氛围，以便更好地唤起顾客的消费意识，激发顾客的购买欲望，最终促使消费行为产生。室内广告比任何其他形式的广告更能接近顾客，因而对顾客购买行为的影响也是最大、最直接的。通常出现在店内的店面广告有以下几种类型：

（1）悬挂式广告。这类广告从天花板梁柱上垂吊下来，印有各种品牌图案，容易引起顾客注意，而且从各个角度都能看清楚。

（2）柜台广告。柜台广告即柜台上的店面广告陈列，主要展示各类商品实物，最能吸引顾客的注意力，因此，最能激发购买欲望。

（3）壁面广告。壁面广告以海报、装饰旗为主，除具有商品告知的功能外，亦能美化商店的壁面。

（4）落地式广告。落地式广告即放置在地面上的广告，材料可以是厚纸板、塑胶、金属等。

（5）吊旗广告。吊旗广告一般在短期内使用，以各种布、塑胶布为主要材料，装饰在商店内，最适合用于促成广告活动的高潮及营造季节气氛。

（6）动态广告。这是指利用店面广告里面隐藏的马达产生动作，例如上下、回转等，造成一定的动态效果、充满乐趣。

（7）光源广告。这是指在广告内部放入荧光灯，利用其光源将商品的介绍文字、图形照亮。

（8）价目表及展示卡广告。这是指在价目表上写明标价，展示卡上说明商品的特性。此种广告属于小型的POP，放置在商品旁、橱窗内，或是直接与商品附着一起，视觉效果极佳。

（9）贴纸广告。这是指将广告粘贴在商品壁面、橱窗玻璃等处。此种广告大多以平面印刷，或以合成纸压成凸型，小巧、不占空间、价格便宜，极具广告效果。

（10）橱窗式广告。橱窗式广告即放置在橱窗内的广告，在商品陈列时可分成综合式、系统式、季节式、特写式、专题式五种类型。

2. 室外店面广告

室外店面广告是相对室内店面广告而言的，泛指卖场门前及附近的一切广告形式，如招牌、店面装潢、广告牌等。室外店面广告在设计上比较突出卖场的外部特征，具有鲜明、独特的个性，以引导和强化顾客的差别意识。

？课堂思考： 店面广告有什么作用？

五、店面通道设计

（一）店面通道设计应遵循的原则

1. 开放畅通，无障碍，使顾客轻松出入

如果一家商店门面局促、入口拥挤，即使店内商品丰富、价格便宜，依旧无法招揽更多顾客。成功生意的第一步是让顾客进门。所以通道要足够宽，即要保证顾客提着购物篮或推着购物车时，能与别的顾客并肩而行或顺利地擦肩而过。

良好的通道设置要能引导顾客按照设计的自然走向，通往卖场的每一个角落，接触所有的商品，消灭死角和盲点，使卖场空间得到最有效的利用。连锁店的通道既要"长"得留住顾客，又要"短"得一目了然，还要考虑顾客走动的舒适性和非拥挤性。

2. 曲径通幽，使顾客停留更久

调查显示，在购物的消费者中，有明确购物目标的顾客只占总购物顾客的25％，而75％的顾客属于随机购买和冲动性购买。因此，为了吸引顾客在店里停留更长时间，必须增强商品的存在感，使店内商品最大限度地与顾客亲密接触，使顾客伸手可得，最终产生购买刺激并实际购买该商品。

理论上，商品丰富、店面宽阔，会扩大顾客的选择余地，加强对消费欲望的刺激，卖出更多商品。而实际上，这样一来企业将会为店面租金和进货成本付出更多，所以只有科学进行通道设计，合理安排淡旺季商品，才能真正达到留住顾客、扩大销售的效果。

3. 通道笔直，少拐角，使顾客行走方便

要尽可能避免出现"迷宫式"通道，尽可能进行笔直的单向通道设计。在顾客购物过程中，尽可能通过科学合理的货架排列方式，避免顾客走回头路。即使在通道途中有拐角，也要尽量少，而且可以借助连续展开不间断的商品陈列线来进行调节。

4. 通道照明要明亮清洁，使顾客心旷神怡

明亮清洁的卖场通道和优雅轻松的购物环境，往往会使顾客对店内商品产生一种新鲜优质的感觉。在设计通道时，要合理运用有效的空间和内部的灯光、音响、摆设、色彩，营造出令顾客心旷神怡的购物氛围。

5. 卖场与后场衔接紧密，使补货更加容易

卖场与后场的通道连接，是卖场通道设计必须注意的一个问题。后场包含仓库、办公区、更衣室等，主要功能是进行商品的补给。所以在设计通道时，要寻找最合理、最经济的商品补给路线，一般选择最短的距离；应采取单行道方式，减少多种商品补给线的交叉或共用；要保持地板平整一致，保证商品补给的平稳顺畅，避免出现台阶、门槛等；建议后场使用推拉门，这样可使出入口宽敞，节约开门空间，美观又实用。对于实行正规配送制的商店，按照国外卖场的经验，后场与卖场面积之比约为 2∶8。

（二）主、副通道设计要求

卖场通道一般分为主、副通道，主通道是顾客从店门进入店内的通道，是诱导顾客行动的主线。副通道是辅助的通道，可以帮助顾客进入店内的各个角落。零售卖场流动线布局应充分考虑主、副通道的宽度，商品布局及路线选择，非营业场所与营业场所连接等各个方面。主、副通道不是根据顾客的随意走动来设计的，而是根据店内商品的配置位置与陈列来进行设计的。

1. 主、副通道要相适宜

主通道的形状一般以"凹"字形为代表，可以让顾客顺利并明显地看到陈列的各类商品，并能走过店内主要的商品陈列区，较快找到目标商品。大中型卖场的主通道宽度一般在 2 米以上，副通道在 1.2～1.5 米。最窄的通道也不能小于 0.9 米，因为这种宽度是两个人并行或逆行非侧身避让的最小宽度。由于结算台前集中了大量购物袋和购物车，最容易形成排队拥挤的情况，所以也最容易成为使顾客产生厌购心理的区域，在通道设计时应考虑到这一因素，适当加大收款台前的通道宽度。

2. 主、副通道要有层次感

主、副通道要错落有致，把不同商品陈列在不同空间。一般卖场的主力商品应尽量放在主通道，而连带商品和辅助商品应安排在副通道，但也要考虑整体商品布局。为了消除卖场死角，有的店铺也将特价商品或畅销品摆放在最里面或副通道上。

3. 主通道要保证畅通

主通道内应尽量少放置广告牌、尝试台等设施，尽量少摆放商品突出陈列，更不能陈列与所售商品无关的器具用品，以免阻碍客流，影响销售。

总之，通道的走向设计和宽度设置是根据卖场规模、预计客流、商品品种和性质等综合确定的。在设计时，既不能形成阻塞感，又不能造成空间使用的不经济。

（三）通道设计方式

根据顾客在卖场中的不同购买路线，可将通道设计成以下两种方式。

1. 直线式通道

这种通道的起点是卖场的入口，终点是收银台。这种通道使顾客依照货架排列的方向购物，以商品陈列不重复、顾客不回头为设计特点，使顾客在最短的线路内完成商品购买行为。

2. 回形通道

回形通道又称为环形通道，通道布局以流畅的圆形或椭圆形为主，按照从右到左的方向环绕卖场的整个区域，使顾客依次浏览、购买商品。在实际运用中，回形通道又可分为大回形和小回形两种通道：大回形通道即卖场内部一侧的货位一通到底，中间没有穿行的路口，顾客沿四周回形浏览后进入中间的货架，它适用于一般规模的百货零售店；小回形通道是指顾客进入卖场，沿一侧前行，不必走到头，就可以很容易地进入中间货架。

❓ **课堂思考：** 主、副通道的设计要求是什么？

六、店面布局设计

为了使卖场布局突出商品的针对性，商店常常会根据销售情况对卖场进行布局。这种布局虽然是相对稳定的，但并非是一成不变的。

（一）店面布局设计的依据

（1）按照商品使用的关系组成不同销售区域。

（2）按照商品类别组成不同销售区域。

（3）按照目标顾客范围组成不同销售区域，如男装部、女装部、童装部。

（4）按照商品的价格范围组成不同销售部门区域，如廉价商品组成廉价品部，中档商品组成中档品部，高档商品组成精品部等。

（5）按照商品的货源名称组成部门，让顾客一看便知道自己现在所处的区域提供哪些商品，方便顾客寻找。

（二）常见的店面布局类型

比较常见的店面布局类型主要有格子式布局、岛屿式布局和自由流动式布局。

1. 格子式布局

这是传统的商店布局形式。超市卖场一般呈格子式布局。格子式布局是使商品陈列货架与顾客通道都呈长方形，而且主通道与副通道宽度各保持一致，所有货架相互呈并行或直角排列。这种布局在国外或国内超级市场中常可以看到。顾客在通道上推着购物车，转个弯就可以到达另一条平行的通道上，这直直的通道和90°的转弯，可以使顾客以统一方向有秩序地移动下去，犹如城市的车辆依道而行一样。格子式布局可以根据商店规模、卖场特点、顾客习惯而采取各种具体形式。

2. 岛屿式布局

岛屿式布局即柜台以岛状分布，用柜台围成闭合式空间，中央设置货架，可布置成正方形、长方形、圆形、三角形等多种形式。这种布局是在营业场所中间布置成各不相连的岛屿形式，在岛屿中间设置货架陈列商品，一般用于百货商店或专卖店，主要陈列体积较小的商品，有时也作为格子式布局的补充。现在国内的百货商店在不断改革经营手法，许多商场引入各种品牌专卖店，形成"店中店"形式，于是，岛屿式布局被改造成专业店布局而被广泛使用。实践证明，这种布局是符合现代顾客要求的。

3. 自由流动式布局

自由流动式布局以方便顾客为出发点，试图把商品最大限度地展现在顾客面前。这种布局有时采用格子式，有时采用岛屿式，是一种顾客通道呈不规则分布的卖场设计。

除了上述常见三种店面布局以外，还有几种布局形式：

（1）沿墙式。沿墙式即将柜台、货架等设备沿墙布置，由于墙面大多为直线，所以柜台货架也呈直线分布。这是最基本、最普通的设计方式。采取这种方式布置，售货柜台较长，能够陈列和储备较多的商品，有利于节省人力，便于店员互相协作，并有利于安全管理。

（2）斜角式。斜角式即将柜台、货架等设备与营业场所的支撑物体呈斜角布置，斜角布置能使店内视距拉长而造成更为深远的效果，使店内既有变化又有明显的规律性，从而使营业场所获得良好的视觉效果。

（3）陈列式。陈列式即把销售现场敞开布置，形成一个商品展示、陈列、出售的营业场所，店员与顾客没有严格界限，在同一面积内活动。它利用不同造型的陈列设备，分类分组，随着客流走向和人流密度变化而灵活布置，使店内气氛活跃。这种布局的特点是便于顾客参观、选购商品，并充分利用营业面积，疏散顾客流量，也有利于提高服务质量，是一种比较先进的设计形式，也正被越来越多的专卖店经营者所采用。

❓ 课堂思考：岛屿式布局的优点是什么？

👥 课堂延伸

宜家家居在曼哈顿开了一家叫宜家家居营销前哨的小型商店，这家店每2～3个月就重新布置一遍。

七、特殊单元的布局

（一）收银处的布局

收银处是卖场的神经中枢，是顾客交款、接触店员和询问问题的地方，在结算完毕后，店员可以在那里移交给顾客一个印有卖场品牌的精美包装袋，让顾客把商品带回家。收银处是一个灵活的节点。

在店面设计中，收银处位置的选择一直是一个备受争议的问题。下面列出了各种可供选择的位置，作为参考。

（1）店门的右侧。因为在收银处的员工是全天候的，所以他们可以在顾客进店时给予问候。收银处通常也是商店最活跃的中心，如果让顾客在进店的第一时刻就看见收银处，会给他们留下店铺非常繁忙的印象。当然这种设置也有缺陷，店门右侧是一个非常有经济价值的位置，用来放置收银处，顾客一般不会在此做过多的停留。

（2）商店中心。当顾客进店后店员可以在商店中心位置给予其问候，在顾客离店的时候表示感谢，并留意商店的各个角落。

（3）某面墙壁的中间。这种中点的位置可以使收银处的店员非常容易问候顾客，但不足之处在于将会破坏一面原本可以很好陈列商品的墙面。

（4）店面后部。这种位置可以将顾客吸引到商店的后部，而且使顾客对后部空间更加青睐，但是收银处的店员将会失去问候顾客的作用，并且会增加失窃率。

（5）店面的左侧。这种设置很有效，但是即使收银处非常靠近前门，店员依然不会问候到每位顾客，因为大多数顾客在进店时会倾向于向右转。

（二）特价区的布局

每一个卖场，无论是高级店还是折扣店，都拥有特价区，都要通过特价区处理某些商品。大部分购物者希望所有的特价商品都集中放置在一个区域，这样便于寻找。所以卖场在设计特价区时，首先要给它起一个精彩的名称，让人们能够产生兴趣，然后保证每个月至少做两次降价促销活动，并定期加入新的品种。特价区一般设置在店内最没有价值的位置，像卖场的后面角落里，因为顾客都会仔细地寻找特价商品，并且能在寻找的过程中接触到新商品。

（三）休闲区的布局

出于对顾客的礼貌和尊重，卖场应该提供一个休闲区。许多人在购物时会带着小孩或年龄较大的家庭成员，他们非常希望能够有一个空间坐下休息。在设计这个区域时要考虑以下几点：

（1）提供舒适的座位，但是不要选择过低的椅子，以免顾客站起来时感到费劲。

（2）一般把这个区域设置在有趣的地方附近，如收银处或特殊的店铺旁，以便顾客在等候的过程中不会厌烦。

（3）尽管供孩子玩耍的地方可以使妈妈们在逛商店时获得暂时的安宁，但是建议卖场不要在店中设置儿童休闲区。有些孩子会在商店中跑来跑去，引起其他顾客的不舒适感。此外，一旦孩子受伤，卖场可能就要承担相应的责任，所以务必谨慎。

？课堂思考： 特价区的布局技巧是什么？

案例研究

家乐福的卖场布局

家乐福的卖场区是其主要的经营区域，一般是首先安排的，并且从现代超级市场发展趋势来看，卖场区域的比例越来越大，其他区域的比例越来越小。家乐福卖场的布局，包括卖场出入口、主次通道、卖场商品布局，以及各收银台的设置等，处处体现了家乐福设计的初衷——方便顾客。

（1）出入口设置。家乐福卖场入口一般是直接通向主通道，这样设计可以保证顾客经过每节货架、每个商品，以便增加顾客的随机购买机会。家乐福的音像图书、玩具等用品一般是摆放在入口附近，而出口处则陈列顾客习惯性购买的商品，如家用百货、清洁洗化用品等。其原因是家用百货和清洁洗化用品等很容易丢失，尤其是洗化类的化妆品，放在出口的地方，人流特别多，小偷就很难偷窃了。

（2）主通道设置。顾客经过入口进入卖场内逛完整个卖场，将由通道设置线路来决定。为了让顾客把店内整个商品都浏览一遍，通道的路线必须能够让顾客将店内的每个角落都转遍，并且具有循环性。因为只有让顾客转遍整个卖场，商品陈列所表现出的吸引力对顾客才具有意义。通路的宽度必须适合顾客选购商品及多人通过时人与人之间的安全距离：一般主通道宽度设置在 1.5 米以上；次通道在 1 米以上，辅助通道在 0.9 米以上。小于这个距离会给人压抑感，顾客购物时不但显得很不方便，还会影响到顾客选购商品的耐心。

（3）其他通道设置。除主通道之外，次通道的设置也极其关键。在卖场次通道设计过程中，要尽可能延长客流线（顾客购物流动的线路），增加顾客在店内的逗留时间，保证顾客能够走到店内的最深处，保证顾客看到每一种商品。一定不要设置不规则的线路，以免增加顾客思维成本。

在各通道上，家乐福还有专门的标签为顾客导购，所以顾客大可不必为迷路担心。

（4）收银台的设置。一般来讲，顾客从大门进入卖场后，由于通道的设置"迫使"其将整个卖场转遍，通道的设计使卖场的"目的"达到了，也同样使顾客尽兴购物了，把收银台设置在这个"尽兴"的位置，就是最佳的位置。收银台的位置是顾客最集中的地方，可以在收银台周围摆放一些畅销商品，这是提高销售额的一个好方法。家乐福卖场的收银台一般放置易携带的口香糖、洗发水等，这些商品有时会特价，以便吸引顾客的眼球，因为对每个顾客来说，逛完整个卖场快到收款时，应该有比较累的感觉，而此时只有特价促销能唤起顾客的购物冲动，这也是商品设置的技巧之一。

案例解析：商店的设计包括内部设计和外部设计：内部设计则包括主副通道、商品布局陈列，以及收银区、休闲区等的设计；外部设计包括招牌、门脸、橱窗和出入口等的设计。商店内外设计的好坏会影响顾客的购物体验，进而影响商店的经营业绩。

 店内美化与装饰

合理有效地布置店内环境，不仅可以提高卖场的服务质量，增加销售额，还可以为顾客提供方便、舒适的购物环境，同时也能满足顾客在精神层面上的追求，从而使顾客光临卖场，最终提高卖场的经济效益。卖场内部环境的美化与装饰，还能使店内工作人员心情舒畅，提高工作效率。

店内设计的原则总体来说就是"总体均衡，突出特色，和谐舒适，方便购物，适时调整"。

任务情境

小梅已经按照专业人士的建议对鲜花店的空间利用做了合理规划，现在她要着手装饰店铺。

思考： 你有哪些好建议，帮助小梅合理装潢，吸引顾客？

知识精讲

一、店内装潢

店内装潢的主要工作就是对天花板、地面和墙壁进行装潢。天花板、地面和墙壁是构成卖场的三要素，也是营业购物环境的空间因素。虽然这三者都具有其独特的功能，但彼此之间必须互相协调，才能达到整体良好的效果。

（一）天花板装潢

天花板所起的作用不仅是把房梁、管道和电线等不雅观的部分遮蔽起来，还有与空间设计、灯光照明组合后形成美感，创造良好购物环境，影响卖场气氛的作用。

对天花板进行装潢时，首先要考虑高度问题。天花板的高度要根据营业现场的营业面积而定。天花板过高，会使卖场显得过于空旷，使顾客无法在心平气和的状态下购物；天花板过低，虽然会使顾客产生亲切感，但也会产生一种压抑感，使顾客无法享受到购物时在视觉上和行动上舒适、自由的乐趣。所以合适的天花板高度对卖场环境甚为重要。一般而言，天花板的高度在 3.5～4 米给人感觉最好，宽敞的卖场应适当高一些，狭窄的卖场则相应低一些。

其次要考虑天花板的形状。天花板一般以平面为主，但在其上面加点变化，对于顾客心理、陈列效果、店内气氛都有很大影响。除了平面之外，常用的天花板还有以下一些形状：格子形、圆形、垂吊形、波形、半圆形、金字塔形、船底形等。

同时天花板还应与照明设备相配合，以吊灯或外露灯具做装饰，或将日光灯安置在天花板内，用乳白色的透光塑胶板或蜂窝状的通气窗罩住，做成光面天花板。光面天花板可以使店内灯火通明，但也会造成逆光现象，如果与垂吊灯结合则可克服这一缺点。

天花板的材料多种多样，例如，各种胶合板、石棉板或玻璃绒天花板等。其中胶合板最为经济、方便，但防火、消音性能差；石棉板有很好的耐热、消音性，但耐水、耐湿性差，经不起冲击力；玻璃绒天花板不仅防火、隔热，而且耐水、耐潮，但不易加工。在选择时，除了要考虑经济性和可加工性之外，还要根据卖场的特点考虑防火、防潮、消音、耐久等要求，进行综合比较。

(二）地面装潢

地面的装饰物可以以非常微妙的方式激发顾客的欲望，如入口处的坚硬地面将促使顾客更快地行走，并深入卖场；反之，柔软的地面会刺激顾客步速放缓。地板一般有刚、柔两种选择，以正方形、长方形、多角形等直线条组合为特征的图案带有阳刚之气，比较适合以男性顾客为主的卖场使用；而以圆形、椭圆形、扇形和几何曲线等组合为特征的图案带有柔和之气，比较适合以女性顾客为主的卖场使用。

地面的装修材料一般有以下几种：

（1）瓷砖。瓷砖具有耐热、耐水、耐火及耐腐蚀等优点，由于性价比高，因此成为最常用的地面覆盖物。瓷砖极少会用在高档零售店，它是大型仓储式零售店的首选。瓷砖相对容易打理，即使打算在店内铺地毯，瓷砖地板也可以起到很好的效果。在使用瓷砖时，可以选择不同颜色的瓷砖，组合成非常有趣的图案，例如，将深灰色作为边界色，而内部使用浅灰色，会使瓷砖看上去更上档次。瓷砖的缺点是保温性差，对硬度的保有力太弱。

（2）陶砖。陶砖轻盈、平滑、纹理细腻，能够创造出一种异国风情的气氛，适用于档次较高的商店。如果想在卖场陈列出古典的效果，陶砖是不错的选择。例如美食坊可以选择陶砖。陶砖的缺点是会有裂纹和磨损，在购买陶砖时，可以留出一定余量应付这种情况的出现。在陶砖表面移动商品时，要特别小心。

（3）硬木地板。硬木地板适合于大量的设计需要，可以选择各种不同的花色图案。硬木地板的优点是柔软、保暖、光泽好，缺点是易脏、易损坏。硬木地板看起来雍容华贵，但是成本较高，不宜使用在客流量较大的卖场。

（4）地毯。地毯的优点是质感好，在上面移动商品相对容易；缺点是不耐磨，容易脏，从开始使用到需要更换一般不到三年。地毯一般只用作边界分割的标志，而不作为广泛使用的地面材料。

除以上几种材料外，还有价格低廉的油布、外表华丽价格昂贵的大理石等多种地面材料可供选择，卖场可以根据需要和经济情况来选择合适的地面材料。

(三）墙壁装潢

作为店铺销售空间的重要组成部分，墙壁在陈列商品的背景方面有很大的作用，因此，墙壁在设计上应与所陈列商品的色彩及内容相协调，与卖场的环境和形象相适应。

一般有以下几种墙壁装潢形式：

（1）墙壁上架设陈列柜，用以摆放、陈列商品，多用于食品店、文具店、杂货店、书店、药店等。

（2）墙壁上安置陈列台，做商品展示用，多用于各类服饰店、家用电器店等。

（3）墙壁上做简单设计，用以悬挂商品、布置展示品，多用于各类电器店等。

（4）墙壁上做一些简单装饰，多用于家具店等主要在地上展示商品的卖场。

选择墙壁的材料时，应以经济实用为原则。比较经济的办法是在纤维板上粘贴印花饰面。除此以外，还有以下几种选择：

（1）壁纸。使用壁纸的好处是：可以找到各种花色图案、颜色、纹理的壁纸，如果在几年后厌倦了原先的颜色，还可以重新给墙壁铺上新的色彩。

（2）油漆。油漆是最实用的墙壁材料之一，一般超市多采用油漆装饰墙壁。

（3）喷绘。经过喷绘的墙壁会显得更加活泼，但是喷绘时要考虑如洗涤、擦洗、粉刷、印刷等可以给墙壁增加细腻图案的程序。

（4）镜子。镜子的存在可以使卖场看起来大很多，但也会增加安全隐患。

（5）墙内系统。这种从地面到天花板的嵌入物，能够按照设计人员的想象突出或改变房型结构。许多卖场都是用镜子和多种碾薄的材料来设计墙内系统的。

❓ **课堂思考：** 店面装潢主要包括哪些工作？

二、店内色彩

根据卖场的属性和顾客的爱好设计的店内色彩，是影响卖场销售的一个积极因素。制造氛围的最重要手段就是利用色彩，它既能帮助顾客认识商店，也能使顾客产生记忆深刻的心理感觉。不同的色彩环境会带给顾客不同的联想，例如，灰白色更多体现了柔和传统，过暖的色彩会给人压抑感，等等。卖场可以通过色彩创造一个亲切、和谐、鲜明、舒适的购物环境，来改变顾客的总体感受。一般可采用明快色调、庄重色调、和谐色调三种不同艺术效果的色彩搭配来装饰卖场。

（一）色彩的含义

我们知道，不同的色彩给人的感觉是不一样的，黑色使人感到严肃，白色使人感到纯洁，红色使人感到热情……色彩很多，但是都具有三种属性，即色相、明度、纯度。掌握色彩的基本知识，就是要弄清楚色彩的这三种属性。色相指的是红、黄、绿三种颜色，也就是原色，是所有颜色的基本色；明度表示色彩的亮度，如浅粉红色、鲜红色、淡黄色等；纯度是色彩的鲜明度，指色彩的饱和度。下面列出各种色彩的含义，供卖场选择颜色时参考：

（1）红色——代表热情、大胆、泼辣，是进取性和积极的颜色，给人以"高级"的印象。中国人认为红色是喜庆和吉祥的象征，通常在节日或喜庆日子里都喜爱用红色。

（2）橙色——代表活泼、年轻，渴望爱情。

（3）黄色——代表明亮、年轻。在商店内大量使用这种颜色，会使顾客感到疲劳。

（4）褐色——代表保守、传统，容易被信赖。褐色系中的茶色、咖啡色、巧克力色给人以强烈的动感。

（5）绿色——代表新鲜、年轻，有活力，被称为"生命色"。人们在疲劳时希望看到绿色，同时绿色使人感到放松、协调、温和，具有家庭气息。绿色系中的浅绿色最适合在卖场内使用。

（6）青色——代表理智、安静、清洁，也有人称之为"服从色"。

（7）紫色——代表优雅、高贵、稳重，有神秘感，感觉敏锐、言谈直爽的人多喜欢这种颜色，如将它作为卖场的主色，将会显得时髦、漂亮。

（8）粉红色——代表华丽、年轻、明朗，也有人称之为"愿望色"，是人们在有所要求的时候喜欢的颜色。

（9）灰色——代表沉静，是一种谦虚、稳重的颜色。

（10）黑色——代表严肃、认真、坚强、刚健。

（11）白色——代表神圣、纯洁、清洁。卖场内的墙壁、顶棚经常使用白色，但容易给人以苍白感和冷静感。

（二）色彩组合

色彩的对比与组合不同，可以使商品及广告文字的醒目程度产生差异。为了使人们在远处就看见商品价格，价格卡一般采用白底黑字。

色彩的不同组合还可以表现出不同的情感和气氛：

（1）可以用对比色组合，如红与白、黑与白、蓝与白等，表现"协调、华丽"。

（2）可以用同色中不同深浅的颜色组合，如深蓝色与浅蓝色、浅褐色与深茶色、绿色与浅白绿色、黄褐色与浅驼色等，表现"优雅和稳重"。

（3）为了突出商品，更引人注意，可以在暗淡的背景上配以明快的色调。

（4）为了取得良好的衬托效果，可以在中间色的背景上摆放冷色或暖色的商品等。

（三）商品与色彩的组合

商品的色彩可以给顾客带来视觉上的冲击，引发购买冲动。研究表明，当人观察物体的色彩时，物体的背景色感应为物体颜色的衬色，以使人的眼睛获得平衡和休息。在进行食品卖场陈列时普遍采用暖色系的配色，如奶油色和橘黄色，点缀上少量的绿色，可以使人食欲大增。但如果在熟食卖场使用青绿色，或用银灰色布置面食卖场，会使顾客感觉不愉悦，甚至产生厌恶。而当超市中的生鲜肉品货柜的背景色偏红时，肉会给人感觉不是那么新鲜，如背景色改成淡蓝色或草绿色，肉就会显得新鲜红润。在陈列着大量色彩纷呈的商品的卖场里，环境色彩应尽量采用中性色米突出商品，要防止因背景色的影响而改变商品色感的现象发生。

（四）营业空间与色彩的组合

不同的色彩会给人不同的距离感。一般而言，冷色如浅灰色、灰暗色，显得距离较远，给人以空间扩展变大的错觉；鲜艳光明的暖色，显得距离较近，给人以空间缩短变小的感觉。因此，可以根据营业场所不同的空间状况，利用色彩的距离感，改变顾客的视觉印象，使他们产生空间舒展开阔的良好感觉。

利用颜色装饰卖场时，应注意以下几点：

（1）天花板的颜色一般采用反射度高的色彩，注意整体搭配。

（2）不要让天花板转移顾客的注意力，从而冲淡了卖场内陈列的商品对顾客的吸引力。

（3）墙壁采用装饰性的色彩搭配，可以给人以面积扩大的感觉。

（4）地板一般采用反光性低的色调，以免分散顾客的注意力。

（五）季节变化和地区气候与色彩的搭配

根据不同的季节和地区气候调配店内的装饰色彩，也是十分重要的。

1. 根据季节调配店内色彩

春季可以调配嫩绿色等偏冷色，给人以春意盎然的感觉；夏季可以调配淡蓝色等偏冷色，给人以清爽的感觉；秋季可以调配橙黄色、橙色等暖色组合，给人以秋高气爽的感觉；冬季可以调配浅橘色等偏暖色，给人以温暖如春的感觉。

2. 根据不同地区的气候特点调配店内色彩

处于气候寒冷地区的商店，可将店内色彩调深一些；处于气候炎热地区的商店，可将店内色彩调浅一些。

店内色彩与气候变化配合协调，不但使顾客感觉亲切、舒服、振奋，还会使顾客产生积极的情绪和美好的联想，从而促进购买行为。

? 课堂思考： 利用色彩进行装饰要注意哪些问题？

👥 课堂延伸

零售店巧用色彩装潢店铺，可以达到招徕顾客、引人注目的效果。但也必须注意不同的地方的风俗，切不可使用犯忌的颜色，这样会适得其反。

三、店内照明设计

照明灯光的目的在于展现商品，吸引顾客注意，有效的光影可以增加商品的额外价值。合理地安排照明，可以使整个店铺产生良好的层次感，陈列的商品也会因灯光而显出自身的魅力。在设计灯光照明时，有多种照明系统可供选择，但是在选择时必须小心谨慎，既要达到预想的效果，又要考虑电力资源的消耗，节省营业成本。

（一）照明的作用

1. 引导顾客进入商店，在适宜的灯光环境下选择商品

为达到这一目的，灯光的总亮度要高过周围的建筑物，以显示商品的特征，使卖场形成明亮愉快的购物环境。如果光线过于暗淡，会使卖场显出一种沉闷的感觉，不利于顾客挑选商品，也容易造成销售差错。

2. 吸引顾客对商品的注意力

布置卖场的灯光时，应着重把光束集中照射到商品上，不可平均使用。可以考虑在商

品陈列、摆放位置的上方布置各式灯光，使商品变得五光十色，光彩夺目。

3. 使卖场形成特定的气氛

合理地运用灯光可使商店具有一种愉快、柔和的氛围。

（二）照明的类型

1. 基本照明

基本照明是为了使整个卖场各个部分都能获得基本的亮度而进行的照明，也是卖场最重要的照明。为了使顾客能看清商品的外观及标价，卖场基本照明必须是够明亮的。只有灯光够亮，才能吸引顾客。一般卖场内部照明要达到 700 勒克斯（lx）（100 瓦的白炽灯的正下方 1 米距离处的亮度为 100lx）。通常，日光灯管应安装在天花板内，使天花板形成光面，可以使店内灯光通明。店内照明度不一定平均分配，一般在出入口、主通道以及营业场所最里面的地方，照明度要有所增强。出入口的照明主要为了吸引一般过往行人的注意，诱导他们进入店内；营业场所最里面的照明是为了把诱导入店的顾客进一步诱导到卖场深处，使他们在行走过程中产生购买冲动。这几个关键地方的照明应达到 1 000lx 以上。此外，日光灯在天花板上的排列走向也十分重要，应与货架保持一致，有自然的走向，这样才能最大范围照亮商品，消除阴影。

2. 特殊照明

特殊照明是为了突出某一特定商品而设置的照明，多采用聚光灯、探照灯等照明设施。特殊照明是为了突出显示商品，因而要考虑如何吸引顾客注意力，与商品色彩协调烘托。一般白光易展示商品本色，色光易调节视觉的丰富感；灯光的近效果能使顾客看得清晰，以展示商品的品质；灯光的远效果则比较容易引起视觉注意，渲染商品外形美。在卖场中，通常会用聚光灯强调珠宝玉器、金银首饰、手表等贵重商品的品质，这样做不仅有助于顾客进行观赏、选择、比较，还可以显示出商品的珠光宝气，给消费者以强烈的高贵稀有的感觉。而在超级市场中，特殊的照明主要用于生鲜食品，尤其是瓜果蔬菜等，在柔和的灯光照明下，既能起到装饰作用，又能让顾客产生丰富的联想，刺激购买。

3. 装饰照明

装饰照明对卖场光线没有实质性的作用，主要是为了美化环境、渲染购物气氛而设置的，多采用彩灯、壁灯、吊灯、落地灯和霓虹灯等照明设备。一般大型百货商店多使用装饰照明来显示富丽堂皇。连锁超市如果规模不大，可以在节假日点缀一下，或在门面上设置具有 CI 标识作用的特殊的霓虹灯广告牌，也能以其鲜明强烈的光亮及色彩给人留下深刻印象。

（三）照明的方式

不同位置的光源，产生的效果差别很大，能使环境形成不同的气氛。科学合理地配置照明光源，既可以吸引顾客的注意力，又可以使顾客乐在视觉舒适的购物环境下浏览选择。下面是不同的照明方式产生的不同照明效果。

1.直接照明

直接照明是指用光线直接照射商品，使商品显得鲜明，富有立体感。在直接照明中，一般都采用聚光效果好的灯，如白炽聚光灯。

2.半直接照明

半直接照明是指光线在照射物体的同时兼顾周围，而不是只照一个方向。但是要注意处理好明、暗光线，以免将某些商品挡住而形成阴影，影响照明效果。

3.下射式照明

下射式照明就是从天花板往下照射灯光，属于特定方向上的照明。这种方式能有效照亮柜台上方一定位置。要注意的是，照射的位置要选好，以免玻璃柜或柜台产生的反射光刺激顾客的眼睛。

4.陈列柜照明

陈列柜照明主要用来克服玻璃柜和玻璃门等产生的反射光所引起的眩光现象。陈列柜灯光如果高于视平线，要注意将其隐蔽好。

5.隐蔽式照明

隐蔽式照明是对货架上和壁柜内的商品提供照明。隐蔽式照明除了能强烈照射商品外，还可向上照射，不仅突出商品的轮廓，同时还可以照亮墙壁的一部分，营造舒适的气氛。

（四）照明的原则

1.要真实地展示商品

照明要将商品的真实面貌展现在顾客面前，避免顾客对商品品质产生怀疑。恰当的灯光配合，能更好地展示商品的光泽，使商品看上去更加完美。例如具有日光色调的灯光可以令商品看上去更自然，也不会改变质地和色彩的表象，所以大部分陈列商品都用这种灯光。要注意的是，有些商品在强光照射下会失去光色甚至褪色，因此在陈列前要做适当的处理。

2.要营造卖场气氛

光线明亮与否不是照明的重点，重点是让顾客在看清商品的同时，通过灯光的巧妙搭配，在陈列范围取得戏剧性的效果，构造出卖场的视觉空间，借以吸引顾客的目光。比如，利用照明装饰来消除货架阴影，直接照射模型、照射商品广告画板等方式都有利于营造卖场气氛。

3.灯光要能间接推销商品

现代化的照明与商品推销技术同等重要，商品推销是直接由店员向消费者介绍商品，而灯光则是利用整个卖场的气氛及消费者对商品本身的感受间接推销商品，不同类型的灯光可以使人感到温暖、欢乐、庄严肃穆等，使商品更具吸引力，增强顾客的购买欲望。

❓**课堂思考：**设计灯光照明要注意什么？

四、店内音乐设计

音乐具有强大的营造气氛的能力，它也和品牌紧密相连。在卖场内，由于噪声源不易控制，所以在销售一些需要调试的音响商品如收音机、电视机、乐器等时，应尽量隔音。对此，卖场可以采用一些控制噪声的基本方法，如在天花板、地面、墙壁中使用吸音材料。另外，卖场可以用背景音乐来缓解噪声，用舒适的音响和频率冲淡噪声给人们带来的消极影响。同时，用音乐的和声、旋律作为一种信号来刺激顾客大脑的神经细胞，可使其产生舒适或兴奋的情绪，促进购物。在购物高峰期，卖场可以播放一些节奏快的音乐，加快顾客的购物速度；在购物低谷期，可以播放节奏缓慢的轻音乐，留住顾客的脚步，增加购物机会。音乐与人的情感对应关系比较明显，所以在不同的卖场中应该选择具有不同感情色彩的音乐。

（一）音乐的作用——营造购物气氛

据调查，卖场中播放柔和而且节拍慢的音乐，会使销售额增加40％，快节奏的音乐会使顾客在卖场内停留的时间缩短，购买的商品也会减少；有77％的调查对象在其购物活动中偏爱有背景音乐的伴随。一些轻松柔和、优美动听的乐曲能抑制噪声并产生愉悦、悠闲的浪漫气氛，使卖场内的顾客有一种舒适的心情，放慢节奏，甚至流连忘返。

（二）背景音乐设计注意事项

（1）背景音乐的选择。卖场背景音乐的选择一定要结合商店的特点和顾客特征，以形成一定的店内风格。

（2）注意音量高低的控制。音量既不能影响顾客用普通音量说话，又不能被店内的噪声所淹没。

（3）音乐的播放要适时适度。如果音乐给顾客的印象过于嘈杂，使顾客产生不适感或注意力被分散，甚至厌烦，不仅达不到预期效果，而且适得其反。

（4）乐曲的选择必须适应顾客一定时期的心态。在炎热的夏季，卖场播放舒缓悠扬的乐曲，能使顾客在炎热中感受到清新和舒适。在进行大拍卖时，卖场可以播放一些节奏较快的、旋律较强劲的乐曲，使顾客产生不抢购不罢休的心理冲动。

（三）店内音响的作用

卖场内部的音响不仅是播放音乐的工具，还是传达信息的工具。除了能够通过播放音乐来营造气氛以外，店内音响还具有以下作用。

1. 提示顾客

在卖场中，广播提示是十分必要的音响利用手段，卖场可利用广播来介绍宣传商品、柜台分布或短期优惠展销、促销信息等。这一方法尤其适用于商店促销活动期间，通过广播告知顾客促销的地点、促销的商品和促销的办法。因为在大卖场里销售的商品种类多、范围大，顾客很难获得所有商品的信息，这时利用广播是一种很好的宣传方法。

2. 吸引顾客的注意

实践证明，在卖场里的各个相关购物场所中，钟鸣声、收录机和电视机的播放声，都能吸引顾客的注意，从而产生令顾客和卖场都满意的效果。虽然音乐能起到促销、减轻疲劳、调整节奏以及缓解噪声的作用，但是如果使用不当，它也可能成为一种噪声源，不但不能给人以舒适感，反而会给人带来烦躁感。当顾客在近距离遇到那些在店门门口开足音量播放节奏疯狂的歌曲的小型便利店或服装店时，极易对这些门店产生厌恶感、烦躁感。所以在选择背景音乐时还要注意遵守社会公德，以高尚的审美情趣诱导顾客，而不要成为顾客心中的"噪声"。

？课堂思考： 设计背景音乐要注意什么？

五、店内气味美化

如同音乐能使人精神放松一样，宜人的气味也会对人体生理和心理产生一些影响。当空气污浊有异味时，顾客不会在卖场内久留；同样，没有任何味道的卖场也会使顾客情绪疲惫，失去购物的心情。如果卖场内空气清新，有淡淡的香气，将会给顾客带来一种美的感受，顾客就会把购物过程当成一种享受。所以，如果卖场能够散发出一些宜人的气味使顾客精神爽快、心情舒畅，将会有效刺激顾客的购物情绪。

（一）气味的正面影响

卖场中的气味大多与商品相关，特别是在专营店中更为突出。气味正常是确保顾客愿意购买这些商品的前提。人的嗅觉会对某些气味做出反应，例如，巧克力、新鲜的面包、橘子、爆米花、咖啡等气味对增强人的愉悦心情是有帮助的。花店中的花香气味、皮革店中的皮革气味、茶叶店中的清香气味等，都能促进顾客的购买欲望。在实际购买过程中，很多顾客就是靠从卖场中散发出的气味来判断商品的品质的，比如水果的香甜气味代表了水果的新鲜和品质，否则就说明水果不够新鲜。

（二）气味的负面影响

气味虽然能够营造卖场的购物氛围，但是并非任何气味都能产生好的效果。例如，有霉味的地毯、烟味、杀虫剂的刺激气味、汽油味、油漆味、浓烈的清洁用品气味等，不但不能产生吸引顾客的作用，反而会产生驱赶顾客的负面影响。

（三）消除不良气味的方法

常见的消除不良气味的方法有：

（1）合理进行卖场的通风设计。

（2）采用空气过滤设备。

（3）定期释放一些芳香气味。

（4）加强对商品的检查，防止商品发霉腐烂，散发异味。

（5）防止商品串味，例如，不要把香皂和茶叶放在一起。

? 课堂思考： 气味有何负面影响？

拓展案例： 7-11 的店内布局设计

课后复习与思考

一、单选题

1.（　　）是一种顾客通道呈不规则分布的卖场设计。

A. 格子式布局　　　　B. 岛屿式布局　　　　C. 自由流动式布局　　　　D. 沿墙式布局

2. 下面有关商店的招牌设计说法错误的是（　　）。

A. 从顾客最容易看见的角度来安置招牌

B. 招牌店名要能暗示商店经营属性

C. 招牌店名的选择要独特、新颖

D. 招牌设计讲究特点突出，不必考虑周围环境

3. 经营化妆品、服装等商品的连锁店的店面外观类型通常采取（　　）。

A. 封闭型　　　　B. 半封闭型　　　　C. 开放型　　　　D. 出入分开型

4. 将许多不相关的商品综合陈列在一个橱窗里，这是属于（　　）橱窗广告。

A. 综合式　　　　B. 系统式　　　　C. 季节式　　　　D. 特写式

5. 色彩是组成卖场环境的一个重要方面，通常餐馆的颜色应采用"暖色"，不宜采用（　　）。

A. 红色　　　　B. 黄色　　　　C. 橙色　　　　D. 紫色

二、多选题

1. 店头招牌的类型有（　　）。

A. 屋顶招牌　　　　B. 栏架招牌　　　　C. 侧翼招牌　　　　D. 路边招牌

E. 墙壁招牌　　　　F. 垂吊招牌

2. 室内店面广告的类型有（　　）。

A. 柜台广告　　　　B. 吊旗广告　　　　C. 价目表广告　　　　D. 展示卡广告

E. 贴纸广告　　　　F. 壁面广告

3. 下列适合采用全开放型店面的有（　　　）。

A. 水果店　　　　　　B. 杂货铺　　　　　　　C. 超市　　　　　　　　D. 珠宝店

E. 面包店　　　　　　F. 化妆品店

4. 下面有关卖场声音和音响设计正确的有（　　　）。

A. 营业时，卖场可以播放一些柔和、节拍慢的音乐，以延长顾客逗留的时间

B. 快打烊时，卖场可以播放快节奏的摇滚乐，以促使顾客早点儿离开

C. 卖场音乐的音量越大越好，这样可以吸引顾客的注意

D. 卖场应以播放重音乐为主

5. 下列有关卖场的照明设计正确的有（　　　）。

A. 卖场照明有基本照明、特殊照明和装饰照明

B. 特殊照明是为了突出某一特定商品而设置的照明

C. 装饰照明能美化卖场内部环境

D. 照明要将商品的真实面貌展现在顾客面前，避免顾客对商品品质产生怀疑

三、判断题

1. 硬木地板雍容华贵，宜使用在客流量较大的卖场。（　　　）

2. 便利店应尽量多设几个出入口，以方便顾客进店购物。（　　　）

3. 店面主通道内应尽量多摆放广告牌、尝试台等设施以吸引顾客。（　　　）

4. 橱窗陈列要勤加更换，不要一成不变。（　　　）

5. 商场柜台岛屿式布局存货面积有限，不能储存较多的备售商品。（　　　）

四、简答题

1. 橱窗陈列类型有哪几种？

2. 店面设计应注意的事项有哪些？

3. 店面通道设计应遵循什么原则？

4. 常见的背景音乐设计注意事项有哪些？

五、案例分析

POLO 店面设计

让符合客户期望的创意多角度全方位为客户增值，是设计终端服务中必不可少的因素之一。香港设计师梁显智曾经为世界级品牌 POLO Ralph Lauren，Calvin Klein，Red Earth，Baccarat，Theme International，Warners Brothers，G. O. D. 等设计零售商铺，并在增值方面体现出创意给予了客户无限升级的享受。

梁显智认为，着眼零售商铺不能仅从美学角度考虑。因为卖的是商品，需要刺激顾客消费欲而不是纯粹让其欣赏店铺美轮美奂的设计，所以设计须顾及零售商品买卖双方的利益，从整体确立品牌形象，并注重细节。如店铺设计与零售商品的搭配，不同款式、颜色、质料的零售货品的本身搭配，橱窗的设计与安排，店铺与橱窗的配饰运用对等。各独立的设计和配套都有其特色和效果，如果融合得当，则能营造广而深的市场吸引力。

以打进亚洲市场的国际服装品牌 POLO 为例，除了要针对来自不同地区消费者的身高特征、颜色喜好、消费习惯等要素展开详尽的调查外，在零售终端店铺的陈设这一环上也

马虎不得。于是针对香港这一重要市场，POLO 邀请熟悉本土顾客品位的智设计工房为其进行店面陈列设计。梁显智及其团队为 POLO 店面设计添加了以下点睛之作：

1. 店面设计要巧妙安排店铺装饰和橱窗装饰

在店铺设计上，设计团队采用了深桃红木的主色，优美中见古雅；在推销夏天那些较色彩斑斓、朝气蓬勃的短袖衣饰时，则利用更多耀眼的灯光营造酷热、活泼、闪亮的效果；而橱窗设计上配搭了一些代表夏天的饰品，如海沙、海星、棕榈树、太阳伞、太阳帽、太阳镜和水樽等，全方位营造夏天的气氛。

2. 店面设计要讲究货品陈列兼备美感和功能性

——改变原有美国式陈列，按照中国人身材，重新调整所有陈列设施的高度和宽度。

——根据店铺坐落位置调整陈列重点，例如，把店铺开设在游客区，以上衣作为主要陈列品。因为根据经验，游客多只买衣衫不买裤子。

——合理安排货品陈列位置，将新上市的系列放在显眼、容易取放的位置。设计团队了解到放在头部以下陈列柜的商品的销售率会高一点，放在墙上的容易被人忽视的情况，于是加上特别的灯光效果使墙上商品凸显，从而不同程度地刺激了消费者的购买欲。

梁显智总结到，零售业的对象始终是人，因而当销售量与客户对产品的需要挂钩时，设计必须以人为本，才能真正为客户创造价值。梁显智的设计团队深信每位顾客都有其独特的个人要求，这种对于顾客要求的重视和尊重，是难能可贵的。

问题：根据这则案例给你的启示，考察家乐福落户中国之前所做的本土化店面设计调整。

|实践操作|

1. 实训题目：对比两家大型零售商场的店面布局。

2. 实训目的：通过对两家大型零售商场的考察，加深对零售环境设计部分内容的理解，并写出考察报告，内容包括对比两家零售商场的做法及点评。

3. 实训要求：6~8 人组成一组，做好小组分工，协同调查。

4. 实训地点和设备要求：可以就近选择两家大的零售商场。带上手机，做好相关的录音和拍照记录，以辅助说明问题。

5. 实训内容：全面采集资料以说明问题。

6. 实训实施方案（包括考核要求等）：事前做好分工，做好计划，合理分配人力、物力。考察结束要及时总结，得出合理的结论。

7. 实训结果要求：做好考察的全程记录，最后用充足的证据论证考察报告。

项目四　商品陈列

学习目标

知识目标

1. 掌握卖场配置、商品陈列的基本概念。

2. 掌握卖场配置的依据。

3. 掌握商品陈列的基本原则。

4. 掌握商品陈列技巧。

能力目标

1. 能够运用所学知识分析现实中商场商品配置特色。

2. 能够领导团队进行科学的商品陈列。

素养目标

1. 培养协同合作的团队精神。

2. 培养吃苦耐劳的精神和创新精神。

任务一　卖场商品配置

卖场为顾客而存在。根据顾客的需求而配置卖场，这是卖场商品配置的一个原则。在对卖场的商品进行配置时，我们要对顾客的购物行为进行研究，从顾客角度进行商品配置。

任务情境

家电业竞争激烈，成百上千的店家与卖场莫不绞尽脑汁，规划各项活动与优惠方案，提升销售数字。而佳胜却对产品营销有独特的认识，该公司认为销售业绩的好坏，往往在顾客踏入店门的第一刻就已经决定了，而其关键就在于商品陈列方式。该公司认为，只要抓住几个要点，生意自然就会源源不断地上门了。

思考：卖场商品应该如何配置？

知识精讲

一、卖场商品配置的依据

商品通常是顾客进入商店后最关心的。商品摆放位置如何，直接影响顾客的心理感受，对商品销售影响重大。如果卖场商品杂乱无章，堆积如山，通道受阻，就会在顾客心里形成消极情绪，久而久之，会造成商店生意清淡。许多商店所谓的经营死角，无外乎是那些商品陈列无序、光线暗淡的地方。所以，卖场商品配置必须讲究方法，让顾客感觉新颖、舒适，便于寻找商品。

（一）根据商品性质进行配置

商品根据其性质、特点的不同可以分成三大类，即方便商品、选购商品和特殊商品。

1. 方便商品

方便商品大多为日常用品，价值较低，需求弹性不大，是顾客比较熟悉的商品。购买这类商品时，顾客大多希望方便快捷地成交，而不愿意花长时间进行比较挑选，因而这类商品应放在最显眼、容易速购的位置，如商店前端、入口处、收款机旁、自动电梯两侧等，以便于顾客购买，达到促销目的。

2. 选购商品

选购商品比方便商品的价值高，需求弹性较大，挑选性强，顾客对这些商品的信息掌握不够，对这些商品希望获得更多的选择机会，以便对其质量、功能、样式、色彩、价格等方面进行详细比较。因此，这些商品应相对集中地摆放在商店宽敞、明亮的地方，以便顾客在充分比较后产生购买欲望。

3. 特殊商品

特殊商品通常指有独特功能的商品或名贵商品，如珠宝首饰、电脑、空调、工艺品等。购买这类商品，顾客往往通过了周密考虑，甚至制订购买计划后才采取购买行为。因此，这些商品可以放置在店内较深处，或环境比较幽雅、客流量较少的地方，也可设立专柜，以显示商品的名贵、高雅和特殊，迎合顾客的心理需求。

（二）根据顾客购物的行走特点进行配置

除了应合理地分布商品外，还要研究分析顾客在商店内的行走特点。一般来说，顾客进门后的走动有以下特点：不愿走到角落里，喜欢曲折弯路；不愿走回头路，有出口马上要走出去；不愿到光线幽暗的地方。因此，零售商店，尤其是超市，应该设计多条购物通道，避免有捷径直接通往收款处和出口。这样，才可以吸引更多顾客在主通道行走时，能转入各个副通道，有顺序地浏览全场，产生较多冲动性购买。另外，考虑到大多数人习惯用右手，喜欢拿取右边的东西，商店一般把利润高的商品陈列在通道右边。从我国的情况来看，顾客逛商店多是自觉或不自觉地沿逆时针方向行走，因而可以将一些购买频率高的商品摆放在逆时针方向的入口处。

（三）根据商品盈利程度进行配置

大多数商店在进行商品配置时，都会事先对商品的盈利程度进行分析，从而将获利较高的商品摆放在商店最好的位置上，以促进销售，而将获利较低的商品摆放在较次要的位置上。通常，商店的前端和入口处是顾客流动最频繁的地区，因而也成为商店摆放高盈利商品的最佳地点。不过，有时也有例外。例如，为了扶持部分不太赚钱的商品，商店也会考虑将这些商品配置在最好的位置；有些商店将新商品放置在最佳位置，以便引起顾客注意；还有些商店为了树立良好形象而将外表美观、华丽的商品放置在入口处。

（四）配合其他促销策略进行配置

有些商店在研究商品配置时，还注意与店内其他促销策略结合起来。如香港的百佳超市每周都推出一系列特价商品，它通常将最吸引人的特价货放置在入口处特设的第一组陈列架上，其余的特价货则分散在店内各处，使顾客走完卖场一周后，才能看到全部的特价商品。同时，它还注意在入口处陈列各种新鲜、干净、整齐的水果和蔬菜，以及设置现场烘烤面包和制作饮料的专柜，用色、香、味使顾客流连忘返，争相购买。

？ 课堂思考： 配置卖场商品时应该考虑哪些因素？

二、卖场磁石理论

（一）卖场磁石的含义

卖场磁石，顾名思义，即卖场中最能吸引顾客眼光、最能引发顾客购买冲动的地方。在卖场布局中应用磁石理论，发挥磁石效应，就是要在卖场中最优越的位置陈列最合适的商品进行销售，以此引导顾客顺畅地逛遍整个卖场，达到增加顾客随机消费和冲动性购买的目的。

（二）卖场磁石的分类

以超市为例，卖场磁石点可分为五类，应按不同的磁石点来配置相应的商品。

1. 第一磁石点

第一磁石点位于卖场中主通道的两侧，是顾客必经之地，也是商品销售最主要的地方。此处配置的商品主要有：主力商品、购买频率高的商品、采购力强的商品。

这类商品对大多数消费者来说，既是随时需要的，又是经常购买的，如蔬菜、肉类、日用品等。对于百货商店，可布置最有吸引力的商品，如珠宝、化妆品等。

2. 第二磁石点

第二磁石点穿插在第一磁石点中间，一段一段地引导顾客向前走。此处主要配置的商品有：流行商品，季节性强的商品，色泽鲜艳、引人注目的商品。

第二磁石点需要特别突出照明和陈列装饰，让顾客一眼就能辨别出其与众不同的特点。第二磁石点上的商品应根据需要每隔一段时间便进行调整，以保持其对顾客的吸引力和新鲜感。

3. 第三磁石点

第三磁石点指的是中央陈列架两端的端架位置。端架是顾客接触频率最高的地方，可配置下列商品：特价商品、高利润商品、厂家促销商品。

4. 第四磁石点

第四磁石点通常指的是卖场中副通道的两侧，是充实卖场各个有效空间的陈列，也是在长长的陈列线中引起顾客注意的位置。在商品布局上以单品规划为主，突出商品品种繁多，挑选性强。此处主要配置的商品有：流行商品、时尚商品、广告效应强的商品等。

5. 第五磁石点

第五磁石点位于收银区前的中间卖场，是组织大型展销、特卖活动的非固定场所。在此处进行部分品种的大量陈列，可以造成一定程度的顾客集中，烘托门店气氛。同时，展销主题的不断变化，也能给消费者带来新鲜感，从而达到促进销售的目的。

❓ 课堂思考： 日用品应当摆放在卖场的哪个磁石点？

商品配置表，也称商品配置陈列表，是把商品在货架上的陈列作为最有效的分配，以书面、表格形式画出来。在实际工作中，很多超市企业利用电脑来操作、修改和调整商品配置表。商品配置表是门店商品陈列的基本标准。在我国，这种技术管理方法运用的普遍性较低，这是因为我国商品供应链标准化程度较低，存在供货持续性差、品种数目控制难度大等问题，若使用配置表，须频繁调整。因此，商品配置表主要在部分标准货架商品的陈列中才起作用，对于其他商品的陈列就需要营业现场的管理人员进行规划，由货区主管安排这些商品的陈列位置和形式。

👥 任务情境

很多店主在陈列商品的时候，都容易陷入这一种极端，就是凭感觉拍脑袋来分配陈列位置。比如说，看最近无糖气泡水很火，就把好几排货架都摆放无糖气泡水。但是，不同的店，消费群体是不一样的。像很多店就算摆放再多的无糖气泡水，也不一定能卖出去，销量也不是很好。那结果是什么？从表面看，是浪费了面积。但实际上，是损失了坪效，降低了营收。所以说，确定陈列面积大小时，不是看市场上什么商品火，而是看店里什么商品的销售额最高。给销售额高的商品，匹配更多货架面积，就能再次促进销售，进入增长的正循环。

思考：如何分配货架的排面？

知识精讲

一、制作商品配置表的准备工作

（一）商品陈列货架的标准化

超市所使用的陈列货架应尽量标准化，这对连锁超市尤为重要。使用标准统一的陈列货架，在对所有门店每一分类的商品进行配置与陈列管理时，不至于出现一个门店一种配置或一种陈列的现象。

各种业态模式的超级市场应该使用符合各自业态的标准货架。传统食品超市和标准食品超市使用的是小型平板货架，高度为 1.6 米左右，大型综合超市使用的是大型平板式货架，高度为 1.8～2.0 米，仓储式商场使用的则是高达 6～8 米的仓储式货架，便利店使用的是高度仅为 1.3 米的货架。货架标准化的一个世界性趋势是降低高度，以增加顾客的可视度和伸手可取度。在我国一些超市和便利店中使用货架的非标准化情况也比较普遍，如便利店使用的是超市的货架，这直接影响了顾客的购买速度。而对许多仓储式商场来说，应考虑增强陈列段的灯光亮度，因为陈列货架的高度太高，会遮挡通道灯光对陈列段的照射，从而影响顾客的可视度。货架标准化会使业务部门制定、调整商品配置表的效率大大提高，但从目前我国现实情况看，多数超市还没有做到货架标准化，这是商品配置表陈列难以推行的原因之一。

（二）确定商品分类清单

无论是采购部人员还是卖场的货区主管，在制作商品配置表或是进行现场配置陈列前，都要清楚地确定哪些是主力商品（包括其中哪些是盈利商品，哪些是形象商品），哪些是辅助商品。

（三）单项商品资料卡的设立

每一个单项商品都要设立资料卡，包括商品的品名、规格、尺寸、重量、包装材料、进价、售价、供货量等。这些资料对制作商品配置表是相当重要的。经营者从这些资料中可以分析确定商品周转率的高低、商品毛利的高低以及高单价毛利的商品。

（四）配置商品实验架

商品配置表的制作必须要有一个实验阶段，采购部人员（许多超市已设置了专门负责此事的货架管理员）在制作商品配置表时，应先在实验货架上进行实验性陈列，从排列上来研究商品颜色、高低及容器的形状是否协调，是否对顾客具有吸引力，若缺乏吸引力可以进行调整，直至协调到满意为止。

二、商品配置表的制作程序

商品配置表的制作始于市场调查研究，终于卖场销售效果评估。其程序如下：

（1）通过消费者需求调查，决定要卖什么商品，使用多大的卖场面积以及卖场形状。

（2）对决定要卖的商品进行分类，使每一类商品都在卖场中占有一定的面积。

（3）根据商品的关联性、需求特征、能见度等因素，决定每一类商品的平面位置，制作商品平面配置图。

（4）根据商品的平面位置配备陈列设备，使其与前场设备、后场设备构成一个有机整体。

（5）收集商品品项资料，包括价格、规格、尺寸、成分、包装材料、颜色、需求程度、毛利、周转率等，并决定经营品项。

（6）用商品配置表详细列出每一个单项商品的空间位置。每一个货架、每一个柜台都应有一张商品配置表。如果卖场有陈列设备 20 台，就应有 20 张商品配置表。

三、商品配置表的修正

商店一旦制定了标准化的商品配置表后，就必须严格执行。但商品配置表也不是永久不变的，要根据市场和商品变化定期做出调整。

（1）通过卖场观察以及销售资料对比分析，发现有些大类的商品布局和有些商品空间位置明显不利于销售时，就要及时修正商品配置表。

（2）季节促销也是决定商品布局时应考虑的因素。商品配置表应随季节变换进行更新，让顾客产生不同的季节感受。

（3）商品淘汰或临时性缺货都要用现有商品或新商品来填补空缺货位。

（4）新商品导入、畅销品项的变动以及商店在商品布局上形成的新思路时，都要对原有商品配置表进行修正。

? 课堂思考：如何制作商品配置表？

拓展案例：商品配置陈列表

任务三 商品陈列的基本原则

即使是水果蔬菜，也要像一幅静物写生画那样艺术地排列，因为商品的美感能激起顾客的购买欲望。科学合理的卖场布置和商品陈列，不仅让顾客赏心悦目，而且还有传递品牌文化及促进销售的作用。

任务情境

陈列的概念在很多人眼中始终比较模糊，也没有引起足够的重视，或者只是简单的概念，即把产品干净、整齐地放在合适的位置。然而怎么才能让产品陈列干净整齐？什么地方才是好的陈列位置？陈列还有哪些作用？这一系列问题可以从简单的问题说起。先观察一下某家卖场的国际品牌洗发产品多芬，其价格与沙宣相当，按照当时的卖场环境来看应该陈列在沙宣旁边，因为有能力消费沙宣的人群才有可能选择这个价位的产品，同时也能说明该产品的档次类别，然而它却与很多国内三线低价产品放在一起，而宝洁等一线产品都在这个洗化陈列区的另一端。国际品牌和国内三线品牌陈列在一起，会让顾客有这样的疑问——这真的是多芬的产品吗？顾客无法理解国际品牌为何沦落到与廉价产品为伍，品牌优势荡然无存。而且这个卖场的主要消费群体是周边的固定人群，所以他们非常清楚自己需要的那个档次的产品在哪个地方，因此买中高价位产品的人大多不会注意低价格区，同样在低价格区即便有些廉价产品销售得非常好，也与多芬品牌无关，因为多芬的价格是旁边产品价格的2～3倍。这种做法导致该品牌月销售仅几百元的尴尬局面。后来卖场管理者听取专家意见，对该商品陈列做了如下调整：

（1）将陈列区域调整到一线品牌沙宣旁边。

（2）增加主推品种的陈列面，将人容量产品及巾场反应冷淡的品种的陈列面减小。

（3）注意陈列的色彩搭配及摆放整齐以达到整体陈列面的统一。

经过与卖场沟通调整以及促销人员的配合后，该品牌产品月销售额达到了万元左右。

思考：通过这个案例我们可以得到商品陈列的哪些启发？

知识精讲

一、分区定位原则

分区定位，就是要求每一类、每一项商品都必须有一个相对固定的陈列位置。超市的卖场中有几千种商品，为使顾客容易判别陈列商品的所在地，必须向顾客公布卖场商品分布图，设置各类商品指示牌，并随商品分布的调整及时修改。每家商店每天总有一些顾客是初次光顾的，及时修正分布图和商品指示牌，可以让初次光顾的顾客准确地找到商品陈列位置，也可以让老顾客感觉到商品配置与陈列的新变化。指示牌的制作可采取不同的颜色，这可使顾客产生强烈的感官印象，顾客可以根据不同颜色的标记来识别各类商品的陈列位置。

二、易见易取原则

顾客看不清楚什么商品在什么位置属陈列大忌。让顾客看清楚的同时，还必须让顾客对所有看清楚的商品做出购买与否的判断，并促使顾客购买计划以外的商品。

要使商品陈列显而易见，就要做到以下三点：第一，贴有价格标签的商品正面要朝向顾客。使用 POS 系统的超市一般都不直接在商品上打贴价格标签，所以必须重视该商品价格牌的制作和位置摆放。第二，每一种商品不能被其他商品挡住。第三，货架下层不易看清楚的商品，可以采用倾斜式陈列。

商品陈列在做到"显而易见"的同时，还必须能使顾客自由方便地拿到手。在超市陈列的商品，一般不能将带有盖子的箱子陈列在货架上，因为这样顾客要打开盖子才能拿到放在箱子里的商品，十分不便。另外，对一些挑选性强又易脏手的商品，如分割的鲜肉、鲜鱼等，应该有简单包装或配有简单的拿取工具，方便顾客挑选。

三、放满陈列原则

货架上的商品要经常、充分地放满陈列。这是因为：第一，如果货架常常空缺，说明卖场有效的陈列空间被白白地浪费了。第二，货架不能放满陈列，降低了商品的表现力，容易使顾客形成这是"卖剩下的商品"的不良印象。有些商品在数量上是足够的，但由于陈列方法不对，没有使商品"站起来"，都"躺在"那里，其销售效果也会不理想。第三，货架上都放满商品，可以给顾客商品丰富、挑选余地大的好印象，达到吸引顾客注意力的效果。

四、先进先出原则

随着商品不断地被销售出去，就要进行商品的补充陈列。补充陈列的商品要依照先进先出原则来进行。其陈列方法是先把原有的商品取出来，然后放入补充的新商品，再在该商品前面陈列原有的商品。一般商品尤其是食品都有保质期限，因此顾客会很重视商品出厂的日期。用先进先出原则进行商品的补充陈列，可以在一定程度上保证顾客买到商品的新鲜性。

五、关联性原则

因为顾客常常是依货架的陈列方向行走并挑选商品的，很少再回头选购商品，所以关联性商品应陈列在通道的两侧，或陈列在同一通道、同一方向、同一侧的不同组货架上，而不应陈列在同一组双面货架的两侧，这便是关联性原则。

？课堂思考： 为什么货架上的商品要布满陈列？

30 瓶酸奶为何销售一空？

一位学生在 7 - 11 的店铺中打工，由于粗心大意，在进行酸奶订货时多打了一个零，使原本每天清晨只需的 3 瓶酸奶变成了 30 瓶。按规定，那位学生应自己承担损失——这意味着她一周的打工收入将付诸东流。这就逼着她只能想方设法地争取将这些酸奶赶快卖出去。她冥思苦想，把装酸奶的冷饮柜移到盒饭销售柜旁边，并制作了一个 POP，写上"酸奶有助于健康"的字样。

令她喜出望外的是，第二天早晨，30 瓶酸奶不仅全部销售一空，而且出现了断货。谁也没有想到这个学生戏剧性的实践带来了 7 - 11 新的销售增长点。从此，在 7 - 11 店铺中，酸奶冷藏柜同盒饭销售柜摆在了一起。

啤酒与尿片

尿片和啤酒赫然地摆在一起出卖。美国沃尔玛超市的货架上，一个是日用品，一个是食品，两者风马牛不相及，这究竟是什么原因？

原来，沃尔玛的工作人员在按周期统计产品的销售信息时发现一个奇怪的现象：每逢周末，某一连锁超市啤酒和尿片的销量都很大。超市为了搞清楚这个原因，派出工作人员进行调查。

通过观察和走访后，工作人员了解到美国有孩子的家庭中，太太经常嘱咐丈夫下班后要为孩子买尿片，而丈夫们买完尿片后又顺手带回了自己爱喝的啤酒，因此啤酒和尿片销量一起增长。

沃尔玛的工作人员搞清原因后打破惯例，尝试将啤酒和尿片摆在一起，结果使得啤酒和尿片的销量双双激增，为商家带来了大量的利润。

案例解析： 商品陈列是否科学合理会影响顾客的购物体验和销售业绩的好坏。商品的陈列不仅要考虑将商品进行分门别类地陈列，有时也可以根据顾客的购物习惯和购物心理，将看似无关的两种商品进行关联性陈列，这样不但方便了顾客，也会带动销量，达到意想不到的效果。

任务四　商品陈列的基本方法和要求

商品只有陈列在货架上，才会被顾客注意并产生购买欲望。商品陈列应该讲究方法，最大限度地达到吸引顾客的注意并激发其兴趣的效果，从而达到增加销售收入的目的。

任务情境

小梅要开一家小型的服装店。她经过市场调研分析后，决定将目标顾客锁定为 20 岁左右的年轻女孩。她认为作为同龄人，她对这个群体的了解要更透彻一些，并且店铺的位置在一个大学旁边。精心挑选货品后，小梅要开张营业了。但是如何陈列，她还没最后确定。她知道，服装的摆放也会影响营业额，对此，她冥思苦想。

思考：你能帮小梅出出主意吗？

知识精讲

一、纵向陈列法为主，辅之以横向陈列法

纵向陈列法可将更多的商品同时展现于顾客面前。如某超市原来都是将奶粉制品横向陈列，即一个品牌占一层货架，这样突出的只能是 1～2 种品牌，销售不理想。而采用纵向排列将几种品牌的畅销品种置于黄金层后，同时增加了这几种品牌奶粉的销售量，总利润也明显上升。

超市商品陈列以纵向陈列法为主，不等于横向陈列法没有用处。通常，为了突出某一主力商品时，采用横向陈列法比较有效。

二、端架陈列应推陈出新

端架陈列做得好可以极大地刺激顾客的购买冲动。端架陈列可以引导顾客购物，缓解顾客对特价商品的怀疑和抵触感。端架位置的商品不只是便宜，端架也不只是一个销售大批量商品和特价商品的空间，它还起着控制卖场内顾客流动的作用。

（一）端架陈列的商品种类

端架陈列的商品可分为以下三大类：

（1）特卖商品：配合促销活动进行特卖的商品。

（2）大量陈列商品：该类商品常列入销售计划书，按照某一主题进行促销活动，也可能是某种新上市的商品。

（3）店铺规划商品：一般店铺都根据实际情况进行规划，设计与本地区的特销活动有关的主题来销售该类商品。

店铺规划商品要求店铺负责人有丰富的经验和判断能力，以保证获得预期效益。无论哪一种商品，都要有精心的主题设计。其内容包括：1）季节性陈述。2）品种陈述。3）用途的陈述。4）厂家、品牌的陈述。5）价格的陈述。6）地区性特销活动的陈述。上述几种陈述，都要力求紧密配合主题。

（二）端架陈列主题的模式

归纳起来，端架陈列的主题大致有以下几种模式：

（1）对大型活动的宣传和介绍。

（2）开展销售。

（3）拟订题目、强调商品。

（4）在展览会上做宣传突出商品群。

（5）以项目单和信息为中心，将销售条款化、形象化。

（6）有力的吸引（降价、特卖）。

（7）以交流和服务为目的的推销活动。

（三）端架商品的陈列方法

端架商品陈列的具体方法有：

（1）单品大量陈列：体现多量感和物美价廉。

（2）纵向分段陈列：每类商品占一纵列，表现色彩调节作用。

（3）横向分段陈列：在突出某一主力商品时使用。

（4）拍卖式陈列：提供各种各样、价格一样的商品，让顾客随意、有兴趣地挑选。

（5）平台式陈列：将商品放在平台上，一般为配合某一主题而进行促销。

（6）变化式陈列：经常保持商品陈列的变化。

（7）侧面陈列：体积较小的商品悬挂在货架侧面，刺激顾客随机购买。

（8）关联相配陈列：突出主力推荐的商品，配以相关的商品，巧妙搭配，突出平衡性和紧凑性，扩大视觉效果。

（9）交叉陈列：错落有致地进行搭配，给人以新鲜、丰富的感觉。

三、收银台与货架之间的空间是极佳的卖点

卖场通常在收银台与货架之间采用岛型陈列法来陈列商品，但商品不宜陈列得太高，以免影响整个卖场的视野。一般这里陈列的商品应是季节性的，除了要有煽动性的价格打动顾客外，商品的陈列也是很讲究的。如某超市在国庆期间将一箱箱的矿泉水摆出"欢度国庆"四个字的造型，加上瓶子或水的颜色，组合成一幅图画，就会更好地刺激顾客的购买欲望。

四、小商品的陈列

一些小商品，如梳子、玩具等商品不宜用堆码展示法，可用特殊的展示架挂起，让顾客尽情挑选。而一些包装较小的零食，则可用一些特制的筐、篮来装，以免与其他商品混淆。

五、适度变换商品陈列

将商品固定摆放虽会让老顾客减少进场选购的时间，可时间久了，就会令人感到缺乏

新意，并往往由于"直奔主题"而忽略其他商品。超市可以在一年的时间里改变一两次商品陈列布局，这样会起到很强的刺激消费的作用。

六、比较性陈列法的运用

零售企业把相同商品，按不同规格、不同数量予以分类，然后陈列在一起，这种陈列法叫作比较陈列法。

比较陈列法所要表现的经营者意图是：促使顾客理解店铺薄利多销的特点，从而更多地购买商品。例如，一袋方便面售价 1.6 元，而旁边陈列的包在一起的 6 袋方便面只卖 8.8 元，包在一起出售的 12 袋方便面售价为 15.2 元。这样，把单袋装、6 袋装、12 袋装的方便面陈列在一起，就可使顾客比较出买得越多就越便宜，因而刺激顾客购买包装量较多的方便面。

值得注意的是，在进行比较陈列的作业时，陈列量上要多陈列包装量大的商品，而包装量小的商品量就应相应少一些。一般来说，比较陈列必须事先计划好商品的价格、包装量和商品的投放量，这样才能既达到促销的目的，又保证零售企业的整体盈利水平。

七、大量陈列法的运用

大量陈列法，是指在商场的大面积、大空间内陈列数量足够多的单一商品或系列商品，或者将这些商品呈堆积状陈列，以吸引顾客的目光，同时营造出一种廉价感和热销感，达到刺激购买的目的。这种陈列方法是有选择、有重点地用适量的商品陈列出较佳的量感效果，能更好地烘托超市的购物氛围，达到促销的目的。实践证明，如果引导得当，顾客最终的购买量可能会比正常消费量提高 3 倍左右。

国外一项消费心理调查证明：如果逐渐加大某一种商品在货架上的陈列数量，就能发现在陈列数量未达到一个临界值以前，商品销售的总量并没有明显的变化。而只有陈列数量超过了某个临界值，该商品的销售总量才可能呈现突破性的急剧增长。这一现象就是购买心理学中的临界爆发理论。实践证明，有些商品在其他促销条件相同的情况下，仅靠陈列大于临界爆发点的商品，即可使销售额增加几倍甚至几十倍。因此商家必须努力通过实践，寻找和发现特定商品陈列数量的临界点。如果在临界值之下增加商品的陈列量，只能造成增加库存的后果。

（一）大量陈列法的效果

（1）直接效果。如果辅以其他促销手段的配合，采用大量陈列法通常能提高该商品销售数量，增加销售利润，提高资金周转速度与资金周转率。

（2）间接效果。采用大量陈列法还能带动其他采用正常陈列法的同类或相近商品的销售，产生以点带面的辐射效应。大量陈列某几种商品，能改变布局上沉闷、呆板的局面，带来一种跌宕起伏、具有动感的陈列效果，不仅改善了顾客的感官印象，还能增加顾客在超市内的行走距离，间接地提高了其他商品的销售机会。

（二）实施大量陈列法的要点

（1）选择适宜的商品，最好选择那些顾客习惯于批量购买、认知度较高的商品，以及用途简单、消费价格适中的商品。

（2）有些类似的商品，或仅颜色、号型略有差异的商品群，也可以采取在一个展卖台混合堆放的方式，以引起顾客竞相选购的轰动性效果。但这种情况下最好采取均一售价的方式。

（3）选择零售企业的差别化商品和具有经营优势的商品进行大量陈列。

（4）独家经营的特色商品以及因供货渠道优势而价格相对便宜的商品等，应每年轮番使用大量陈列法进行促销。

（5）商家意欲推出以引领时尚的商品以及质量优良的拳头商品等用于大量陈列效果更好。

（6）在采用大量陈列法的同时配合价格上的优势。如果属于顾客尚未熟悉的商品，也可以采取先按照略高的定价进行普通陈列，待顾客对这一价格产生初步认同感后再推出折扣，同时配合大量陈列进行促销的策略。

（三）大量陈列法的种类

（1）岛型陈列法。这是最常用的一种大量陈列方法。在主通道附近设置平台或推车堆放商品，可以起到吸引顾客注意、刺激购买的作用。如果平台的四面都能被顾客看到，可以大量陈列四种（或四类）商品来吸引来自不同方向顾客的注意力。但面对顾客主要进入方向的正面位置，应陈列最重要的商品，同时陈列的数量也应最多。

（2）落地式陈列法。采用这用大量陈列方法多用带外包装箱的商品，顾客在取货时不会造成商品垮塌，并且取货也比较方便。也可以采用在主通道附近堆叠多层商品的方法，这样在售出部分商品以后仍然能够保持足够的量感。

（3）货架式陈列法。在通道两侧货架的较大空间位置上陈列同一种商品，也能收到很好的陈列效果。尤其是使用宽度较大的货架，密密麻麻地排列足量的商品，能给人很强的视觉冲击效果。但这时一定要对售出的商品及时进行补充，以免产生凌乱的感觉。

（四）大量陈列法的技巧

（1）大量陈列与普通陈列交叉混放。这种陈列法的目的是带动其他商品的销售，或者以大量陈列的低价商品拉动其他售价较高商品的销售。其优点是可以给比较呆板的陈列阵形带来一些变化，起到吸引顾客的作用。这种陈列法又可分为两类：一类是在并排的商品中大量陈列某一种商品；另一类是在销售状况较差的商品的下方大量陈列另一种畅销商品。

（2）商品堆积的高度可以超出黄金展示面外。通常把顾客伸手就能取到的商品展示范围称为黄金展示面（距地面 $50 \sim 180$ cm）。为了营造强烈的对比效果，可以突破这个高度限制。考虑到顾客不大可能从黄金展示面以外的空间选取商品，距地面 180cm 以上及 50cm 以下的位置可以摆设空的包装箱，或者只在最外层陈列商品，内层空间使用其他物品填充。

（3）配合其他辅助手段。为了强化大量陈列法的效果，在卖场的显著位置还可以采取广播的手段介绍商品的功能、作用等方法，进行辅助销售。

? 课堂思考： 大量陈列有什么效果？

拓展案例： 可口可乐的生动化陈列

课后复习与思考

一、单选题

1. 购买（　　）时，消费者大多希望方便快捷地成交，而不愿意花长时间进行比较挑选。

A. 方便商品　　　　　B. 选购商品　　　　　C. 特殊商品　　　　　D. 贵重商品

2. 根据商品的性质、特点，彩色电视机属于（　　）。

A. 方便商品　　　　　B. 选购商品　　　　　C. 特殊商品　　　　　D. 贵重商品

3. （　　）位于收银区前的中间卖场，是组织大型展销、特卖活动的非固定场所。

A. 第一磁石点　　　　B. 第二磁石点　　　　C. 第三磁石点

D. 第四磁石点　　　　E. 第五磁石点

4. 不同业态的标准货架高度不同，便利店使用的货架一般高（　　）。

A. 1.3 米　　　　　　B. 1.6 米　　　　　　C. 1.8～2.0 米　　　　D. 6～8 米

5. 顾客伸手就能取到的商品展示范围称为黄金展示面，一般距地面（　　）。

A. 10～30cm　　　　B. 30～50cm　　　　C. 50～180cm　　　　D. 180～200cm

二、多选题

1. 第一磁石点配置的商品主要有（　　）。

A. 主力商品　　　　　　　　　　　　B. 购买频率高的商品

C. 采购力强的商品　　　　　　　　　D. 促销商品

2. 超市端架是顾客接触频率最高的地方，可配置下列商品（　　）。

A. 主力商品　　　　B. 促销商品　　　　C. 特价商品　　　　　D. 流行商品

3. 下列有关商品陈列说法正确的有（　　）。

A. 贴有价格标签的商品正面要朝向顾客

B. 货架下层不易看清楚的商品，可以采用倾斜式陈列

C. 补充陈列时应把补充的新商品直接陈列在原有的商品前面

D. 关联性商品应可陈列在通道的两侧

4.（　　）适合大量陈列法。

A. 顾客习惯于批量购买的商品　　　　B. 独家经营的特色商品

C. 引领时尚的商品　　　　　　　　　D. 质量优良的拳头商品

5. 商店里商品陈列的基本方法有（　　　）。

A. 纵向陈列法　　　B. 横向陈列法　　　C. 端架陈列法

D. 比较性陈列法　　E. 大量陈列法

三、判断题

1. 特殊商品可以放置在店内较深处，或环境比较幽雅、客流量较少的地方，也可设立专柜，以显示商品的名贵、高雅和特殊。（　　　）

2. 商店一般可把利润高的商品陈列在通道右边以促进销售。（　　　）

3. 商店一旦制定了标准化的商品配置表后，就必须严格执行，且永久不得变更。（　　　）

4. 关联性商品可陈列在同一组双面货架的两侧。（　　　）

5. 商场可以在一段时间里改变商品陈列布局，这样会起到刺激消费的作用。（　　　）

四、简答题

1. 卖场商品配置的依据是什么？

2. 卖场商品陈列的基本原则是什么？

3. 如何制定商品配置表？

五、案例分析

家乐福的商品陈列

商场里的商品极其丰富，而顾客首先接触的就是商品，如果没有良好的商品陈列，就不会有温馨舒适的购物环境。商品陈列得适当与否，直接关系到商品销售量的多寡。而商品陈列的最大原则就是要促使产品产生量感的魅力，使顾客觉得商品极多而且丰富。家乐福的商品陈列一般从以下几个方面进行考虑：

（1）视野宽度：视野一般是指顾客站在一定的位置其所看到的范围。根据医学报告，人的视野宽度可达120°左右，但看得最清楚的地方却在60°左右。

（2）视野高度：一般消费者视线的高度，男性是165～167cm，女性则是150～155cm，因此，黄金陈列位置即为视线下降20°左右的地方，也就是70～130cm的位置。

（3）粘贴标价重点：价格标签粘贴位置，一定力求固定，但绝对不宜贴在商品说明或制造日期标示处。

因此，为了方便顾客挑选，家乐福在货品的陈列上下功夫：一是有效利用陈列空间。依据销售量来决定每类商品的陈列面，而不同商品的摆放高度也不同，一般以方便顾客为原则。如家电的最佳位置为1.25～1.65m，这样选看起来方便，而货架下层多用于放包装

箱。二是陈列上具有量感。家乐福信奉"库存尽量放在卖场"的原则，堆头、端头、货架顶层均安放货品。三是尽力打破陈列的单调感。卖场内每隔一段，货架就有不同的高度，有时还用吊钩、吊篮来调剂陈列样式。四是展开商品诱人的一面。通过主通道沿线设计和副通道的搭配，使顾客巡行所经之处，有大量的存放和不断显示的"特价"品等，凸显商品的色、香、味，给人以强烈的视觉、味觉、嗅觉等多方面的冲击。

家乐福陈列商品的货架一般是 30cm 宽。如果一个商品上了货架销售得不好，就会将它的货架展示缩小到 20cm，以便节约货架位置，给其他商品用。如果销售数字还是上不去，陈列空间再缩小 10cm。如果还是没有任何起色，那么宝贵的货架就会让出来给其他的商品用。

家乐福还将卖场中的每种商品的陈列面积夸张地加大，利用突出陈列将卖场的气氛发挥到极致。每类商品的尽头都有特价商品，顾客不仅能一饱眼福，而且也容易寻找到自己需要买的东西。家乐福大卖场的特卖商品都陈列于商场十分显眼的位置上，如端头、堆头和促销区。为了更好地吸引消费者注意，家乐福在商品的标价签上用旗形、矩形或者一些有创意的设计，以显示其有别于其他的促销商品。此外，特卖商品在标价签上还用各种不同的颜色来突出其特卖价格。

另外，家乐福在商品陈列中也遵循本土意识，按当地的消费习惯和消费心理进行摆设。在中国市场上，为了迎合顾客有挑选比较的习惯，家乐福在货架上专门增加了同类商品的供应量，以方便顾客的选购。在成都家乐福卖场内，有不少的装饰品都采用四川特有的竹器及泡菜坛子等本地特有的容器。这充分地显示了家乐福为了顾客的方便而别出心裁的商品陈列。

在家乐福超市里，糖果被放在两排有近 2m 高的竖筒式透明钢化塑料容器里，每一竖筒里堆同一种颜色的糖果，远远看去就像两排不同色彩的竖灯。这样顾客就很容易被诱惑近前，而一走到两排竖筒容器中间，那鲜亮的糖果马上激起食欲，谁都会忍不住往购物篮（车）里放的。而国内许多商家就很不重视糖果区的陈列布置：家用水桶一样的容器上面，糖果如谷堆一般垒成小山，靠在场内一根柱子周围，如果顾客不仔细寻觅，恐怕难以发现这种甜蜜之源。家乐福非常清楚，顾客在商场的冲动购物远大于计划购物，因此，如何刺激顾客的购买欲望，让其忘乎所以、不看钱包地购买是家乐福生意兴隆的关键。

家乐福还将水果、蔬菜全部摆放在深绿色的篮子里，红的、黄的水果和绿的、白的蔬菜在绿篮的映衬下，让顾客有种环保卫生的感觉，潜意识会认为这些果蔬都是来自大自然的新鲜的东西，对身体健康很有好处；再加上挂在篮子上空的照明灯的灯罩也是同一绿色，顾客徜徉其中，仿佛回到了大自然。此种刻意营造的氛围树立了生鲜卖场环保新鲜的形象，顾客自然开心、放心地在此采购生鲜食品。这种迎合了顾客进超市买生鲜食品以保干净、卫生、安全心理的措施，受到欢迎是理所当然的。

问题：根据案例剖析家乐福商品陈列特点。

| 实践操作 |

1. 实训题目：浅谈某商店的布局和商品陈列。

2. 实训目的：通过对一家商店的考察，了解商店布局和商品陈列，并写出考察报告，给出改进建议。

3. 实训要求：6～8 人组成一组，做好小组分工，协同调查。

4. 实训地点和设备要求：可以考察市内区域，也可以就近选择其他区域。带上手机，做好相关的录音，拍照记录，以辅助说明问题。

5. 实训内容：分别到几家商店进行考察，找出问题。

6. 实训实施方案（包括考核要求等）：事前做好分工，做好计划，合理分配人力、物力。考察结束要及时总结，得出合理的结论。

7. 实训结果要求：做好考察的全程记录，最后用充足的证据论证考察报告。

项目五　零售商品管理

学习目标

知识目标

1. 掌握零售商品的分类和结构。
2. 掌握零售商商品的组合及组合优化等。
3. 掌握采购与验收理论。
4. 掌握零售商品盘点的概念、目标、原则、制度与流程。

能力目标

1. 能按照科学的结构进行商品分类。
2. 能把零售商品优化组合排列。
3. 能独立进行商品盘点和验收。

素养目标

1. 培养信息获取与处理能力、积极思考解决问题的能力，以及创造性思维能力。
2. 培养协同合作的团队精神和吃苦耐劳的精神。

任务一　零售商品组合

卖场无论选择哪种商品组合，其主要目的就是吸引顾客，只要能够吸引顾客的商品组合，就是最好的商品组合。

任务情境

英国伦敦有一家专营纸张、文具、图钉、回形针、尺子等文教小用品的杂货店，由于薄利而不多销，生意很是清淡。眼看要倒闭了，经营者向一家管理公司求援。

管理公司想出一个新颖的经营点子——"文具组合"，即将文具与剪刀、透明胶带、1米长的卷尺、10厘米长的塑料尺、小订书机、合成糨糊等，放进一个设计精巧、轻便易带的盒子里，盒子外表则印上色彩鲜艳和形象生动的图画。

于是新的商品组合就出现了。这种对文具新奇的组合，不仅迎合了中小学生的需要，也受到了机关及工商企业界的职员和工程技术人员的欢迎，所以一上市，很快就成为热门商品，销售额也直线上升。杂货店不到一年就赚回了本钱，还获取了意想不到的利润。

尝到甜头后，杂货店老板再接再厉，又增加了组合种类，进一步改善文具组合，在盒子里装上电子表、温度计，使它的功能趋于立体化。又根据孩子们的好奇心理，把组合盒弄成五花八门、千姿百态的变形金刚。这样，文具虽然基本上还是那么几种，但内容不变外形变，组合创新使它越发获得了人们的青睐。

思考： 这个案例给你什么启示？

知识精讲

一、零售商品的分类与结构

（一）零售商品的分类

零售店的策划者，需要对所经营的商品进行适当的分类，根据各类商品的特点制定零售店的商品经营策略，以扩大商品销售，增加企业利润。零售商品的分类有以下几种常用方法。

1. 根据商品的耐久性和有形性分类

根据商品的耐久性和有形性分类，零售商品可以分为耐用品、易耗品和服务。

（1）耐用品。耐用品是指在正常情况下，能多次使用的有形物品，如电冰箱、电视机等。因为使用周期长，耐用品价格一般较高，所以顾客购买比较慎重。经营耐用品需要更多的销售服务和销售保证，如维修、运输、保修、保退、保换等。企业销售耐用品的重点是形成促使顾客购买的气氛，做耐心细致的商品介绍，指导使用方法，还应建立完整的售后服务体系。

（2）易耗品。易耗品也称非耐用品，是指在正常情况下，一次或几次使用就被消费掉的有形物品，如牙膏、洗衣粉、文具等。因为顾客购买频繁，一般情况下，易耗品价格相对较低，经营利润较小。零售企业经营易耗品必须便于顾客购买，将网点尽可能地接近居民区。

（3）服务。服务是非物质实体商品，服务的核心内容是向顾客提供效用，而非转移所有权。与有形商品比较，服务具有以下特点：第一，服务基本上是无形的；第二，服务内容不易标准化；第三，提供服务是与其消费过程同时进行的，服务的交易必须在适当的时间和地点进行才能有效地满足需要。为顾客提供服务应当加强服务质量管理，提高销售者的信誉和技能以及对顾客的适应性，为不同的顾客提供不同的服务。

2. 根据顾客对商品的选择程度分类

根据顾客对商品的选择程度分类，零售商品可以分为便利品、选购品、特殊品和未寻求品。

（1）便利品。便利品是指顾客经常购买，而且不愿意花时间作过多比较选择的商品。便利品又可分为日用品、冲动购买品和应急品三种。

1）日用品是指单位价值较低，顾客经常使用和购买的商品，如肥皂、灯泡、电池等。顾客购买日用品的突出要求是随时可以买到，所以他们愿意接受任何性质相同或相似的替代品，并不坚持特定的品牌和商标。面对品牌众多的日用品，顾客常常选择自己熟悉的牌子。

2）冲动购买品是顾客事先并无购买计划，因视觉、嗅觉或其他感官直接受到刺激而临时决定购买的商品，如糖果、风味食品等。利用冲动购买品对顾客感官的刺激是商品促销的重要手段，如玩具的示范表演、风味食品的现场制作等。

3）应急品是顾客紧急需要时所购买的物品，如突降大雨时需要的雨具等。在应急品的经营中，商品布置的可见度对销售影响较大。

（2）选购品。选购品是顾客在购买过程中，愿意花费较多的时间观察、询问、比较选择的商品。这类商品的特点是：价格较高、使用期长，一般为高档商品，如家具、组合音响、服装等。顾客一般愿意到商店集中的地区或有声望的大商场去买选购品。

（3）特殊品。特殊品是具有特定性能、特定用途、特定效用和特定品牌的商品，它有专门的消费对象。常见的特殊品有珍贵邮票、名人字画、舞台戏装等。特殊品由于有特定的消费对象，从而排除了其他商品的竞争。经营特殊品会使经营者获得较大的收益。销售特殊品宜开设专门商店或专柜，并适宜集中经营。

（4）未寻求品。未寻求品是指顾客尚不知道，或者知道但尚未有兴趣购买的商品，如某些刚上市的新产品等。未寻求品的性质决定了零售企业必须加强广告宣传和推销工作，使顾客对这些商品有所了解、发生兴趣，这样便可以吸引潜在顾客，扩大销售。

3. 根据顾客的不同购买习惯分类

根据顾客的不同购买习惯分类，零售商品可以分为日用杂品、日用百货商品、专用品和流行品。

（1）日用杂品。日用杂品是家庭中经常消费的商品。由于顾客购买次数较多，因此购买时要求价格便宜，选择标准一般为方便、坚固、美观，对质量要求不怎么高。顾客一般到附近商店购买日用杂品。经营日杂商品，越接近顾客居住区越好。

（2）日用百货商品。日用百货商品是顾客经常使用和购买的价值较低的商品。顾客对日用百货商品的选择标准是感觉良好和种类丰富。

（3）专用品。专用品是指对顾客具有特定用途的商品。专用品一般价值较高。常见的专用品有体育用品、绘图仪器及金银饰品等。专用品的购买次数少，顾客购买时相当谨慎。专用品的质量要求必须好，价格高些没有关系。由于购买次数少，顾客可以去非常远的地点购买。

（4）流行品。流行品是由于某些因素影响，而在短时期内出现大量需求的商品。流行品的消费在一定时期内表现为一种时尚。在流行期内，价格高些没有问题，而对质量要求也不怎么高，流行品经营的重点是款式漂亮、新颖。

（二）零售商品的结构

零售商品的结构是零售企业在一定的经营范围内，按一定的标志将经营的商品所分成的若干类别和项目，以及各类别和项目在商品总构成中的比重。商品结构是由类别和项目组合起来的。商品结构是否合理，对于零售企业的发展具有重要的意义。

商品经营范围只是规定经营商品的种类、界限，如在经营范围内，各类商品应当确定什么样的比例关系，哪些商品是主力商品，哪些商品是辅助商品和一般商品，它们之间应保持什么样的比例关系。项目组合则要决定在各类商品中，品种构成应保持什么样的比例关系，主要经营哪些档次等级、花色规格等。

在一定意义上讲，商品结构在零售店经营中居于枢纽位置。经营目标能否圆满完成，经济效益能否顺利实现，关键不在于经营范围，而在于商品结构是否合理。商品结构不合理，将直接影响经营效果。

1. 商品结构的分类与内容

零售店经营的商品结构，按不同标准可以分为不同类型：按商品自然种类划分，可以分为商品类别、品种、花色、规格、质量、等级、品牌等；按销售程度划分，可分为畅销商品、平销商品、滞销商品；按商品使用构成划分，可以分为主机商品和配件商品；按价格、质量划分，可以分为高、中、低档商品；按经营商品的构成划分，可以分为主力商品、辅助商品和关联商品等。

（1）主力商品。主力商品是指在零售企业经营中，无论是数量还是金额均占主要部分的商品。一个企业的主力商品体现它的经营方针、经营特点以及企业的性质。可以说，主力商品的经营效果决定着企业经营的成败。主力商品周转快就可以保证企业取得较好的经营成果；反之，就很难完成企业销售目标。因此，企业应首先将注意力放在主力商品的经营上。

零售企业选作主力商品经营的应该是在市场上具有竞争力的商品或品牌、畅销商品。这就要求经营者掌握所经营的主力商品的发展趋势、增长状况和竞争能力，同时还应掌握顾客的需求动向和购买习惯的变化。如果在经营中发现主力商品的某些品种滞销，零售企业就必须及时采取措施加以调整，防止由于某些品种的影响而使销售额下降。零售企业掌握了主力商品的变化情况，也就掌握了经营的主动权。

（2）辅助商品。辅助商品是对主力商品的补充。零售企业经营的商品必须有辅助商品与主力商品相搭配，否则会显得过于单调。辅助商品不要求与主力商品有关联性，只要是企业能够经营，而且又是顾客需要的商品就可以。辅助商品可以陪衬出主力商品的优点，成为顾客选购商品时的比较对象，它不但能够刺激顾客的购买欲望，而且可以使商品更加丰富，克服顾客对商品的单调感，增加顾客光顾率，还可以促进主力商品的销售。

（3）关联商品。关联商品是在用途上与主力商品有密切关系的商品，如录音机与磁带、西服与领带等都是关联商品。配备关联商品，可以方便顾客购买，增加主力商品的销售，扩大商品销售量。配备必要关联商品的目的是适应顾客购买中图便利的消费倾向。这也是现代零售企业经营中的重要原则。

2. 商品结构的完善与调整

零售企业商品结构的完善，主要有两个方面：一方面是完善主力商品、辅助商品和关联商品的结构；另一方面是完善高、中、低档商品的结构。

（1）主力商品、辅助商品和关联商品的配备。一般地说，主力商品要占绝大部分，而辅助商品和关联商品的比重则应小一些。主力商品的数量和销售额，要占商品总量和全部销售额的 70%～80%，辅助商品和关联商品占 20%～30%，其中关联商品应确实与主力商品具有很强的关联性。在经营过程中，如果发现企业商品结构发生变化，则应迅速调整，使之趋于合理。

（2）高、中、低档商品的配备。高、中、低档商品的配备比例，是由零售企业目标消费群的需求特点决定的。在高收入顾客占多数的地区，应以高档商品为主，在低收入顾客占多数的地区，则应以低档商品为主，这样才能满足顾客的需要。

一般来说，以高消费阶层为目标市场的零售企业，可以采取以高档商品、中档商品占绝大多数的政策，其经营比重为：高档商品占 50%，中档商品占 40%，低档商品占 10%。主要面向大众顾客的零售企业，可以采取低档商品、中档商品占绝大多数的政策，其经营比重为：高档商品占 10%，中档商品占 40%，低档商品占 50%。如果以低消费阶层为目标市场，也可按中档商品占 30%、低档商品占 70%的比例配置。

高、中、低档商品结构的配置，受到顾客的消费结构的制约。当消费结构发生变化时，零售企业应相应调整高、中、低档商品的比重。

应当指出，零售企业经营商品的品种中，有相当一部分由于供求的季节性波动而形成周期性的商品交替，这些商品有明显的季节性，所以零售企业要随着季节的不断变更，随时调整商品结构。由于商品的季节性比自然的季节性来得早一些，因此，零售企业应在季节到来之前调整好经营商品的结构。

❓ 课堂思考： 零售商品有哪些分类？

二、零售商品组合

零售商品组合，是指一个零售企业所经营的全部商品的结构。它通常包括若干商品大类，即商品系列。每个商品系列又包括数目众多的商品项目。商品大类是指一组密切相关的商品，这些商品具有替代性、配套性，能满足人们某一类的需要；或者通过同种类型商店销售给相同的顾客群，或者属于同一价格档次。商品项目是指某些商品大类中，不同规格、型号、款式、颜色的商品。

零售企业在经营中，可以专门经营一个商品大类，也可以经营几种不同大类的商品。商品组合的方式不同，会形成企业经营的不同特点。因此认真研究商品组合的策略，对于零售企业开展经营活动具有十分重要的作用。

合理的商品结构体系对于零售企业的经营作用重大。在日本，连锁超市的经营者在某一地区设立分店时，会要求一位店长先举家搬迁到这个区域，实际居住达半年以上。其根本目的就是通过了解地区消费者的消费需求以及该区域内同业的商品结构情况，确立本企业各部门的特性及商品结构。可见，商品结构体系，即商品组合合理与否，直接关系着零售业经营的成败。

（一）零售商品组合策略

1. 多系列全面型

这种策略着眼于向任何顾客提供他们所需要的一切商品，采取这种策略的条件就是企业有能力照顾整个市场的需要。整个市场的含义既可以是广义的，指不同行业的商品市场的总体；也可以是狭义的，即某个行业的各个市场面的总体。广义的多系列全面型商品组合策略就是尽可能增加商品系列的宽度和深度，不受商品系列之间关联性的约束；狭义的多系列全面型商品组合策略，是指提供一个行业内所必须有的全部商品，也就是商品系列之间具有密切的关联性。

2. 市场专业型

这种策略是向某个专业市场或某类顾客提供所需要的各种商品，例如，以建筑业为其商品市场的工程机械公司，其商品组合就应该由推土机、压路机、载重卡车等商品组成。旅游公司的商品组合就应考虑旅游者需要的一切商品或服务，如住宿服务、饮食服务、交通服务以及旅游者所需要的物品，包括纪念品、照相器材、文娱用品等。这种商品组合策略不考虑各商品系列之间的关联程度。

3. 商品系列专业型

这种策略是指零售店专注于某一类商品的销售，将该类商品推销给各类顾客。例如，某汽车制造厂的商品都是汽车，但根据不同的市场需要，可设立小轿车、大客车和运货卡车三种商品系列以适合家庭用户、团体用户及工业用户的需要。

4. 有限商品系列专业型

采取这种商品组合策略的零售店根据自己的专长，集中经营有限的甚至单一的商品系列，以适应市场需要。如有的汽车制造厂专门生产作为个人交通工具的小汽车，不生产大客车、运输卡车以及其他用途的车。

5. 特殊商品专业型

零售店根据自己的专长生产某些具有优越销路的特殊商品项目。这种策略由于商品的特殊性，所能开拓的市场是有限的，但是竞争的威胁也很小。

6. 特殊专业型

采用这种商品组合策略的零售店，是凭借其拥有的特殊销售条件提供能满足某些特殊需要的商品。这种商品组合策略由于其商品具有突出的特殊性常能避免竞争威胁。

（二）零售商品组合的原则

商品组合首先必须明确商店定位和商品定位，如经营超市还是便利商店，是单体经营、店中店还是连锁店，主要的目标顾客是谁，等等。

商品组合的基本要求是与公司的经营定位和整体形象相一致，既能满足消费者的要求，又能为企业带来利润。具体应坚持以下五项原则。

1. 商品化原则

商品化是指将生产制造商和供货商所提供的产品转化为经营商品的过程。商品化过程必须满足消费需求和商品销售要求。我们通常可以将初次生产出来的物品统称为产品，如农产品、水产品、畜产品，经过加工过程生产出来的产品称为制品。无论是产品还是制品，都必须经过商品化过程，才能更有效地被消费者所接受。同时，商品化过程也能提高商品的附加价值。

2. 品种齐全原则

由于顾客日益强调节约时间和"一次购足"的观念，所以企业在确定物品组合时一定要尽可能地扩大经营品种，使顾客能一次性买齐所有日常必需的物品。同时应密切关注政策动向及消费潮流，不断调整品种结构，导入新品。另外，产品齐全不仅仅是数量品种问题，还必须考虑各种品牌及其知名度，以及各种规格和各种品质商品的相互配合问题。

3. 重点商品原则

产品不断开发，品种无限增加，而门店的营业面积总是有限的，所以对经营商品的品种必须优选，把销售额大、顾客必需的商品作为重点商品，进行重点管理。常用的重点商品管理方法是 ABC 分类管理法。其操作步骤是：

第一，将各种商品按金额大小顺序排列，计算出各类商品的金额比重和品种比重（单项比重和累计比重）。

第二，划分类别。A 类商品金额比重为 70%～80%，品种比重为 5%～10%；B 类商品的金额比重和品种比重为 10%～20%；C 类商品的金额比重为 5%～10%，品种比重为 70%～80%。

第三，分类管理。A 类商品是重点商品，应实施重点控制，定时定量采购，经常检查每个品种的存储情况，及时进行调整，减少不必要的库存；C 类商品可以采用较简单的办法加以控制，如采用固定采购量，适当减少采购次数；B 类商品可实行一般控制，分大类进行管理。

4. 商品群原则

商品群是店铺经营商品的战略单位，做好商品群的策划工作能提升商店的形象，稳定客源。商品群可按商品属性来划分，如大分类、中分类、小分类等，但这种划分很难树立经营特色。所以零售商店的商品群应主要根据消费者的需求来进行划分，并要提出一些新的概念。例如，礼品、熟食、火锅料理等都可以作为商品群，但如果能对这些商品群赋予新的概念，其销售效果就可能会更佳。如礼品商品群可提供"太太生日礼品""丈夫生日礼品""情人节节日礼品"等多种概念。日本有一家超市将水产按烹调方法分为蒸、烤、煮、生食等类，结果销售业绩有明显提升。在商品日益丰富的今天，消费者对产品的选择往往无所适从，这就需要经营者对消费者予以适当的引导，用新概念、新组合来带动商品的销售。

5. 利润导向原则

利润导向是指商品经营应考虑增加利润的途径。但强调利润导向并不是不考虑供货商、消费者及员工的利益，相反，应坚持"先义后利、顾客第一、利润第二"的原则。可考虑通过以下途径增加利润：第一，以零售价决定采购价，在引进新品之前要先问清顾客愿意付多少钱；第二，适当减少品项，以减轻库存压力；第三，新品上市可适当收取上架费，但此法容易引起矛盾，应谨慎采用；第四，要求厂商将某些产品当作特价品；第五，不要惜售，尽可能按薄利多销的原则来销售商品。

（三）最佳商品组合

商品组合策略只能从原则上提供商品组合的基本形态。由于市场环境和竞争形势的不断变化，商品组合的每一个决定因素也会不断发生变化，商品组合的每一个具体商品项目也必然会在变化的市场环境下发生分化：一部分商品获得较快的成长，并持续取得较高的利润；另一部分商品则可能趋向衰落。因此，零售店面临一个不断根据形势变化调整商品组合，在变动的形势中寻求和保持商品组合最佳化的问题。如果不重视对商品组合的经常调整，不重视新商品开发和过时商品的淘汰，则原有的商品组合必将逐渐出现不健全和不平衡的现象。因此，每一个零售店都应经常分析自己商品组合的状况和结构，判断各商品项目在市场上的生命力，评价其发展潜力和趋势，不断地对原有的商品组合进行调整。

评价商品项目优劣的标志很多，归纳起来主要有以下三个，即发展性、竞争性和盈利性。

1. 发展性

根据商品生命周期理论，处于生命周期的成长期和成熟期初期阶段的商品，具有良好的发展前途，而处于成熟期后期或衰退期的商品则已不具备这方面的优势。评价商品的发展性应超越零售店的范围，根据不同商品所处行业的全部情况进行评价。表示商品发展性的指标主要是行业销售增长率。

2. 竞争性

竞争性表明商品在满足顾客需要方面所具有的实力，具体表现在：商品的市场占有率、质量、价格、成本、商标、包装、服务等一系列的综合能力。上述各种指标中，又以市场占有率最具有综合的代表性。

3. 盈利性

由于经济收益既受商品经营管理水平的影响，又受其他因素的影响，因此表现这一特性的指标较多，主要有：利润额、成本利润率、资金利润率、资金周转率等。其中资金利润率具有综合性的特点。

零售店所追求的最佳商品组合，只能是在一定市场环境和零售店的自身条件情况下，以及在可以预测的变动范围之内，能使零售店获得最大利益的商品组合。这种商品组合中必然包括：目前虽不能获利，但是有良好发展前景的商品；目前已达到高盈利率、高成长率和高占有率的主要商品；目前虽然仍有较高的利润率而销售增长率已趋于降低的维持性商品；已经决定逐步收缩其投资，做战略转移，最终要退出市场的商品。

（四）商品组合优化方法

对于经营商品项目众多的零售店来说，最佳商品组合决策是一个十分复杂的问题。许多零售店在实践中创造了不少有效方法。系统分析方法和电子计算机的应用，为解决商品组合优化问题提供了良好的前景。下面介绍几种经过实践证明了的行之有效的方法。

1. 商品环境分析法

商品环境分析法是把零售店的商品分为六个层次，然后分析研究每一种商品在未来的市场环境中的销路潜力和发展前景，其具体内容有：

（1）目前零售店的主要商品。零售店根据市场环境，分析其是否会继续发展。

（2）零售店未来的主要商品，一般是指新商品投入市场后能打开市场销路的商品。

（3）在市场竞争中，能使零售店获得较大利润的商品。

（4）过去是主要商品，而现在销路已日趋萎缩的商品。零售店应决定是采取改进的对策还是缩小或淘汰的决策。

（5）对于尚未完全失去销路的商品，零售店可以采取维持或保留的决策。

（6）对于完全失去销路的商品，或者经营失败的新商品，一般应进行淘汰或调整。

2. 商品系列平衡法

商品系列平衡法是国外比较流行的一种商品组合优化方法。它是把零售店的经营活动作为一个整体，围绕实现零售店目标，从零售店实力（竞争性）和市场吸引力（发展性）两个方面，对零售店的商品进行综合平衡，从而做出最佳的商品决策。

商品系列平衡法可分为四个步骤进行：

（1）评定商品的市场吸引力（包括市场容量、利润率、增长率等）。

（2）评定零售店实力（包括综合生产能力、技术能力、销售能力、市场占有率等）。

（3）做商品系列平衡象限图。

（4）分析与决策。

3. 资金利润率法

这是以商品的资金利润率为标准对商品进行评价的一种方法。资金利润率是一个表示商品经济效益的综合性指标，它既是一个表示盈利能力的指标，又是一个表示投资回收能力的指标。它把生产一个商品的劳动耗费、劳动占用和零售店的经营管理成本结合在一起，可以综合反映零售店生产和经营两个方面的经济效益。这种方法即把商品资金利润率分别与银行贷款利率、行业的资金利润率水平，同行业先进零售店商品的资金利润率或零售店的经营目标及利润目标相对比，达不到目标水平的，说明盈利能力不高。零售店还可以把各种商品（或系列商品）的资金利润率资料按零售店经营目标及标准进行分类，结合商品的市场发展情况，预测资金利润率的发展趋势，从而做出商品决策。

？课堂思考： 说出常见的商品组合优化方法。

案例研究

没有卖不好的商品，只有不合理的商品结构

某连锁超市企业在广东新开了一家门店，该店商圈包括一个大型居民区和一个典型的城中村——外地大学毕业生到广东找工作时的租屋集中地。

这家门店在生鲜商品经营上遇到了一个麻烦事——生鲜品中初级产品的销售还不错，但是不管他们怎么调整价格、怎么促销、怎么活性化卖相（生动化），生鲜品中的加工制品，特别是熟食和面包的销售一直很不理想。

店长特纳闷："我们的熟食都是按照家庭主妇的口味制作的啊，而且促销时段也选择在下午4:00—6:00的晚市，商品出炉时间控制在4:00左右，商品新鲜，怎么还是不行？"

在现场诊断中，当我们问该门店的目标顾客是谁时，该门店几乎所有的管理人员都很清楚：是家庭主妇。而当我们问到熟食类商品的核心目标顾客是谁时，开始出现五花八门的答案。

其实，只要门店管理人员愿意花些时间在收银台或熟食柜前观察顾客的购物篮的话，就会发现该门店里的熟食主流顾客并不是家庭主妇，而是以单身人士、学生、双职工等年轻人为主。

从该店商圈分析来看，其熟食的主流目标顾客应是那些到广东寻梦的大学生，他们住在出租屋里，很少做饭或者不做饭，刚毕业不久工作非常卖力，每天下班时间基本在下午6:00以后……

在找准该类商品的目标顾客——外地大学生群体后，该店的熟食类商品构成与营销可做以下调整：

（1）商品构成以满足广东家庭主妇为核心的"广式口味"，转变成以满足外地大学生群体为核心的"全国风味"——湖南风味、四川风味、潮州卤水、东北炖菜……具体操作方式可采取联营抽成等方式，以弥补自身厨师的不足（这一点可以借鉴大学风味食堂）。

（2）商品构成以满足家庭主妇为核心的大包装、大克数，转变成以满足年轻人为核心的小包装、即食性包装为主。

（3）商品出炉时间由以满足家庭主妇为核心的下午4:00左右，转变成以满足这些年轻人为核心的下午6:00左右，以使得这些目标顾客一到卖场就能买到新鲜出炉的商品。

（4）时段促销商品调整，由半成品配菜、大包装促销品转化为以即食性小包装促销品为主并免费提供一次性手套服务……

经过系列商品与营销构成的调整，该店的熟食部由原来的滞销部门成为整个门店的领头羊，同时有效地带动了其他相关联商品的销售。

案例解析：没有卖不好的商品，只有不合理的商品结构。当我们在抱怨某品类商品不好卖时，我们有没有设身处地考虑过：是否该品类的目标顾客定位本身就错位了呢？目标顾客与商品构成定位原本就是"双胞胎"，一错百错，多米诺骨牌效应由此而来。

任务二 商品采购与验收

商店要为目标顾客提供其所需要的商品，若找不到这类商品，就应设法创造这类商品。

任务情境

马狮集团是以廉价货摊发展起来的百货连锁企业，于 1894 年成立，目前已成为在全球拥有 600 家商店、65 000 多名雇员、年营业额达 72 亿英镑的跨国零售企业集团。

马狮集团有一条重要的宗旨："为目标顾客提供其所需要的商品，若找不到这类商品，就应设法将它创造出来。"正因为如此，马狮集团一方面尽其最大的努力来采购顾客所需要的产品，另一方面则向生产领域渗透，自己来设计和开发新的产品，以充分满足顾客的各种需要。

马狮集团在这方面的做法是：由商店从顾客中收集对于商品的意见和要求，由马狮集团的技术开发部门进行产品的创意和设计，然后交制造商进行生产和制作，最后再通过马狮集团的销售系统进行分销。

马狮集团最具有特点的做法是，其并不是一般意义上的品牌监制，而是真正的产品开发。马狮集团总部雇有 350 多名技术人员，负责新产品的开发设计和对生产过程的监察。但是马狮集团并不自己投资建厂，而是将所设计的产品交由制造商生产，所以被称为"没有工厂的制造商"。如在第一次世界大战期间，许多妇女进入工厂或作坊工作，产生了对穿着轻便服装的需求，而一直未有服装厂大量生产和提供这样的服装，马狮集团根据市场的需求，主动设计和开发了这类服装，并指导制造厂家大批量生产，向市场提供了品质全新、手工精巧、价格实惠的女式轻便服，满足了市场的需要，从而也使公司获得了相应的利益。这在商业的品牌建立和拓展中是独树一帜的。

思考：马狮集团在商品采购方面有哪些特色？

知识精讲

一、商品采购的功能及原则

商品采购是指为保证销售需要，通过等价交换方式取得商品资源的一系列活动过程，包括确定需求、发掘货源、选择供应商、交易条件的谈判、签发购货合同、督促供应商、处理纠纷等。

（一）商品采购的功能

商品采购就好像是制造企业的产品生产一样，是经营活动的开始。做好商品采购工作对零售商具有重要意义。

1. 开发新商品，开发新供应商

零售商品采购的主要功能是开发新商品，开发新供应商。随着社会经济发展和人们收入水平的提高，消费者需求呈多样化趋势，消费者对商品的要求越来越高。在买方市场条件下，作为流通业主导者的零售企业，应主动承担起引导消费、引导生产的重任，积极开发新的供应商、新的产品，不断适应消费者需求的变化，更好地满足消费者的需要。

2. 淘汰滞销商品，淘汰不良供应商

为更好地适应消费需求的变化，也为了更有效地利用有限的卖场空间，提高销售业绩，零售采购部门在开发新商品的同时，必须认真做好滞销商品的淘汰工作。具体如下：

（1）及时发现那些销路不佳的代销商品、处于衰退期的商品或虽在经销但销售业绩不佳的商品，尽快与供应商联系，及时退货，及时中断订货。

（2）对那些存在质量问题（如卫生、安全、包装等不合格）的商品要尽早停止订货与供货。

（3）对违反采购合同、信誉不良的供应商要毫不留情地予以淘汰。

3. 控制采购货款

虽然支付货款最终由零售企业财务部门实施，但货款支付的时间、数量等其他交易条件应根据采购合同的条款，在采购部门控制下执行。

（二）商品采购的原则

零售企业组织商品采购时，应遵循以下原则和要求。

1. 以需定进原则

零售企业采购商品是为了把它销售出去，在满足消费需要的同时，获取一定的收益。因此，零售企业在进行采购活动时，应充分考虑市场需求，根据市场需求情况来决定进货。以需定进原则就是为保证采购的商品符合消费者的需要，从而做到"适销对路"。

坚持以需定进原则，可以有效地避免盲目采购。这就需要零售企业在购销过程中，结合本企业的实际和各种商品的不同特点，认真研究市场需求态势，分别采用不同的购、销策略，以求得购、销与市场需求的动态平衡。

2. 保质保量原则

保质，即要保证商品质量。对于商品质量可以从狭义和广义两个方面来理解。狭义的商品质量是指商品品质即商品的内在质量，它是指商品与其规定的标准技术条件的符合程度，以国家标准、行业标准、企业标准或订购合同中的有关规定作为最低技术条件。广义的商品质量是指商品的适应性，即商品在一定实用条件下，适合于其用途所需要的各种自然特性的综合及满足使用者需求的程度。保证商品质量应该从这两个方面来把握。

保量，即采购的商品数量要合适。采购数量并不是越大越好。采购量超过实际的销售需要，会导致商品周转速度下降，滞销品种比重增大，占压库存和资金，减少畅销品种，增加日常作业负担，增大运输和保管费用；反之，如果采购数量不足，导致商品脱销断档，则会丧失销售机会，给顾客造成缺货、品种不丰富的印象，丧失顾客，减少客流量。

采购数量主要指采购总量、商品结构、采购批量三个方面。确定采购总量首先必须把握销售变动趋势和库存状况。确定商品结构首先要考虑主力商品和辅助商品的比例；其次要根据消费者的特点，考虑同类或同种的不同花色、不同规格、不同品质和不同档次的比例；最后还要考虑大众性商品、时尚性商品、时效性商品、特殊性商品的比例。采购批量是指一次采购量，企业应当选择采购费用等于存储费用时的采购批量，即最佳经济采购量。

3. 勤进快销原则

勤进快销是加速资金周转、避免商品积压的重要条件，也是促进经营发展的一个根本性措施。零售企业必须利用本身有限的资金来适应市场变化的需求，以勤进促快销，以快销保勤进，力争以较少的资金占用，经营较多、较全的品种，加速商品周转，做活生意。

当然，"勤"并非越勤越好，它必须在保证企业经济效益与社会效益的前提下，加快销售速度。

4. 经济核算原则

经济核算的目的是要以尽可能少的资金占用和劳动消耗，实现尽可能多的劳动成果，取得好的经济效益。零售企业组织商品的进货和销售，涉及资金的合理运用，物资技术设备的充分利用，合理的商品存储、运输、人员安排等事项。购销差价包含着企业经营商品的费用、税金和利润三者之间此消彼长的关系。因此，零售企业从进货开始，就要精打细算，加强经济核算，以收入抵补尽可能少的一切支出，以保证获得最大的经济效益。

5. 信守合同原则

在商品经济条件下，运用经济合同，以法律形式确立商品买卖双方达成的交易条件，维护双方各自的经济权力和应承担的经济义务，以及各自的经济利益，保证企业经营活动能够有效地进行，已成为企业经营的基本原则。零售企业在采购活动中要信守合同，就是要保证合同的合法性、严肃性、有效性，更好地发挥经营合同在企业经营中的作用，树立企业的良好形象，协调好零售企业与商品供应者和商品需求者之间的相互关系，协调零售企业与信息服务企业、金融企业之间的关系。保证企业购销活动的顺利进行，促进企业经营的发展。

零售企业在进行采购活动时，除应遵循以上原则外，还必须以市场需要和企业经济效益为依据，做到价格合理、货源顺畅、时间合适、交货及时、文明经商。

？课堂思考：做好商品采购工作对零售商具有什么意义？

二、商品采购方式

零售企业在经营活动中，应当根据企业本身经营的任务，以及规模大小、经营范围、专业化程度等情况，选择适当的采购方式。根据不同的划分标准，零售商品采购方式的分类方法有以下几种。

（一）按采购地区分类

1. 国外采购

国外采购是指零售企业向国外供应商采购商品，通常指接洽国外供应商或通过本地的代理商来采购。国外采购可以采购到许多新奇特的商品，同时可以制衡国外采购的价格，且通常采取延期付款的方式，买方将因本币升值而得到外汇兑换利益。另外，国际性企业的规模较大，产品品质也比较精良。不过，国外采购由于文化、语言的隔阂以及时空的差距，加上进口管制手续繁多，交货过程复杂，采购效率很低，对安全存量的要求较高；并且一旦发生交货纠纷，索赔非常困难，对于紧急交货的要求，通常也无法配合。国外采购适用于价格比国内低廉的商品，以及国内无法制造或供应数量不足的商品。像世界零售巨头沃尔玛的国外采购数量就非常巨大，光在我国一年就采购几十亿美元的商品。

2. 国内采购

国内采购是指向国内的供应商采购商品，通常无须动用外汇。它的优缺点基本上与国外采购相反，特别适用于政府管制进口的商品，以及需求量很小的外国制品。当国内、国外采购品质与价格相同时，因为国内采购的安全存量较低，交易过程简单，售后服务比较迅速，就以国内采购优先。

（二）按采购方式分类

1. 直接采购

直接向制造商进行采购，是零售企业最主要的采购方式。它既可以免去中间商的加价，也可以避免中途调包影响品质的事件。供应商通常有生产进程安排，交货日期比较确定，为维护产品信誉，售后服务也比较好。况且制造商因投资规模庞大，不会因业绩下降或无利可图而停业，与其来往可建立长期的供需关系。不过，制造商通常只接受为数可观的大订单，直接采购者数量有限就无法进行；且由于直接采购的量值很大，有时制造商会要求预付定金或担保人担保等手续，交易过程复杂。

2. 间接采购

间接采购即零售企业通过中间商如批发商、代理商及经纪人等采购商品。零售企业间接采购有时候也是必需的，因为许多中小制造商大都会选择一个总代理商销售其产品，而许多国外产品进入他国市场也大多靠代理商进行推销。间接采购的优缺点基本上与直接采购相反，因此比较适合于与中小制造商的零星交易，并以标准化商品为限，因为中间商没有能力接受零售企业的定制，或修改经销商品的外观或功能。

3. 委托采购

委托采购即零售企业委托中间商进行采购，如委托代理商采购等。

4. 联合采购

联合采购在国内还不盛行，而在国外则非常流行。它一般指中小零售商为了取得规模采购的优势，而进行的一种合作采购的方法。联合采购就是汇集同业的零售商共同向供应商订购，因采购数量庞大，价格特别优惠；各零售商业因为与同业联合采购，彼此之间建立了一定的合作基础，有助于平时交换情报，提高采购绩效。但是联合采购由于参与厂商太多，作业手续复杂，在数量分配及到货时间问题上，常常引起许多争端。企业也可能利用联合采购，进行"联合垄断"，操纵供应数量及市场价格。总之，联合采购适合买方势单力薄，以及进口管制下发生紧急采购的情况，此时采购数量比较小，因此唯有"积少成多"，才能引发供应商报价的兴趣，增加买方谈判的筹码。

（三）按与供应商交易的方式分类

1. 购销方式

购销方式又称"经销"或"买断"方式，即在零售企业计算机系统中记录详细的供应商及商品信息，结账时，在双方认可的购销合同上规定的账期（付款天数）到期后的一个"付款日"，准时按当初双方进货时所认可的商品进价及收货数量付款给供应商。零售企业的绝大部分商品基本上均以购销方式进货。

2. 代销方式

有极少部分商品零售企业会以代销方式进货。代销方式即在零售企业的计算机系统中记录详细的供应商及商品信息，在每月的付款日准时按"当期"的销售数量及当初双方进货时所认可的商品进价付款给供应商。没有卖完的货品可以退货给供应商。代销商品的库存盘点差额通常是由供应商来承担的。

3. 联营方式

有少部分商品（如服装、鞋帽、散装糖果、炒货等），企业会以联营的方式进货，即在计算机系统中记录详细的供应商信息，但不记录商品详细的进货信息，在结账时，财务部在每月的付款日（或在双方认可的购销合同上规定的付款日）在"当期"商品销售总金额上扣除当初双方认可的"提成比例"金额后，准时付款给供应商，此时联营商品的"退换货"及"库存清点"差异都是由供应商来承担的。

（四）按采购价格方式分类

1. 招标采购

零售企业将商品采购的所有条件（商品名称、规格、品质要求、数量、交货期、付款条件、处罚规则、投标押金、投标资格等）详细列明，刊登公告。投标供应商按公告的条件，在规定时间内，缴纳投标押金，参加投标。在招标采购方式中，按规定至少要有三家以上供应商从事报价，投标方可开标，开标后原则上以报价最低的供应商中标，但中标报价仍高过标底时，采购人员有权宣布废标，或征得监办人员的同意，以议价方式办理。

2. 询价现购

零售企业采购人员选取信用可靠的供应商，讲明采购条件，询问价格或寄送询价单并促请对方报价，比较后现价采购。

3. 比价采购

零售企业采购人员请数家供应商提供价格，从中加以比较后，确定供应商进行采购。

4. 议价采购

零售企业采购人员与供应商经过讨价还价后，议定价格进行采购。一般来说，询价、比价和议价是结合使用的，很少单独进行。

5. 公开市场采购

零售企业采购人员在公开交易或拍卖时，随时机动地采购，因此大宗商品或价格变动频繁的商品常用此法进行采购。

三、商品采购流程

商品采购流程一般为：选择商品及供应商、洽谈交易条件、签订购货合同、处置商品。商品采购流程如图 5-1 所示。

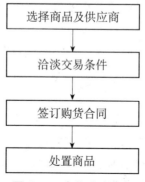

图 5-1　商品采购流程

(一) 选择商品及供应商

采购人员应根据企业的采购计划，按照一定的标准，如商品的特色、企业的经营状况与财务状况、商品生产能力、组织和运输能力以及在流通业中的交易关系等，选择商品。

通常，采购人员采购一种商品时往往会有许多供应商，这就需要选择供应商，并且要供应商明白零售企业的采购流程；选择供应商时应考虑相应的准则，如供应商的可靠性、价格质量、订单处理时间，以及提供的服务、信息、保证和长期关系、风险等。

此外，采购人员还应审查供应商的报价及相关证件，亲自到市场上了解同类产品的价格，与供应商报价进行比较；同时也应审查供应商的各种证明材料，以便对其各种情况进行调查、评估。

(二) 洽谈交易条件

采购人员与供应商洽谈交易条件的内容主要有：质量、包装、价格、订购量、折扣、付款天数、交货期、送货条件、售后服务保证、退换货、促销活动、广告赞助等。

(三) 签订购货合同

在所有交易条件都谈妥后，采购人员报企业采购部门批准后，就可以签订订货合同，其条款主要包括：采购商品的质量、品种、规格、包装等；采购总量、批量等；交货时间、频率、地点，保质期、验收方式等；退货条件、退货时间、地点、方式以及退货费用分摊等；促销保证、促销组织配合、促销费用承担等；价格及价格折扣优惠等；付款期限、方式等；售后服务保证等。上述谈判内容加上违约责任、合同变更与解除条件及其他必备内容就构成采购合同的所有条款。

(四) 处置商品

在这个阶段，企业从实体上处置采购的商品，涉及的作业包括商品验收、入库、打贴价格标签和存货标记、上架陈列、清点现场商品数量和品种、完成顾客交易、安排送货、处理退货和残损商品、监视偷窃及商品交易过程的控制等。

？ 课堂思考： 商品采购的流程是什么？

四、商品采购管理

(一) 商品采购管理的基本内容

商品采购管理是零售企业为了达成销售计划，在确保质量的情况下，在适当的时期，以适当的价格，从适当的供应商处购入必需数量的商品所采取的一切管理活动。

1. 选择适当的供应商

采购最怕的就是选错供应商。因此，采购管理的工作原则之一，就是如何慎重选择合格的供应商，以建立平等互惠的买卖机会，维持长期合作的交易关系。

2. 选择适当的品质

一般而言，品质以适合、可用为原则。品质太好，不但购入成本会偏高，甚至会造成使用上的困难与损失。

3. 选择适当的时间

采购的时间不宜太早也不宜太晚。太早会造成堆积存货，占用仓储面积；太晚则会导致商品脱销，顾客流失，影响零售企业的形象。在"零库存"的观念下，适时采购、及时交货是最理想的采购模式。

4. 选择适当的价格

价格应该以公平合理为原则，避免购入成本太高或太低。如果采购价格过高，企业将负担额外的成本，丧失商品的竞争力。反过来，如果采购价格过低，供应商将被迫偷工减料，造成"价廉、质次"，企业将无法顺利将商品销售出去。另外，如果供应商无利可图，其交易意愿就会低落，买方可能就少了一个供应来源。

5. 选择适当的数量

采购的数量不宜太多或太少，应避免"过犹不及"。因为采购数量太大，一旦商品需求降低，将造成商品积压，如果商品推陈出新，则过时的商品难以卖出去。反过来说，如果采购数量太少，则增加作业次数，就会提高采购成本，或不利于供应商送货，贻误商机。

（二）商品采购管理的重点

1. 定位管理

定位管理是使商品按照卖场配置及商品陈列表的规定"各就各位"，以创造最佳的业绩。商品的位置好比商品的住址，如果能够充分掌握，对进、销、存管理及分析将大有益处。否则，商品将"居无定所"，不但影响订货、进货，更容易造成缺货，使顾客不满，进而导致销售分析的失真，影响商品决策。所以采购人员对商品在卖场中的实际陈列位置，应随时加以了解。

2. 数字管理

商品是用以创造业绩和利润的，因此卖场内的商品必须是易卖又易赚钱的畅销品。而衡量商品好坏的指标有以下几项：

（1）销售量。最容易判断商品销售好坏的指标是销售量，通常在一段时间内（一个月或三个月）没有销售交易的商品即为滞销，应优先考虑淘汰。

（2）回转率。回转率＝平均销售额÷平均存货额，而平均存货额＝（期初存货额＋期末存货额）÷2。从商品回转率的高低，可判断其销售的快慢，并作为淘汰与否的参考。企业的商品回转率以每月或每季计算，正常的回转率为每月4次（即商品每周约回转1次）。不过，目前国内很多零售企业的商品回转率为1～2次，若商品回转率在1次以下，即可列为优先淘汰的商品。

（3）交叉比率。交叉比率＝回转率×毛利率×100，通常以每月或每季为计算期间。以交叉比率衡量商品好坏，只是基于商品对店铺整体贡献的多少，所以应同时考虑销售快慢及毛利高低等因素，才有客观性。国外零售业的标准交叉比率为100以上，而目前国内商品的交叉比率为30～50，若交叉比率在30以下，则可列为优先淘汰商品；反之，则应加强商品交叉比率高的商品采购，以扩大企业整体利益。

3. 品质管理

目前零售企业的经营品种中食品占很大比重，所以品质好坏将影响到顾客健康及企业形象。在食品采购方面，采购人员除应定期与不定期到分店或供应商处检查商品品质之外，更应指导卖场人员了解商品知识，共同做好商品管理工作，以达到商品评估办法的规定。

？课堂思考： 商品采购管理的基本内容是什么？

 **课堂延伸**

沃尔玛的采购管理

沃尔玛是全球最大的零售企业，在2023年世界500强排名中名列第一。1962年，山姆·沃尔顿及其兄弟在阿肯色州的罗杰斯开办第一家沃尔玛折扣店时所提出的极具特色的经营理念——"以低廉的价格、热情的服务招徕小城镇的美国人"成为沃尔玛的灵魂。随着规模的扩大，沃尔玛的经营理念和营销策略得到进一步完善。沃尔玛能取得如此巨大的成功，与其科学的采购管理密不可分。下面就沃尔玛的采购管理做专门的介绍。

一、商品采购哲学

1. 一站式购物

沃尔玛的采购重点就是尽量给顾客提供一个一次性购足商品的机会。公司的采购员负责将顾客最需要的商品采购到店里来。

2. 商品采购重点

（1）寻找最畅销的商品。采购员采购商品时必须寻找他所在部门最好、最畅销的商品。

（2）寻找新颖、有创意、令人心动的商品。采购员要与供应商合作，寻找具有创意、令人心动的商品，造成一种令人高兴、开心和动心的效果。

（3）寻找能创造价值的商品。采购员要积极去寻找，去发现高质量的商品。而这些商品必须提供一种最好的价格，这种价格要反映商品的最大价值。只有这样才能获取顾客的信任。

3. 高素质的人能够造就优秀的商人

沃尔玛的创始人山姆·沃尔顿说过，高素质的人能够造就优秀的商人，因此要积极寻找高素质的人，去培养他们，使他们成为好的商人，而好的商人才能够把好的商品采购到店里来。沃尔玛公司的经营哲学和政策之一就是寻找高素质的人，给他们提供机会、培养他们，让他们将好的商品采购到商店里来，为公司创造利润。

二、采购部门的主要工作职责

1. 采购总监的工作职责

（1）负责几个部门的采购；（2）监管所有的采购决定；（3）负责制订销售计划和毛利预算，对商场的毛利、销售额预算负全面责任；（4）指导部门采购经理，并依靠部门采购经理完成预算。

2. 部门采购经理的工作职责

（1）负责本部门的毛利率和销售额的预算；（2）指导采购员并依靠采购员完成每年的毛利和销售额的任务；（3）发展与供应商的业务关系。

3. 采购员的工作职责

（1）建立商品种类计划的采购员负责把商品采购进来并出售，一旦商品进来就成为一种义务，因此采购员采购商品时一定要小心、慎重、有选择性，不能掉以轻心。（2）负责季节性商品促销活动的采购员应提前详细制订好计划，以备在节假日或一些促销季节使用。对于选择促销商品，使用什么方式，如何进行，采购员都要充分进行考虑，和供应商商议出一个好的促销方式、促销价格和最佳时间。（3）负责库存管理的采购员，一是要了解，观察自己采购商品的库存情况；二是要尽力增加库存与付款的对比额，最终提高商品销售的速度和资金的流通率。（4）负责竞争对手（同行）调查的采购员应牢记一点：竞争对手是自己最好的老师。不仅要知道自己采购商品的销售情况，而且要了解对手采购同一商品的销售情况及价格等，做到知己知彼。（5）负责商品综合分析的采购员对自己采购商品的销售情况要负责分析：哪些好卖，哪些不好卖，不好卖的原因是什么，采取什么措施解决等。

4. 采购助理的工作职责

采购助理协助采购员进行正常的营运性工作，处理一些文书，并协助采购员做一些必要的采购决定。他们是采购员的后备力量，也是公司培养采购员的一种方式，工作需要时他们可以晋升为采购员。

总之，采购部门的工作职责是层层负责，采购员要对部门采购经理负责，部门采购经理要对采购总监负责。

三、采购部门的工作内容

（1）深圳沃尔玛购物广场采购部门按商品种类分为三个部门：一是非食品部，主要有五金、电器等；二是成衣部，主要有服装、床上用品及鞋类等；三是食品部，包括所有的食品、生鲜商品等。三个部门各自负责自己采购商品的销售和毛利。在做出商品采购决定前，每一位采购经理和采购员都要认真分析，研究哪些商品在店里是最好销的，在考虑好销的同时还要考虑毛利率。毛利率和销售额二者都要兼顾。

（2）选择性商品的采购决定。根据80/20原则，就是说80%的销售额是由20%的商品创造的，为此采购员要做的事情就是分析这20%的商品是什么，并研究如何提高这20%商品的销售额。

（3）最低价位。在沃尔玛公司，最低价位是常用的概念。采购员应该去发现他所负责的商品从价格角度来讲哪一种是最便宜的，最具竞争力，并使顾客了解到他想买的商品在沃尔玛都有。

（4）让供应商帮助选择商品组合。这是沃尔玛常用的方式。将有关信息提供给供应商，并利用供应商对某一类商品熟悉、了解的优势，帮助沃尔玛进行商品组合。经过分析研究，沃尔玛决定哪些商品要从货架上拿下来，而使别的商品上来。这样沃尔玛也与供应商建立了一种坚实、良好的合作关系。

五、商品采购的验收

商品采购的验收是指根据采购合同对商品进行查验收货。验收是零售企业商品周转的第一步。一个完整的验收流程包括收货作业、检查作业和质量识别作业。

（一）收货作业

商品的收货作业主要包括收货部的作业、仓台人员的作业以及卸货人员的作业等。

1. 收货部的作业

收货部的作业主要包括：接收电话预约、打印收货单、收货单交仓台主管、单据回收、核对收货单据、输入电脑打印、核对每日收货报告、单据的处理归档、作废收货单的处理、不能扫描的商品处理等。

2. 仓台人员的作业

仓台人员主要负责接收供应商的商品，他们必须严格遵守工作时间，服从统一安排。仓台人员的作业主要包括：卸货、核查商品、安排商品、管理收货用品等。

3. 卸货人员的作业

卸货人员在卸货之前首先必须明确供应商所送货物是不是企业所订货物。如果不是，应通知收货办公室员工，并与采购员联系，或直接与供应商联系。卸货人员的作业主要包括：填写核查单、检查货车情况、进行卸货、堆放货物等。

（二）检查作业

1. 检查车辆情况

这一点对于冷冻或冷藏食品尤其重要。

2. 依商品标示规定检查商标

食品的标示，是指标示于食品、食品添加物和食品洗洁剂的容器、包装或说明书上的品名、说明文字、图画或记号。其标示的事项应包括：

（1）有容器包装的食品、食品添加物和食品洗洁剂，应在容器或包装上用中文及通用符号显著标示下列事项：品名，内容物名称及重量、容量或数量，食品添加物名称，制造厂商名称、地址，制造日期，以及其他经主管机关公告指定的标示事项。

（2）对于食品、食品添加物和食品洗洁剂的标示，不得虚夸或易使人误认为有医药的效能。

（3）国内制造者，其标示如兼用外文，其字样不得大于中文。

（4）有国外进口者，由进口单位在销售前依规定加中文标示。

（5）经改装分装者，应标示改装者或分装者的名称及地址。

（6）食品、食品添加物和食品洗洁剂经各级主管机关抽样检验者，不得以其检验的结果作为标示、宣传或广告。

（7）对于食品、食品添加物和食品洗洁剂，不得借大众传播工具或他人名义，播放虚假、夸大、捏造事实或易生误解的宣传或广告。

3．检查标示日期

检查标示日期是否即将过期或已过期，并做出相应处理。

4．检查商品外观

食品必须密封包装，且不得用金属或橡胶带密封。冷冻食品或冷藏食品应检查其包装是否用订书针或其他金属密封，或用橡胶带捆绑，如有上述情形，应拒收。

5．检查数量

检查供应商的送货件数是否与订单相符，并拆开几件货物进行抽查，看其数量是否与包装上标明的相符。对于那些要称重的货物也应进行称重抽查，以验明其重量的准确性。

6．检查送货人员

送货人员离开前，验收人员还要检查送货人员的随身物品，以避免夹带事情的发生。

（三）质量识别作业

不同商品的质量识别有不同的方法及作业程序。这里简单介绍一些常见商品质量识别作业的要点。

1．冷冻食品

首先，要注意软化、解冻的食品，因为此现象表示温度管理不正常，有变质之虞。其次，形状要完整，颜色要正常，不得有破碎、变色的情形。最后，包装内不得有结霜、结块的情形，因为此现象同样表示温度管理不佳。

2．加工肉品

加工的畜产品或水产品经过冷冻冷藏处理而有下列情形者，应予以拒收：一是产品发黑、无光泽；二是白色产品过白，这说明用了漂白剂。

3．冷藏食品

有下列情形者，不准进货：

（1）奶品：颜色混浊或有沉淀物、结块者。

（2）豆制品：有发霉、酸臭气味、黏液者。

（3）干货类：有发霉、酸败、黏液或颜色过白者。

（4）调理食品：有发霉、酸败、黏液者。

4. 罐头食品

罐形不正常，有凹凸、生锈、刮痕、油渍者，均为不良品。

5. 渍蔬菜

如有包装破损、有液汁流出者，有腐败味道者，液汁混浊或液汁太少者，真空包装已失真空者，均为不良品。

6. 调味品

罐壳被打开或有杂物混入、破损潮湿、有油渍者，均为不良品。

7. 食用油

漏油、生锈、油脂混浊不清、有沉淀物或泡沫，表示此食用油品质低劣或已混入低级油脂。

8. 奶油及人造奶油

有怪味、变形者及包装破损不结者，均为不良品。

9. 饮料类

包装不完整、有漏气者，有凝聚物或其他沉淀物，以及有混浊、杂物、凸罐者，均为不良品。

10. 糖果、饼干类

包装破损、不完整者，内容物破碎、受潮者，均为不良品。

11. 奶粉、奶精、咖啡类

包装物不完整、破损、凹凸罐者，内容物有结块或晃动时无松软感者，内容物受潮或呈胶状者，以及包装有失真空者，均为不良品。

12. 米及五谷

有下列情形者，不予进货：内容物混有杂物者，内容物受潮、结块者，内容物生虫或经虫蛀者，包装与内容量不符标示者，内容物发芽或发霉者。

13. 蛋类

外壳乌黑、破损者，蛋壳光滑、无粗糙感者，皮蛋的蛋壳表面黑褐色斑点者，分级不清者，均为不良品。

14. 用品类

商品有破损、断裂者，外表有油渍不干净者，商品有瑕疵者，均为不良品。

❓ 课堂思考：如何验收采购的商品？

 **课堂延伸**

百货类商品收货检验标准如表5-1所示。

表5-1   百货类商品收货检验标准

类别	抽样比	检查项目	检查内容
家电类	20%	标识标准	有生产厂家名称、厂址、电话，有中文商品名称，有产品规格型号，有条形码或店内码，有生产日期（或出厂日期） 注：产品若无条形码/店内码、生产日期、合格标识中之任一项就属不合格，分店有权拒收
		包装标准	商品外包装完整、无破损
			商品包装与内装商品实物一致
		外观标准	产品外观无使用痕迹
			无掉漆、无凹痕、无裂纹、无生锈
			按键或开关灵活
			配件与说明书一致、无缺少
		特殊标准	电器类在顾客购买时，开箱检验
服装类	10%	标识标准	有生产厂家名称、厂址、电话，有中文商品名称，有产品规格型号，有条形码或店内码，有生产日期（或出厂日期） 注：产品若无条形码/店内码、生产日期、合格标识中之任一项就属不合格，分店有权拒收
		外观标准	产品外观色泽均匀
			表面无疵点，无破损
			服装图案完整清晰
			产品干净，无污渍，无折皱
		特殊标准	有纽扣或拉链的服装纽扣或拉链齐全
鞋类	10%	标识标准	有生产厂家名称、厂址、电话，有中文商品名称，有产品规格型号，有条形码或店内码，有生产日期（或出厂日期） 注：产品若无条形码/店内码、生产日期、合格标识中之任一项就属不合格，分店有权拒收
		外观标准	产品外观清洁无污渍
			一双鞋大小及左右相匹配
		特殊标准	有鞋带的鞋子，鞋带齐全
			塑料拖鞋须外观光滑、图案清晰
			皮鞋革面平整，色泽均匀，黏合牢固

续表

类别	抽样比	检查项目	检查内容
箱包类	10%	标识标准	有生产厂家名称、厂址、电话，有中文商品名称，有产品规格型号，有条形码或店内码，有生产日期（或出厂日期） 注：产品若无条形码/店内码、生产日期、合格标识中之任一项就属不合格，分店有权拒收
		外观标准	产品外观清洁无污渍
			色泽均匀
		特殊标准	有拉杆的旅行箱须检查拉杆是否抽拉灵活
			皮制箱包须外观无磨损及划痕
玩具类	10%	标识标准	有生产厂家名称、厂址、电话，有中文商品名称，有产品规格型号，有条形码或店内码，有生产日期（或出厂日期） 注：产品若无条形码/店内码、生产日期、合格标识中之任一项就属不合格，分店有权拒收
		外观标准	产品外观清洁无破损
			色泽均匀，图案清晰
		特殊标准	成套玩具齐全无缺少
			塑料玩具表面圆滑无毛边、飞边及划痕
			音乐玩具或遥控玩具在顾客购买时为其装电池演示

任务三　商品库存管理

商品采取何种库存方式，对商家的影响很大。高库存会占有大量流动资金，低库存会引起缺货、影响销售，最终影响商家的利润。合理的库存是商家不得不慎重考虑的问题。

任务情境

王梅在一所小学旁边开了一家文具店。开业初期，资金有限，在交完房租、简单装修之后，王梅手中只剩下不到一万元进货资金。现在，王梅正在为进多少货精打细算着。

思考：你来为王梅出出主意吧，帮她设计一个合理的库存方案。

知识精讲

一、商品库存管理的目标

不同领域的库存管理有不同的目标，这对于库存管理的方法、库存管理的约束程度甚至库存管理子系统在大系统中的地位和重要性都有影响。库存管理的常见目标如下所述。

（一）库存成本最低的目标

库存成本最低的目标往往是企业需要通过降低库存成本以降低产品成本、增加盈利和增加竞争力所选择的目标。

（二）库存保证程度最高的目标

企业选择库存程度最高的目标，往往是因为产品畅销，企业更多地依靠销售机会带来效益，这就特别强调库存对其经营、生产活动的保证，绝对不能因为缺货而影响销售，而不强调库存本身的效益，相比之下压低库存意义不大。企业在增加生产、扩大经营时，往往选择这种库存控制目标。

（三）不允许缺货的目标

企业的技术、工艺属于连续、自动的生产方式，没有中间库存的缓冲保障。这种生产工艺条件决定，一旦缺货，全线停产，而且会造成巨大的、不可弥补的损失，如果想再继续生产会十分困难，因此绝对不允许停产。这种类型的企业，必须以不缺货为管理目标。

国民经济中许多类型的企业都属于这种情况。例如，生产水泥的企业，如果原料缺货，会造成窑炉停火；化工类型的企业，如果出现这类问题，不但会造成停产的损失，甚至会有很大的危险；供应型的企业，如果必须以供货保证与其他企业履约，也需要制定不允许缺货的库存管理目标。还有，为了应对突发的灾难性事件，有些重要的应急物资，必须以不允许缺货为库存管理目标。

（四）限定资金的目标

在市场经济条件下，企业为了追求最大的效益，必须对各个环节的资金使用进行有效的控制。在这种情况下，企业必须在限定资金的前提下实现供应，这就需要以此为前提决定采购数量及采购批次，进行库存的一系列管理控制。

（五）快速周转的目标

在一个大的系统中，库存管理往往不依其本身的经济性来确定目标，而是依大系统的要求确定目标，如果大系统要求实现快速周转，那么库存系统就需要以最快的速度实现进出货为目标来控制库存。典型的就是鲜活产品的库存管理，必须以快进快出为目标。

? 课堂思考： 商品库存管理的目标是什么？

二、库存管理的方法

（一）定额控制法

企业应制定以下几种库存定额，以控制周转量：最低库存定额，即安全库存；最高库存定额，即极限库存；平均库存定额。商品库存定额根据商品种类在经营中的重要程度，按品种或大类制定。

最低库存定额＝（进货在途天数＋销售准备天数＋商品陈列天数＋保险机动天数）

　　　　　　　×平均日销售量

最高库存定额＝（最低周转天数＋进货间隔天数）×平均日销售量

平均库存定额＝（最低库存定额＋最高库存定额）/2

（二）ABC 管理法

ABC 管理法就是将全部品种按销售额比重或库存额比重的大小，划分 A 类、B 类、C 类，采取重点控制或一般管理。例如：A 类商品的品种仅占总品种的 10％左右，而销售额比重达 75％以上；C 类商品的品种比重虽占 70％之多，但销售额比重仅占 5％；B 类介于 A 类和 C 类之间。企业应对 A 类商品实施高度严密控制，对 C 类商品做粗放性控制，对 B 类商品实行一般性控制。ABC 管理法的基础数据如表 5－2 所示。

表 5－2　ABC 管理法的基础数据

占销售额比重		占毛利率比重	
A	75％	A	75％
B	20％	B	20％
C	5％	C	5％

ABC 管理法是根据事物在技术和经济方面的主要特征，予以分类排序，分清重点和一般，从而有区别地确定管理方式。在商品种类较多，难以对每一品种做到科学准确管理的条件下，企业要能够抓住重点，实行有效的管理控制。对把握商品销售动态和库存量来说，ABC 管理法是一种行之有效的方法。

ABC 管理法的大体步骤是：

（1）确定分类标志，记录有关商品销售情况的数据。

（2）计算每一种商品在一定时期内的销售量和毛利率。

（3）按照销售额大小对所有商品进行排序，并给出每种商品在总销售额中所占百分比。

（4）依次将排序后的商品和销售额标在坐标图上，选择占总销售额 75％的商品作为 A 类，选择占总销售额 75％～95％的商品作为 B 类，余下的商品作为 C 类。对 A、B、C 三类商品采用不同的管理方法。ABC 管理法分析计算如表 5－3 所示。

表 5 - 3　ABC 管理法分析计算

商品名	销售额/元	销售额百分比/%	累计百分比/%	分类
a	3 000	30.0	30.0	A
b	2 300	23.0	53.0	A
c	1 200	12.0	65.0	A
d	1 000	10.0	75.0	B
e	900	9.0	84.0	B
f	750	7.5	91.5	B
g	450	4.5	96.0	C
h	170	1.7	97.7	C
i	150	1.5	99.2	C
j	80	0.8	100.0	C
合计	10 000	100.0	100.0	

（三）保本分析控制法

企业可利用量本利分析原理，对库存商品的费用、时间、利润各因素在变动中的相互关系进行综合分析，确定库存商品的保本点，用以控制库存动态，低于保本点时为亏损。公式为：

$$BP = (GP - AC)/TC$$

式中：GP——毛利；

　　　AC——一次性费用；

　　　TC——时间性费用；

　　　BP——保本点。

❓ 课堂思考： 库存管理方法有哪些？

三、存货估价

存货估价有两种方法：先进先出法（FIFO）和后进先出法（LIFO）。

先进先出法从逻辑上假定先购进的商品先卖出，而新买的商品则储存在仓库里。后进先出法则假定后买进的商品先卖出，而先买进的商品储存在仓库里。先进先出法按照当前成本结构确定存货的价值——留作存货的是最近买进的商品；后进先出法则按照当前成本结构确定当前的销售额——最先卖出的商品是最近买进的商品。在存货价值不断上涨的时期，后进先出法表现为较低的利润而给零售商带来了税收上的好处。

❓ 课堂思考： 存货估价的方法有哪些？

四、存货周转率与订货

(一) 存货周转率

存货周转率表示特定时期内（通常为一年）现有存货平均销售的次数。它可以按商店、产品线、部门及厂商来衡量。存货周转率高为企业带来以下好处：每一元的存货投资效率高；降低废弃和防范风险，商品不会在商店因停留时间过长而变坏被废弃，同时，降价风险也降低了；货架上的商品因型号和款式变化而引起的损失相应减少；与保持存货有关的费用（如利息、邮费、损坏及库房费等）较低。

存货周转率可以按商品数量或金额（按零售价或按成本）计算，公式如下：

存货周转率(按数量计)＝当年销售的商品数量/平均存货数量

存货周转率(按销售额计)＝当年净销售额/平均存货额

存货周转率(按成本计)＝当年销售商品的成本/平均存货成本

零售商可以通过多种不同的策略来提高存货周转率，如减少经营商品品种，对滞销商品不备存货或只保留最低存货，高效及时地采购商品，采用反应迅速的存货计划及利用可靠的分销商等。

高周转率尽管有很多优点，但也存在负面影响。小批量购货会提高商品成本，因为这可能丧失数量折扣并增加运费。周转率高可能是由于商品组合窄而浅，从而失去顾客；高周转率也可能导致低利润，例如，零售商不得不降低价格以加快库存周转。

然而，在商业运作中，零售商一般都倾向于快速的存货周转率，但过快的存货周转率也会导致零售商没收益。那么，如何处理好存货周转率与控制存货投资的关系，做到商品既不积压又不脱销呢？下面讨论处理这个问题的一些方法。

(二) 订货的方法

1. 何时再订货

控制存货投资的一种方法是设定库存水平，达到这一水平时就必须下新订单。这个库存水平叫作再订货点。再订货点的确定取决于订货间隔期、销售率及安全库存。订货间隔期是从零售商下订单之日到做好商品销售准备（收货、标价、摆放到销售点）之间的一段时间。销售率是指按商品单位计算的每日平均销售量。安全库存是为预防由于未料到的需求和送货延迟出现脱销而保有的额外存货，根据公司防止脱销的策略（服务水平）制订计划。

如果零售商认为顾客的需求是稳定的，并且供应商能很快满足订货，则不需要备有安全库存，其再订货点公式为：

再订货点＝销售率×订货间隔期

对保持安全库存有兴趣的零售商，其再订货点公式变为：

再订货点＝(销售率×订货间隔期)＋安全库存

2. 再订多少货

订货数量的多少直接影响零售商的订货次数。公司大量订货，通常可减少订货成本，但会提高存货占有成本。公司少量订货常可使存货占用成本达到最小，但却会提高订货成本（除非进行电子数据交换并使用快速反应存货系统）。

经济订货批量（EOQ）是使订单处理和存货占用总成本达到最小的每次订货数量（按单位数计算）。订单处理成本包括使用计算机时间、订货表格、人工及新到商品的处置等费用。占用成本包括仓储、存货投资、保险费、税收、货物变质及失窃等。大公司、小公司都可采用 EOQ 计算法，订单处理成本随每次订货数量（按单位数分摊）的增加而下降（因为只需要较少的订单就可买到相同的全年商品数），而存货成本随每次订货数量的增加而增加，因为有更多的商品必须作为存货保管，且平均保管时间也更长。

？ 课堂思考： 如何使商品既不积压又不脱销呢？

拓展案例： 沃尔玛的零库存管理

　商品盘点

商品盘点是指定期和不定期地对卖场内的商品进行全部或部分清点，以确定该期间内的实际损耗及库存信息，为零售企业的日常经营和商品采购提供信息资料。零售企业的最大目标是获取利润，其在日常营业中采取各种促销措施，都是为了提高业绩，创造公司利润。但这个阶段的利润还不算是真正的利润，必须实地盘点存货，将实地盘点的存货与账面上的存货比较，才能计算出公司的营业利润，并掌握商品的流转情况，为实施采购提供信息资料。

任务情境

王梅在小学旁边开设的文具店生意很好，每天都会有很多小学生来买东西。开业半年来，王梅一直没有盘点过。最近，王梅想彻底了解一下自己的盈利情况。

思考： 你认为王梅应该采取怎样的盘点方案？

知识精讲

一、盘点作业的目的

盘点是衡量门店运营业绩的重要指标，也是对一年的运营管理的综合考核和回顾。因为盘点的数据直接反映的是损耗，所以门店年度盈利在盘点结束后才可以确定，盘点的损耗同样反映门店运营上的失误和管理上的漏洞。零售业者可以借此发现问题、改善管理、降低损耗。

具体来说，通过盘点可以实现如下目标：

（1）掌握盈亏状况。零售企业在运营过程中存在各种损耗，有的损耗是可以看见和控制的，但有的损耗是难以统计和计算的，如失窃、账面错误等。因此零售企业需要通过年度盘点来得知企业的盈亏状况。

（2）恢复正确库存。通过盘点，零售企业可以得知每种商品最准确的当前库存金额，将所有的商品的电脑库存数据恢复正确。

（3）优化商品管理。通过盘点数据的分析，零售企业可以发掘并清除滞销品种及临近过期的商品，整理卖场环境，清除死角。

（4）发现问题，控制损耗。通过盘点，零售企业可以发现损耗较大的运营部门、商品大类以及个别单品，以便在下一个运营年度有针对性地加强管理、控制损耗。

？课堂思考： 通过盘点可以实现哪些目标？

二、盘点制度与原则

（一）盘点制度

盘点制度是由零售企业统一制定的。零售企业盘点作业的制度有两种：一是定期盘点，二是永续盘点。

1. 定期盘点

定期盘点就是定期地检查在库的存货金额，以核对和保持准确的库存数据。定期盘点要求零售企业在一个短暂的时期内对各种存货进行全面盘点，往往时间紧、任务重，需要花费大量时间、人力进行精心组织，但由于其重要性，一年一度的实物大盘点在准备工作中所做的投入在很大程度上能从最终结局中得到补偿。对大多数零售企业而言，一年或半年核查一次便足够了。假若一年只做一次实物盘点，通常安排在每年库存水准处于最低点时进行。

实物盘点的准备工作应包括以下五个方面：

（1）整理。将卖场和仓库的所有商品整理归位，便于清点。

（2）核对。按商品的编号和名称正式核对所有商品。

（3）制定细则。规定商品盘点详细的方式、方法，做出盘点进度安排表。

（4）建立班组。建立两人或两人以上的盘点班组，并规定有关盘点、核对和记录库存数量的职责。

（5）搞好培训。教会有关人员正确使用盘点工具、填写盘点表的方法。

实物盘点的次数通常是根据商品价值的大小和商品处理的难易程度来确定的。贵重或值钱的商品较一般库存商品的盘点次数可能要更多些。

2. 永续盘点

永续盘点又称循环盘点，是有顺序而不是定期进行的一种实物盘点方法，也是控制库存的准确性和将其保持在高水准的一种基本方法。有效的循环盘点能缩减企业停业，改善对顾客的服务，减少陈旧商品，取消一年一次的实物盘点和减少库存损耗，故可达到提高主要收益的目的。同中断作业的定期盘点相比，循环盘点所需费用较少。

这种方法就是在全年内对存货有秩序地加以盘点，对有限的少数物品则每天或按其他时间间隔进行核查。盘点人员可以是专职的，也可以是兼职的。要核查的存货项目可随机抽取或根据预定的计划安排。

（二）盘点原则

1. 实地盘点原则

实地盘点，即针对未销售的库存商品，在门店实地进行存货数量实际清点的方法。只要无作业疏忽，就能掌握门店的实际存货情况，还可以了解残损品、滞销品、存货积压或商品缺货等真实情况。账面盘点可作为实地盘点的对照。

2. 售价盘点原则

售价盘点，即以商品的零售价作为盘点的基础，库存商品以零售价金额控制，通过盘点来确定一定时期内的商品损益和零售差错。其计算公式如下：

$$账面金额＝上期库存零售额＋本期进货零售额－本期销售金额$$
$$＋本期调整变价金额$$

（三）盘点的计算公式

计算盘点损失金额的公式为：

$$损失金额＝账面库存金额－实地盘点金额$$
$$账面库存金额＝期初存货金额＋本期进货金额－本期销售金额＋调入金额$$
$$－调出金额－退货金额$$

? 课堂思考： 商品盘点的制度有哪些？

三、盘点方式和流程

（一）盘点方式

1. 以实地盘点的时间来划分盘点方式

（1）营业前盘点，即在门店开门营业前或关门之后盘点。这种方法可以不影响门店的正常营业，但是有时会引起员工的消极抵触，而且零售企业必须给员工相应的加班费。

（2）营业中盘点，也称即时盘点，就是在营业中随时进行盘点，营业和盘点同时进行。不要认为"停止营业"以及月末盘点才是正确的盘点。零售企业，尤其是便利店，可在营业中盘点,而且任何时候都可以进行,这样可以节省时间、节省加班费等,但在一定程度上可能影响顾客购物。

(3)停业盘点,即门店在正常的营业时间内停止营业一段时间进行盘点。这种方法员工比较容易接受,而对零售企业来说,会减少一定的销售业绩,同时也会在一定程度上造成顾客的不便。

2. 现代化的盘点作业方式

盘点作业最使人感到头疼的是点数,其工作强度极大,且差错率也较高。采用手工盘点的零售企业中往往会产生这种通病,通常为了改变手工盘点的不利影响,零售企业可采用以下两种方法:

(1)使用现代化技术手段来辅助盘点作业,如利用掌上型终端机可一次完成订货与盘点作业,也可利用收银机和扫描器来完成盘点作业,以提高盘点人员点数的速度和准确度。

(2)成立专门的总部盘点队伍进行手工盘点,这种形式较适用于小型连锁超市和便利店。

(二)盘点作业流程

盘点作业分门市盘点与电脑中心盘点两大块,存货盘点作业流程如图5-2所示。

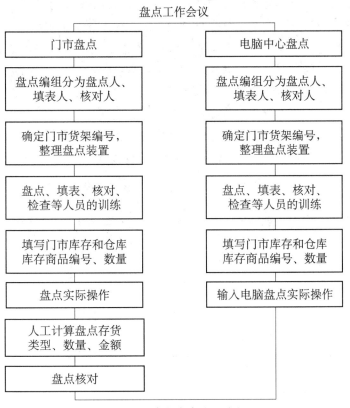

图5-2 存货盘点作业流程

? 课堂思考: 营业中进行盘点有什么利弊?

四、盘点前的准备工作

（一）盘点作业组织

盘点是店铺运营中一项必不可少的作业，但是盘点工作要投入大量的人力，甚至要停止营业。为不影响顾客购物，必须严密做好组织工作，使盘点作业以更高的效率取得成果。

盘点作业是以一个店铺为基本单位进行的，此项工作应依照零售企业统一的计划，以月为周期来进行。这要求店铺组织一定的人员投入工作，零售企业总部也应给予监督与指导。

随着零售企业经营规模的扩大，盘点工作也需要专业化，即由专职的盘点小组来进行盘点。盘点小组的人数根据门店营业面积的大小来确定。例如，一个500平方米左右的连锁超市门店，盘点小组至少需要6人，作业时可以分3组同时进行。

（二）划分责任区，明确责任人

盘点作业之前，先要划分责任区域并落实责任人，并告知各有关人员。为使盘点作业有序有效，一般可用盘点配置图来分配盘点人员的责任区域。配置图上要清楚标明卖场通道、陈列架、后场仓库等的编号，在陈列架和冷藏柜上也要标上与盘点配置图相同的编号。其运作办法是：确定存货及商品的位置；根据盘点配置图，对每个区域进行编号；将编号做成贴纸，粘贴于陈列架右上角。做好上述工作之后，就可以详细地分配责任区域了，以便使盘点人员确实了解工作范围，并控制盘点速度。

在落实责任区域的盘点人员时，最好用互换的办法，以保证盘点的准确性，防止由于"自盘自"而可能造成的情况不实。盘点作业责任区域分配表如表5-4所示。

表5-4　盘点作业责任区域分配表

姓名	盘点类别	区域编号	盘点单编号			盘点金额
			起	讫	张数	
合计						

（三）张贴安民告示

如果盘点以实物盘点与账面盘点相结合的方式进行，肯定要采取停业的方式，这就需要提前2~3天贴出安民告示，同时将准确的盘点时间通知顾客以及合同协作送货的厂家，避免造成顾客、送货人员徒劳而返的不利局面。

（四）进行商品整理

在实际盘点开始前两天，门店应对商品进行整理，这样就会使盘点工作更加有序、有效。在连锁超市中，对商品进行整理要注意以下几点：

（1）中央陈列架端头的商品整理。中央陈列架端头陈列的往往是一些促销商品，整理商品时要注意该处的商品是组合式的，要分清每一种商品的类别和品名，进行分类整理，不能混同为一种商品。

中央陈列架尾部的端头往往是以整齐陈列的方式陈列一种商品，整理时要注意其间陈列的商品中是否每一箱都是满的，要把空的箱子拿掉，不满的箱子里要放满商品，以免把空箱子和没放满商品的箱子都按满箱计算而出现差错。

（2）中央陈列架的商品整理。中央陈列架上的商品陈列得较多，每一种商品陈列的个数也是规定的，但要特别注意每一种商品中是否混杂了其他的商品，以及后面的商品是否被前面的商品遮挡住了，而没有被计数。

（3）附壁陈列架商品的整理。附壁陈列架一般都是在主通道上的位置，所以商品销售量最大，商品整理的重点是计数必须按照商品陈列的规则进行。

（4）随机陈列的商品整理。对随机陈列的商品，要仔细清点放在下面的商品个数，并做好记号和记录。在盘点时，只要清点上面的商品就可快速盘点出商品的总数。

（5）窄缝和突出陈列的商品整理。采用这两种方式陈列的商品要由专人进行清点，最好由设计和陈列这些商品的人来进行清点。

（6）库存商品的整理。整理库存商品要特别注意两点：一是注意容易被大箱子挡住的小箱子，要在整理时把小箱子放到大箱子前面；二是注意避免把一些非整箱商品当作整箱计算，要在箱子上写明内在商品的确切数量。不注意前一点就会造成计算上的实际库存遗漏；而不注意后一点，则会造成计算上的库存偏多，从而使盘点失去准确性。

（7）盘点前商品的最后整理。一般在营业前两个小时对商品进行最后的整理。要特别注意，陈列在货架上的商品，其顺序是绝对不能改变的，即盘点清单上的商品顺序与货架上的顺序是一致的。若顺序不一致，盘点记录就会对不上号。

（五）做好环境整理工作

门店应在盘点前一日做好环境的整理工作，主要包括以下三点：

（1）检查个人所负责区域的商品陈列、仓库存货的位置和编号等是否与盘点配置图一致。

（2）清除作业场所和卖场死角。

（3）将各项盘点设备和工具存放整齐，如果采用人工填写的方式，须准备盘点表以及红、蓝圆珠笔；若用盘点机盘点，须先检查一下盘点机是否可以正常工作。

（六）做好单据整理工作

为了尽快获得盘点结果，盘点前应做好以下单据整理工作：

（1）进货单据整理。

（2）变价单据整理。

（3）净销货收入汇总。

（4）报废品汇总。

（5）赠品汇总。

（6）移库单整理。

（7）报废品单据。

（8）商品调拨单据。

（9）前期盘点单据。

？ 课堂思考： 盘点前应该做哪些工作？

五、盘点作业程序及要点

（一）库存区域的盘点作业程序及要点

库存区域的盘点作业包括所有仓库及货架库存区商品的盘点。仓库的盘点一般在白天进行，而货架的盘点则在前一天晚上进行，盘点后进行封存，盘点前应注意补货。

1. 库存区域的盘点作业程序

（1）设置总控制台。在盘点小组的办公室设置库存盘点的总控制台。总控制台负责发出盘点表、准备盘点分区小组的文具、核实盘点是否符合规定等。

（2）设置分控制台。各个仓库设置分控制台，主要是同总控制台保持沟通，控制现场的盘点进度，安排人员进餐，对盘点进行抽点核实，解决盘点中出现的问题。

（3）人员报到。所有参加库存盘点的分控制台台长，到盘点小组办公室领取资料，各个小组成员则分别到各个盘点区域进行报到，明确本次盘点的任务和完成时间。

（4）发放盘点表。各个分区的组长将盘点资料分发到盘点员工手中。

（5）进行盘点。盘点按库存区的盘点方法和程序进行。

（6）安全部抽点。安全部对盘点的品项进行检查，经检查有问题的必须重新盘点。

（7）收回盘点表。所有完成的盘点表，经过分控制台的审核，完成所有手续后，汇总到总控制台。

（8）封存仓库/盘点表。盘点完成后，将所有库存区进行封存，将所有盘点表进行封存。

2. 库存区域的盘点作业要点

（1）库存区域商品的盘点一般是两人一组进行点数，如果所点商品的数目一样，则将此数字登记在盘点表上；如果两人的点数不一致，必须重新点数。

（2）未拆的原包装箱不用拆箱盘点，只需记下其数目；所有非原包装箱或已经开封的包装箱必须打开盘点。

（3）盘点表的标签只记录该位置商品的品种，因此盘点表上的数据应该是该商品在该位置上的总数。

（4）盘点的方向一般是先左后右，由上至下。

（5）遇到无标签的商品，盘点人员应到分控制台申请标签，现场盘点计数。遇到有标签无商品的，计数为零，不能不写任何数字。

（6）库存区的盘点由分控制台台长负责分配盘点表，每组人员每次只能负责一个编号下的盘点表。每完成一个编号的盘点表后，再进行下一个编号的盘点表。

（7）完成的盘点表，可以接受抽查人员的检查，检验数据是否正确。

（8）分控制台的抽查人员必须对散货、贵重物品、大宗商品进行重点抽盘核对，抽盘应及时，一般在员工点数完成后进行。

（9）进行冷冻库和冷藏库的盘点前，必须关闭制冷设施，盘点人员还应做好防寒措施。

（10）审核盘点表时，应注意数字的书写是否清楚、规范，盘点表的页数是否正确等。

（二）卖场陈列区域的盘点作业程序及要点

卖场陈列区域的盘点作业一般包括货架上或促销区域的商品，由于这些商品的信息均存在电脑中，电脑会帮助盘点人员纠正错误。为加快盘点速度，盘点前应使每个促销区域上陈列的商品维持规范化陈列，同时对货架上的商品进行整理，以便于点数。

1. 卖场陈列区域的盘点作业程序

（1）整理散货。将所有散货进行整理，要求全部进行归位，即放回货架上的正常陈列位置。

（2）设置总控制台。在电脑中心附近的位置设置总控制台，总控制台控制盘点进度，负责 HHT（一种数据采集器）的发出、回收，分发盘点的处理报告，负责重大金额差异品种的复查点数等。

（3）设置分控制台。在各个盘点分区设置分控制台，分控制台负责除盘、复盘人员的安排，检查除盘、复盘的进行情况，控制盘点进度，安排人员进餐，联络总控制台，检查重点商品的计数是否正确，处理盘点报告等。

（4）人员报到/开会。所有参加盘点的分控制台台长到盘点办公室报到，领取盘点需要的文具等。所有组员分别到各组报到，并参加全店的盘点大会。大会将宣布本次盘点的任务和盘点的预计完成时间，以及盘点要求等。

（5）进行盘点。盘点按陈列区盘点的要求进行。

（6）处理报告。初盘、复盘的数据通过 HHT 输入电脑后，由电脑进行处理并出具差异报告。分控制台台长负责处理点数的差异报告。报告处理后，将正确的信息输入 HHT，重新进行电脑系统的处理，直至无点数差异为止。

2. 卖场陈列区域的盘点作业要点

（1）所有明确标示"不盘点"和贴有"赠品""自用品"的物品一律不盘点。

（2）盘点人员发现本区域的散货后，应将其送往特别区域。

（3）特别区域的商品，包括本日顾客的退换货以及楼面发生的散货，在特别区域进行盘点。

（4）盘点人员两人分成一组，一人点数，一人录入。复盘时两人对换。

（5）商品的点数单位与销售单位一致，并且是每个陈列位分开点，不进行累加。

（6）商品盘点计数后，点数人员将数字书写在小张自粘贴纸上，贴在本商品的价签上。

（7）录入人员先输入区域编号，扫描商品，再按照小张自粘贴纸上的数字录入，不做任何改动。每录入一个数据后，立即将小张粘贴纸撕毁（初盘、复盘用不同颜色的小张粘贴纸）。每次录完一个位置编号，必须检查是否所有的小张自粘贴纸的数据均已录完，有无遗漏。

（8）初盘完成后，将 HHT 交到分控制台，由台长检查初点的完成情况，然后将初点 HHT 送到总控制台进行数据输入清空。

（9）复盘完成后，由安全部人员和分控制台台长进行抽盘，抽盘结果超出规定差异率的，要进行返工。

（10）归入待处理区的所有商品一律不进行清点。

？ 课堂思考： 盘点应该有哪些程序？

拓展案例： 某超市盘点分析报告

课后复习与思考

一、单选题

1. 在零售企业的商品结构中，（　　）的数量和销售额，要占商品总量和全部销售额的 70％～80％。

A. 主力商品　　　B. 辅助商品　　　C. 关联商品　　　D. 日用商品

2. 零售企业将商品采购的所有条件（如商品名称、规格、品质要求、数量等）详细列明，刊登公告进行的采购，是（　　）。

A. 招标采购　　　B. 询价现购　　　C. 比价采购　　　D. 议价采购

3. （　　）指中小零售商为了取得规模采购的优势而进行的一种合作采购的方法。

A. 直接采购　　　B. 间接采购　　　C. 委托采购　　　D. 联合采购

4. 超市里的糖果属于（　　）。

A. 日用品　　　B. 冲动购买品　　　C. 应急品　　　D. 选购品

5. 下列有关商品质量识别说法不对的是 （　　　）。

A. 食用油混浊不清、有沉淀物的为不良品

B. 饮料有凝聚物或沉淀物的为不良品

C. 糖果、饼干虽有破碎但包装完整的，不应视为不良品

D. 罐装奶粉有结块或晃动时无松软感的为不良品

二、多选题

1. 零售商品组合的类型有 （　　　）。

A. 多系列全面型   B. 市场专业型

C. 商品系列专业型   D. 有限商品系列专业型

E. 特殊商品专业型   F. 特殊专业型

2. 零售企业商品采购的方式有 （　　　）。

A. 直接采购   B. 间接采购   C. 委托采购   D. 联合采购

3. 提高存货周转率的好处有 （　　　）。

A. 提高投资效率   B. 降低废弃和防范风险

C. 减少损失   D. 降低保持存货的费用

4. 提高存货周转率的策略有 （　　　）。

A. 减少经营商品品种   B. 对滞销商品不备存货或只保留最低存货

C. 高效及时地采购商品   D. 采用反应迅速的存货计划

5. 下列关于盘点作业说法正确的有 （　　　）。

A. 盘点的方向一般是先左后右，由上至下

B. 盘点人员一般两人一组，一人点数，一人录入

C. 对盘点的品项进行抽查时，若有问题的必须重新盘点

D. 盘点抽查时，可挑选贵重物品、大宗商品进行重点抽查

三、判断题

1. 根据 ABC 分类法，A 类商品可以采用较简单的办法加以控制，如采用固定采购量，适当减少采购次数。（　　　）

2. 收货时，只要商品没过保质期都可以接收。（　　　）

3. 零售商提高存货周转率只有好处没有坏处。（　　　）

4. 在卖场内进行盘点时，必须暂停营业。（　　　）

5. 库存区域商品的盘点一般是两人一组进行点数，如果两人的点数不一致，必须重新点数。（　　　）

四、简答题

1. 研究商品分类、商品经营结构对零售商有何意义？

2. 什么是最佳商品组合？如何实现商品组合的优化？

3. 商品采购管理的基本内容有哪些？

4. 商品库存管理的目标是什么？

五、案例分析

某零售企业从本地总代理购入某种化妆品，发现价格竟比同业某公司的购入价贵，因此要求总代理说明原委，并比照售予同业的价格予以降价补偿。

问题： 如果你是该零售企业的采购人员，单位派你再次和该总代理谈判，你将如何应对？你会使用哪些谈判技巧？

实践操作

1. 实训题目：考察某大型商场的商品组合模式。

2. 实训目的：通过对商场的商品组合模式的考察，了解零售企业的商品组合方法，并能够写出考察报告，给出改进建议。

3. 实训要求：6～8人组成一组，做好小组分工，协同调查。

4. 实训地点和设备要求：可以就近选择区域。带上手机，做好相关的录音、拍照记录，以辅助说明问题。

5. 实训内容：分别到商场的总部和各个分店进行考察，找出问题。

6. 实训实施方案（包括考核要求等）：事前做好分工，做好计划，合理分配人力物力。考察结束要及时总结，得出合理的结论。

7. 实训结果要求：做好考察的全程记录，最后用充足的证据论证考察报告。

项目六　零售商品定价

学习目标

知识目标

1. 掌握零售商品定价目标的基本概念以及几种重要的定价目标。
2. 了解影响零售商品定价的主要因素。
3. 掌握零售商品定价的基本方法。
4. 了解零售商品价格调整策略的要点。

能力目标

1. 能合理地比对，做出理性的商品定价。
2. 能进行理性、科学的零售商品价格调整。

素养目标

1. 培养正确的价值观和良好的职业道德。
2. 培养信息获取与处理能力和主动探究解决问题的能力。

任务一　零售商品的定价目标

零售价格是影响消费者需求的重要因素，更是市场竞争的重要手段。各零售企业都很重视对零售价格的管理。

任务情境

芳芳经营着一家小型的服装店。一次，所进的一款女士上衣款式很好，质量不错，进价也很便宜，考虑到进货数量比较大，芳芳就没敢定高价，结果少有人问津。芳芳决定提高价位，从价格上提高衣服的档次，结果反而销量大增。

思考：这个案例带给你什么启示？

知识精讲

　　零售商品的定价目标是零售企业选择定价方法和制定价格策略的依据。零售企业的定价目标既要服从于整体营销战略总目标，又要与其他营销总目标相协调。

　　一般来说，零售企业的定价目标包括：利润目标、竞争目标、销售目标以及企业形象目标。

一、利润目标

（一）利润最大化的目标

　　利润最大化是指零售店在一定时期内可能并准备实现的最大利润额。利润最大化作为一个价格目标是要求零售店所出售的所有商品价格要达到总体的最优化，而不是单位商品的最高价格。

　　零售店虽然以追求最大利润为目标，但绝不可定价过高，否则不仅会使销售量得不到提高，还会诱引竞争对手进入，反而会使利润总水平降低。当一个零售店的商品在市场上处于某种绝对的优势地位时，固然能够实行高价的策略，以获得超额的利润，但是，由于市场竞争的结果，任何一个零售店要想在长时期内维持较高的市场价格是几乎不可能的，因为它必然会遭到来自各个方面的抵制或对抗。

（二）高资金利润率

　　高资金利润率是零售企业追求利润的又一体现，任何投资者都希望其投资能获得高的报酬。报酬水平通常通过资金利润率来表示。资金利润率是利润额与平均占用资金之比，资金利润率受销售利润率与资金周转速度两个因素影响。销售利润率是利润额与销售额之比，销售利润直接受到单位商品价格的影响。在正常销售的条件下，商品单位价格高，销售利润率则高；反之，商品单位价格低，销售利润率则低。

二、竞争目标

　　竞争目标是指零售企业以服从竞争的需要来制定零售商品的零售价格。零售企业的竞争目标一般包括：防止和适应竞争目标、躲避竞争目标。

（一）防止和适应竞争目标

　　防止竞争目标是指零售企业期望通过制定及实施商品低价限制潜在的竞争者进入这一领域从而防止竞争。例如，格兰仕电器实业有限公司的"格兰仕"牌微波炉就是根据确定的"防止竞争"的定价目标成功实施了低价策略。

　　适应竞争目标是指零售企业以服从竞争的需要制定及实施商品价格。在市场领导者价格制度下，要想占有一席之地，就要采用与竞争者相同的价格出售商品，这样才易于被接受。

（二）躲避竞争目标

躲避竞争目标是指零售企业不借助商品价格参与竞争。以躲避竞争为定价目标的商业企业通过价格以外的其他方面与对手竞争，如提供较好的商品、优质的服务等。

三、销售目标

零售企业定价的销售目标包括市场占有率和销售水平。

（一）市场占有率

市场占有率定价目标是指零售企业期望通过制定及实施商品价格保持或增加其市场占有额。市场占有率是零售店经营状况在市场上竞争能力的直接反映，对其自身的生存和发展都具有重要意义。一家零售店只有在市场占有率逐渐扩大和销售额逐渐增加的情况下才有可能发展。

商品价格对市场占有率有很大的影响作用。高价无疑是企业占领和扩大市场的障碍，低价通常是实现市场份额最大化的重要手段。为了保持和扩大市场占有率，许多企业采取低价策略，以低价来吸引消费者，有效抑制现实和潜在的竞争对手。但低价策略并不是万能的，采用这种策略必须具备两个条件：第一，该商品的市场需求价格弹性较高，以致低价能吸引足够数量的消费者；第二，该商品具有较强的规模经济特征，销量的增长能够导致生产及销售成本降低。只有符合这两个条件企业才能大规模地采用低价策略，从而带来经济效益，而不至于形成恶性循环。

（二）销售水平

销售水平是指零售企业期望通过制定及实施商品价格使其能保持目前的销量水平。这一目标最大限度地依赖有效的利润。制定这一目标虽然能够使销售量增加，但这样的价格不能产生足够的营业收入，易导致盈利水平的降低。

四、企业形象目标

良好的企业形象是企业的一种宝贵的无形资产。商品价格是企业形象的重要构成要素。企业形象定价目标是指零售企业期望通过制定及实施商品价格来树立和保持良好的企业形象。

要树立企业定价目标，零售企业在制定商品价格时需要考虑以下三个因素：第一，本企业的商品价格是否能被消费者所接受，与目标消费者所期望的商品价格是否接近，是否有利于企业整体形象的实施；第二，本企业的商品价格是否让消费者感到质价相称，独具特色；第三，本企业的商品价格是否符合国家宏观经济发展目标，是否严格遵从了社会和职业道德规范。

除以上几种常用定价目标，企业还可根据自身的实际情况制定其他定价目标，比如，持续经营目标、销售渠道畅通目标、稳定定价目标等。定价目标确定之后，应将其明确地表述出来。在定价目标确定以后，企业仍可调整价格策略，但必须服从整体营销战略目标。

商品定价目标确定之后，企业就可以依据定价目标分析定价因素，选择适当的定价策略和方法来确定商品的零售价格了。

？课堂思考： 你认为零售商品定价目标中哪个最重要？请说说理由。

拓展案例： 本田飞度——低价，一步到位

任务二　影响零售商品定价的因素

零售商在制定商品价格的时候，不仅要考虑经济方面的因素，也要考虑非经济方面的因素，尤其要考虑消费者对不同价格的接受与反应。

任务情境

有些大型超市会在晚上8时以后对一些商品进行半价销售；每到季节更替，商场里会有换季大甩卖及新品推介。

思考： 哪些商品会出现上述现象？商家为什么如此定价？

知识精讲

零售定价是零售企业经营最为灵活的因素，其变化是非常迅速的，因此零售企业在决定其定价时必须全面考虑各种影响因素。

制定适当的商品价格是一项复杂的工作。商品定价的基本依据是价值规律理论，商品价格的高低，主要是由商品中包含的价值量的大小决定的。但在实际的商品交换中，单个商品的价格很少与其价值完全一致，除受商品价值量的影响外，还要受其他诸多因素的影响和制约。影响零售定价的因素主要包括商品因素、企业因素、顾客因素、供应商因素、

政府因素以及竞争因素等。

一、商品因素

一般来讲，商品在导入期定价较高，并且是固定价格，随着商品进入成长、成熟、衰退期，其价格逐渐下降且相当灵活多变。如果在竞争中处于优势，零售企业可以适当采用提高价格的策略，反之，可采取低价策略。所以，商品自身的特点及其生命周期对零售价格的影响也是相当大的。

对于购买频率高的商品，如日用品，一般存货量大和周转率高，适宜薄利多销；反之，存货量小及周转率低的商品利润率应高一些。对于标准化程度较高的商品，价格变化的可能性一般较小，而非标准化的商品的价格则变化较大。对于具有易腐性、易毁性和季节性等特性较强的商品，其价格变动性较大，如水果、鲜花等。而对于高度流行、品质公认度较好或具有较强推销能力的商品，价格水平属于次要问题，如某些满足人们心理需要（求新、求名、求优、求特）的商品价格低了，人们反而会失去购买的动力。

二、企业因素

零售企业自身对定价的影响主要包括以下三方面内容。

（一）营业成本费用

营业成本费用包括以下几方面：固定成本费用，即在既定经营规模范围内，不随经营商品种类及数量的变化而变化的成本费用，如折旧、市场调研、管理人员工资等项支出；变动成本费用，即随商品销售的变动而相应变动的成本费用，如运输和存储等费用、员工工资、日用品支出、保险费等；总成本费用，即全部固定成本与变动成本费用之和。

（二）预计销量

零售企业的盈利取决于价格与销售数量之间的不同组合：当预计销量大时，零售企业往往会降低其定价；当预计销量小时，零售企业则会提高其定价。

（三）定价政策

零售企业选择何种定价政策也往往能制约其定价，如采用每日低价政策的定价就一定低廉。

三、顾客因素

（一）价格需求弹性

由顾客的消费心理、收入状态产生的购买行为，以及对零售商的看法通常与价格有着直接的关系。这种关系是通过其价格需求弹性反映出来的。

价格需求弹性（Price Elasticity of Demand）是指消费者对价格变动产生的反应大小（也称为价格敏感程度），以及由此产生的将影响其购买商品欲望的程度。价格需求弹性描述了价格变动比率与销售量变动比率的关系。

价格需求弹性公式：

价格需求弹性＝需求量变动比率/价格变动比率

需求变动比率＝销售量变动/原销售量

价格变动比率＝价格变动/原价格

价格弹性的计算公式是以价格变动百分比除需求数量变动百分比：

弹性系数＝$\Delta P/P \div \Delta Q/Q$

式中：$\Delta P/P$ 是价格变动百分比；

　　　$\Delta Q/Q$ 是需求数量变动百分比。

（1）弹性大，指较小的价格变动百分比导致了需求数量大百分比的变动，通常发生于消费者的购买欲望低，或存在大量要接受的替代产品，消费者无商品或商店的忠诚度的情况下。

（2）弹性小，指商品价格变动较大百分比引起需求数量较大百分比的变动，消费需求被认为是缺乏弹性的，通常是由于消费者购买欲望高，或不存在可接受的代替品，消费者对商品和零售商的忠诚度高，消费者无选择余地或不愿转换商品或商店消费。

（3）无弹性，指价格变动百分比直接被需求数量变动百分比所抵消，这时弹性为1，通常在水、电、油、面等生活必需品上有这种表现。

由于商品价格上扬时，购买量通常会下降，所以弹性系数往往是负值。在给商品定价时，了解需求弹性及价格弹性变化点，将价格定在弹性接近1的临界点，有助于利润最大化。

? 课堂思考： 生活中你所知道的弹性大、弹性小以及无弹性的商品还有哪些？

（二）顾客的价格敏感度

由于顾客的爱好不同，且经济能力及消费态度也不同，因而，零售企业需要格外注意他们对价格变动所产生的反应。

（1）替代效应。顾客对价格很敏感时，就会寻找替代品来抵消因价格变动而带来的影响。比如花生油涨价时，可改用豆油等。

（2）总支出效应。顾客在购买商品时，如果觉得支出的绝对额占收入的百分比较大，就会对价格特别敏感。

（3）利益价格效应。当面对限量供应的商品、稀缺商品、纪念商品时，顾客往往会因商品的稀缺性而忽略价格，只注意商品的名气。例如，一件某品牌开领短袖衬衫的价格可能是等质量的一般品牌衬衫的2倍。购买该品牌衬衫的顾客看重的是从所购买产品的品牌中产生的认可或自我满足，因而对价格不敏感。

（4）情景效应。顾客经常将价格与环境联系在一起，认为环境好、卖场装修精美的商店销售的商品质量也就一定好。这一消费心理常常在酒店饮食业被利用，零售企业也可利用顾客这种心理，把店堂装修得精美些，进而将商品价格定得高些。

在生活中，每位顾客的消费习惯都是独特的，面对价格的反应也是不同的。

不同的顾客对价格的敏感度情况如表6-1所示。

表6-1　不同的顾客对价格的敏感度情况

顾客类型	对价格的敏感度情况
节俭型顾客	认为互相竞争的零售商没什么区别，只挑选价格尽可能低的商品，仅关心同类商品的价格差异。该类细分市场迅速增加。
地位导向型顾客	认为互相竞争的零售商有很大差异，对品牌及顾客服务比对价格更有兴趣。该类顾客属于中等收入阶层。
品种导向型顾客	选择所需产品大类中品种最齐全的零售商，寻求合理价格。该类顾客往往购买单价较高的耐用消费品和贵重商品。
个性化顾客	在熟识的地方购物，与零售人员及公司本身有密切的个人关系，愿意支付比平均价格略高的价格。
便利导向顾客	仅在必需时购物，便利的购物条件是首选，需要近的、营业时间长的商店，也愿意按商品目录单购物，可以接受较高的价格。

四、供应商因素

一种全新的商品进入零售商的卖场，其未来的盈利能力是未定的，但零售商的资源是需要产生效益的，所以为了保证最低的收益目标而又不放过机会，零售商通常会要求高价中包含有最低的盈利水平，否则不经销此类商品。

由于都想控制最终价格，供应商与零售商之间常常会产生冲突。供应商都希望有一个正面的形象，使所有零售商都能获利，相反，大多数零售商希望根据自己的定位和目标为商品定价。供应商可以通过使用独家分销系统控制价格，可以拒绝向削价的零售商供货，可以建立自己的零售机构。若一个零售商是其供应商的重要客户，也可以控制价格，如可以威胁停止销售供应商的产品线。

此外，许多制造商对自己生产的产品采用统一的价格策略，还有一种策略是在产品包装上印上"建议零售价"字样，这种方法可以限制零售商将产品价格上调的意图，却无法限制零售商将产品价格下调的做法。

除制造商与批发商外，雇员、设备制造商、土地所有者及广告代理商等外部伙伴都属于供应商的范畴，对价格都有影响，因为他们对零售商而言是成本支出。

五、政府因素

在资源短缺的经济社会中，零售商品价格普遍受到管制，目的是让有限资源得到最大化的利用。我国长期以来商品价格都是由政府控制的。从 20 世纪 90 年代后，社会生产力获得了迅速发展，市场上的商品逐步丰富起来，市场也开始由卖方市场转为买方市场。消费者已有足够的经济能力去承受价格的上涨，政府对价格的管理也因此弱化，商品价格改为由零售商和制造商自主决定。目前政府主要通过行政的、法律的、经济的手段对企业定价及社会整体物价水平进行调节和控制。零售企业定价同样受中央政府和地方政府的影响。因此，零售企业在定价时也必须考虑政府的影响。

（一）行政手段

行政手段是指在某些特殊时期对某些特殊产品采用限价措施，如在物资严重匮乏时期实行的最高限价。限价措施虽然在短期内有积极作用，但从长期看不利于供求规律调节作用的发挥，不适合长期采用。政府补贴因具有更大灵活性被很多国家采用，如 1973 年美国政府制定了许多重要农产品的价格，并规定当市场价格高于政府定价时，农民可以把农产品拿到市场去买卖，如果市场价格低于政府定价，政府付给农民价差补贴，以稳定农民收入，保护农民的生产积极性。

（二）法律手段

采用立法手段管理价格的主要目的是保护竞争、限制垄断。

（三）经济手段

政府进行反通货膨胀时的一个重要措施是采用经济手段，如为抑制需求、减少投资而采取的提高利率或增加增值税措施，会影响企业的成本，减少企业利润等。

六、竞争因素

竞争因素对定价的影响主要表现为竞争价格对产品价格水平的约束。在对无差异商品和服务要求不多的前提下，消费者往往选择那些可以有更多选择且商品价格又低的商店去购物。在竞争激烈的市场上，价格的最低限受成本约束，最高限受需求约束，介于两者之间的价格水平确定则以竞争价格为依据。

在定价管理上，零售商可以利用有特色的零售组合来吸引顾客。若零售商能使自己的商品与竞争对手有明显的不同，就能相应地控制商品的定价。在竞争的商业环境中，零售商是领导价格走势还是采取跟随策略，其自身的因素起了决定性作用，如流行时装店及高档餐厅就属于追求特色产品及服务的零售商，它们对自己的价格在一定程度上能够控制。价格竞争的实质是通过价格调整，改变产品的质量价格比或效用价格比，促使消费者对商品重新做出评价。

 **课堂延伸**

竞争商品定价的选择依据如表 6-2 所示。

表 6-2 竞争商品定价的选择依据

零售组合比较项目	价格选择依据		
	定价＜市价	定价＝市价	定价＞市价
地段	不便	靠近竞争对手，地段无优势	无竞争对手，地段理想
服务	自我服务，售货员服务少，无商品陈列	销售人员有适当服务	高素质服务、有营销技巧
花色品种	集中于畅销货	花色品种适中	丰富
店内环境	环境一般，装修中档	中等舒适，但不豪华	装修新颖，环境一流
专门服务	现购自选	无额外服务，送货上门收费	送货上门，导购服务
品牌	普通大众商场	品牌货	独家经营商场

? 课堂思考：你认为哪些因素对普通小店的商品定价影响最大？为什么？

拓展案例：休布雷公司的定价对策

 零售商品的定价方法与策略

为了实现零售企业的定价目标，在充分分析影响定价因素之后就应当选择适当的定价方法来确定企业零售商品的基本价格，并根据需要进行适当的调整。

 **任务情境**

王梅的文具店新进了一款中学生使用的双肩背包，在确定售价的时候，王梅在 79.8 元与 81 元两个价格之间犹豫不决。

思考：如果你为王梅做决断，你会如何选择？为什么？

👥 **知识精讲**

一、零售商品的定价方法

企业根据自身制定的零售定价目标、成本、需求以及不同的竞争环境，将定价方法分为：需求导向定价法、成本导向定价法、竞争导向定价法。定价方法选择适当与否，将直接关系定价目标能否实现以及定价策略的成败。

（一）需求导向定价法

需求导向定价法是指零售企业依据市场需求强度及消费者感受来定价的方法，通常被追求销售额或市场份额的零售企业所采用，主要有理解价值定价法和需求差异定价法两种。在需求导向定价法中，价格是依据消费者期望或愿意付出的代价而制定的。

1. 理解价值定价法

理解价值定价法也称察觉价值定价法，以顾客对商品的感受及理解程度作为定价的基本依据。零售企业在定价时，把买方价值判断与企业的成本费用相比较，但更应侧重考虑顾客，顾客对商品价值的理解不同，会形成不同的价格限度。这个限度就是顾客宁愿付出货款而不愿失去这次购买机会的价格。如果价格刚好在这一限度内，顾客就会顺利购买。

目前，评价和分析消费者对商品的理解价值的方法有直接价格评定法、相对价值评分法、拍卖等几种。其中，直接价格评定法是指商家邀请中间商、消费者、专家等有关人员，直接对商品的价值进行评定，然后在调研数据的基础上，利用一定的技术方法确定商品销售价格的方法；相对价值评分法是指商家邀请有关人员，对本企业商品和其他企业同类商品进行打分，根据评分结果排出顺序，然后再根据其他企业同类商品的市场平均价格，确定本企业商品销售价格的方法。

2. 需求差异定价法

这种定价法以不同的时间、地点、产品及不同顾客的消费需求强度差异为定价的基本依据，针对每种差异决定是加价还是减价。其主要有以下几种方式：

（1）因地点而异。如果对饮料的需求在餐厅中呈现的强度要高于街边小店，那么即使是同样的饮料，前者价格可高于后者。

（2）因时间而异。如果对快餐食品的需求在周末时呈现的强度明显低于平时工作日，那么即使是同样的食品，价格也要拉开档次。

（3）因商品而异。标有某种纪念符号的产品，往往会产生比其他具有同样使用价值的产品更为强烈的需求，价格也可相应调高。如在奥运会期间，标有会徽或吉祥物的产品的价格，比其他未做标记的同类产品价格要高出许多。

（4）因顾客而异。因职业、阶层、年龄等原因，顾客有不同需求。零售企业在定价时给予相应的优惠或提高价格，可获得良好的促销结果。

（二）成本导向定价法

成本导向定价法是指以商品的成本为主要依据来制定商品价格的方法。主要理论依据是商品定价时，首先要考虑收回商品的全部成本，然后再考虑获得一定的利润。此种定价法在实际工作中得到较广泛的运用。常用的成本导向定价法主要有成本加成定价法、目标贡献定价法、损益平衡定价法以及边际贡献定价法。下面只介绍其中两种。

1. 成本加成定价法

在零售定价中，运用最广泛的就是成本加成定价法。成本加成定价法也称加额法或成本基数法，是按商品的单位成本和一定百分比的加成率确定商品销售价格的定价方法，包括完全成本加成定价和进价加成定价。其方法是首先确定单位变动成本，再加上平均分担的固定成本，组成单位完全成本，在此基础上加一定的毛利润形成销售。例如，一个家庭妇女用品专业商店采用成本加成定价，把商品成本扩大两倍来获得原始的零售价。如果一件服装的成本为 50 元，初始售价就为 100 元。其中加成率可以以零售价格或成本为基础来计算，但一般都以零售价格推算。原因有以下几点：

第一，零售企业中的费用率、降价率及利润率通常都以其零售额的百分比表示。这样，若加价也以零售价格比例的形式表示，就容易统一，也方便运用。

第二，制造商及供应商提供的进货价格及折扣也是以零售价格的形式报价的。

第三，鉴于目前零售企业已广泛使用 POS 机收款，POS 系统也是以售价为基础来表示的，这样，零售价格数据比成本数据更易收集。

第四，以零售价格为基础的利润统计数据加价率幅度，比以成本为基础的利润统计数据要小，这对雇员及顾客非常有用。

成本加成定价法具有计算简单、简便易行的优点，在正常情况下，按此方法定价可以使公司获得预期盈利。缺点是忽视市场竞争和供求状况的影响，缺乏灵活性，难以适应市场竞争的变化趋势。

2. 边际贡献定价法

边际贡献定价法也称变动成本定价法，是指在变动成本的基础上，加上与其边际贡献来计算确定商品价格的定价方法。边际贡献定价是指销售收入减去变动成本后的差额。边际贡献减去固定成本后的差额就是利润。其公式如下：

$$边际贡献 = 销售收入 - 变动成本总额$$
$$= 销售数量 \times (单位价格 - 单位变动成本)$$
$$边际贡献定价法 = 单位变动成本 + 边际贡献 \div 销售数量$$

（三）竞争导向定价法

竞争导向定价法是指以竞争者的价格作为指定商店商品价格主要依据的一种方法。采用这种定价方法，商店的商品价格可以与竞争者价格的平均水平完全一致，也可能高于或低于竞争者平均价格水平，商品价格的高低必须与零售商的总体战略和市场地位相一致。

例如，沃尔玛的总体战略是成为每个市场上的低价供应商。所以它的定价要低于竞争对手。但是，与之相反，蒂凡尼公司则注重品牌价值，代表着高品质、独一无二的商品、完美的服务和繁华的地段。这些使得蒂凡尼公司的定价可能高于其竞争对手。且商品价格随竞争者价格的调整而做出相应的变动。为了适应竞争的需要，商店应将自身的信誉声望、购物环境状况、服务质量、经营商品的种类结构等方面与竞争者相比较，确定本商店的经营特色、优劣势，对各类商品分别定价。零售商的定价方法一般有以下两种。

1. 同行价格定价法

这是竞争导向定价法中广为流行的一种。定价原则是使公司产品的价格与竞争产品的平均价格保持一致。这种定价法一般能为公司带来合理、适度的盈利，其目的主要表现为以下两方面：

第一，平均价格水平在人们观念中常被认为是合理价格，易为消费者接受。

第二，试图与竞争者和平相处，避免激烈竞争产生的风险。

2. 主动定价法

与同行定价法相反，主动定价法不是追随竞争者的价格，而是根据公司产品的实际情况及与对手的产品差异来确定价格，一般为实力雄厚或产品独具特色的公司所采用。

（四）需求导向定价法、成本导向定价法与竞争导向定价法三者之间的关系

成本导向定价法的特点是能实现目标利润水平，而且方便、快捷，便于操作。竞争导向定价法应该值得考虑，零售商必须时刻注意竞争对手，但是，零售商应该在何种程度上制定市场价或追随市场领头羊是一个复杂的问题。需求导向定价法的优点在于与营销概念一致，也就是说，它考虑了顾客的需求。更进一步讲，需求导向定价法可以决定利润最大化的价格。但需求导向定价很难实施，尤其是在有数千个需要个人定价决策的库存单位的零售环境中。

需求导向定价法、成本导向定价法与竞争导向定价法三者各有各的优势，也各有各的不足。因此，将这三种定价方法结合起来也是一种非常有用的策略。成本导向定价法是这种策略的基础，竞争导向定价法为其提供外部的市场检验，需求导向定价法将用于微调这种策略，零售商将根据其利润目标制定的价格开始考虑竞争，并进行试销，确定它是否是最有利可图的价格。

❓ **课堂思考：** 请你结合周围商店的实际情况，分析一下，上述哪些定价方法是被普遍使用的。

二、零售商品的定价策略

零售企业通过采用基本的定价方法确定了大致的价格范围之后，还必须采用一些定价技巧，这样不但可以留住原有的顾客群体，还可以以商品的价格来吸引更多的顾客。

（一）新商品的定价策略

新商品上市，定价十分关键。它关系到新商品能否顺利打开市场，是否能赢得消费者

的喜爱，是否可以获得最大利润和最终实现总体营销目标。

新商品的定价策略一般包括：吸脂定价策略、渗透定价策略、温和定价策略。

1. 吸脂定价策略

吸脂定价策略也称高价定价策略，是指在新商品上市之初，将销售价格定得很高，以迅速从市场上赚取利润。

吸脂定价策略是利用消费者对新商品尚无理性认识的特点，通过高价进行销售。这不仅可以使企业迅速收回投资、减少投资风险、获得高额利润，还可以提高商品的"身价"，在消费者心目中树立高价、优质、名牌的印象，也给企业留下了较大的降价空间，获得竞争优势。

但吸脂定价策略也有其缺点：新商品上市初期销售价格过高，不利于占领和稳定市场，容易使新商品上市失败；高价高利润会极大地吸引优势竞争者的进入，刺激替代品、仿制品的出现；此时，处理不善，会失去相当一部分的消费者。除此之外，若新产品的价格高于价值，可能会在某种程度上损害消费者利益，受到消费者的抵制，不利于企业长期形象的树立。

2. 渗透定价策略

渗透定价策略也称低价策略，是指新商品上市之初，将销售价格定得较低，以迅速占领市场，取得较高的市场占有率，获得较大的利润。

渗透定价策略的主要优点是有利于新商品迅速占领市场，提高市场占有率并借助大批量的销售来降低成本，以低成本的竞争优势获得长期稳定的市场份额；另一优点是，低价格情况下的微利，不会招来很多竞争者，减缓了市场竞争的激烈程度。

但渗透定价策略也有其缺点，主要是投资的回收期长，价格变动与低效难以应付在短期内突发的竞争和需求的变化。

3. 温和定价策略

温和定价策略也称中价策略，是指在新商品上市之初，将销售价格定得适中，兼顾厂家、商家和消费者利益，力求使各方均感满意。

温和定价策略既避免了吸脂定价策略的高价所带来的风险，又避免了渗透定价策略的低价带来的企业生产经营困难。

采用温和定价策略，既能使企业获得适当的平均利润，又能兼顾消费者的利益。但这种定价策略比较保守，不适于需求复杂多变或竞争激烈的市场。

（二）心理定价策略

心理定价策略是零售企业常用的定价策略。它根据顾客的购买心理有意识地将商品价格定得高些或低些，以满足顾客生理的和心理的、物质的和精神的多方面需求，以此来增加顾客购买量，扩大市场占有额，获得最大效益。常见的心理定价策略有以下几种。

1. 整数定价策略

整数定价策略是零售企业有意识地把商品的零售价不留有零头，而定为整数的一种策略。其用意是增强价格的明朗性，给消费者一种"好货不便宜"的感觉。它主要适用于一些高质量的产品或顾客不太了解的新产品，尤其是一些高级消费品和礼品。

2. 尾数定价策略

尾数定价策略是指将零售价格定在略低于整数价格的水平上。例如，0.9元、4.98元及199元。这样的价格看上去像打了折扣或是低于顾客心目中的价格上限。

尾数定价似乎表明了一种低价格，所以，对保持高端形象感兴趣的零售商很可能不采用尾数定价策略。

3. 炫耀定价策略

炫耀定价策略是一种根据顾客炫耀身份、显示地位、满足虚荣心的心理需要和他们的购买力制定价格的策略。

4. 声望定价策略

根据顾客按价论质心理及求名心理，零售商可以适当提高那些质量差异不易察觉、价格需求弹性较低的商品、新产品或稀有商品的价格；而那些声望高的零售商则将其零售价格定得高些。

5. 谐音定价策略

谐音定价策略是一种迎合消费者某种心理状态、引起对美好事物联想的定价策略。如近几年我国内地消费受港澳地区影响，对数字"8""9"比较偏爱。因为"8"与"发"发音相似，"9"与"久"同音，"8"能使人联想到"发财"，"9"能使人想到"长久"，都使人感到吉利。因此，很多商店对商品定价往往以"8"结尾，如"888"（发发发）、"1688"（一路发发）、"9898"（久发久发）等。

6. 招徕定价策略

招徕定价策略是指利用消费者的求廉心理，特意将某几种商品的价格定得较低，以吸引消费者在购买这些商品时，也可以购买其他正常价格的商品。

招徕定价策略的运用，虽然致使那几种低价商品不怎么能赚钱，其价格有时甚至会低于进价，但由于带动了其他正常价格商品的销售，因此增加了正常价格商品的销量，增加了收益，从而弥补了特价商品所造成的损失，使企业整体效益得以提升。

（三）地理定价策略

零售企业的商品往往销往不同地区，那么费用由谁承担、如何承担也就成为企业所必须面临的问题。

1. 统一交货定价策略

这种定价策略是指不论顾客所在地路程的远近，都由企业将商品运送到买主所在地，并收取同样价格的策略。这种定价策略适用于运费低廉或运费仅占变动成本的一小部分以及商品重量轻时使用。其好处在于：有利于扩大企业的销售市场范围；统一价格的使用，易于赢得消费者的好感；大大简化了定价工作。

2. 分区运送定价策略

这是一种以卖方角度，把市场划分为几个大的区域，根据这些区域的距离远近，不同的区域采用不同的运费标准，然后把运费加到价格中去的定价策略。这一定价策略在一定程度上弥补了统一交货定价策略的缺陷，但并不能从根本上解决统一交货定价策略的所有问题。

3. 卖场交货定价策略

采取卖场交货定价策略，意味着超市在自家门口采取相同的价格。顾客按照一定的价格购买商品，超市负责将商品搬上某种运输工具后交给顾客，由顾客承担全部费用和风险。这种定价策略比较单一，适应性较强，对卖方比较有利，它减少了买方的运输费用和运输风险，还简化了定价工作。但由于距卖场较远的购买者必须承担更多的费用与风险，离卖场越远的地区，商品零售价越高，因此过高的地区差价很可能导致消费者弃远求近，从而致使卖场市场范围的缩小。

4. 运费补贴定价策略

这是以产品的产地价格或出厂价格为准，为了照顾距离较远的买方，对运费实行部分或全部补贴或优惠的定价策略。该策略有利于保持一定的市场占有率以及抢占距离较远的市场区域。

5. 基点定价策略

这是一种以距离买方的运费作为基点，加价到产地中去的定价策略。距离买方最近的生产点叫基点。用这种方法制定的价格对较远地区的买方有利，而对邻近地区的买方不利。

(四) 折扣定价策略

折扣就是按原价格少收一定比例的货款。为了鼓励顾客多购买商品，零售店根据顾客购买量，给予不同的折扣。

1. 一次性折扣

这是一种非累计折扣，按照顾客一次购买量而给予的不同折扣。因为，一次购买量增大，销售费用并不同时增加，从而会使销售成本降低。所以，这种折扣对零售店和顾客都有利。

2. 累计折扣

累计折扣是零售店可以常年采用的定价方法。采用累计折扣也就是让利于民，对于与顾客建立密切的关系有非常明显的作用。常用的累计折扣方式有：优惠卡累计折扣和发票累计折扣两种。优惠卡累计折扣是指零售店向顾客出售优惠卡，售卡价格低于卡上的面值，优惠卡主要提供给店铺的老顾客，或有一定购买力的顾客；发票累计折扣是指收银员在收银时，向顾客打印结算发票，商店根据顾客的购买金额，确定给顾客多少折扣。对于顾客累计的折扣金额，零售店一般以购物券的形式支付，购物券只能在该店内使用。这样对顾客来说，具有较强的刺激性和诱惑力。

3. 季节性折扣

商店中的有些商品是有季节性消费特征的，例如饮料、毛衣等。为了鼓励消费者购买，零售店有时会给予一定的折扣。具体分为两种：旺季时，给顾客一定比例的折扣可以将销售活动推向高潮；淡季时，给顾客较大的折扣，刺激他们的购买欲望，以加快商店流动资金的周转，提高资金利润率。

4. 限时折扣

零售店出售的商品大部分是食品，任何食品都有一定的保质期，为了确保在保质期内将商品销售出去，零售店可采用限时折扣方法进行促销。在运用限时折扣促销时，必须给顾客一定的时间。例如，2023 年 12 月 20 日到期的饮料（保质期 14 天），最好在 12 月 14 日左右进行折扣销售，留给购买者一定的消费时间。对于食品（如面包、牛奶、烤制的肉排等），应该在零售店每天歇业前一两小时进行折扣销售，以确保将其销售出去。

5. 特卖品折扣

由于市场上消费流行时尚的变化，有些商品（特卖品）由于款式、包装等方面的原因而不再新潮，需要进行大幅度折扣销售。这样做主要是为了吸引顾客，集聚人气，以此带动零售店铺出售其他的商品。特卖品价格一般有两种形式：亏损型特价和低于正常价格（但高于成本）销售的价格。亏损型特价在中国目前有法律限制，仅有三种类型商品可以做亏损型特价，这三种商品是鲜活商品、季节性商品和积压商品，其他商品做亏损型特价都属违法。出售特卖品的时间一般被安排在非节假日的星期一或星期二，因为零售店在这些日子顾客最少。

课堂延伸

在美国著名的凯马特连锁店，当蓝灯在某一货架上闪烁时，就表明那里有减价商品出售。这种现象每天只发生几次，每次不超过 15 分钟减价商品就售完。顾客对此很感兴趣。因此，凯马特每天都拥有很多顾客。凯马特出售的降价商品，一般只限于小食品、卫生用品等价格不高的日用品，洗衣机、录音机等价格较高的商品绝不在降价之列。凭着这一招揽顾客的高招，凯马特各种商品的销售额普遍较高。

（五）商品组合定价策略

商品组合定价即从零售企业整体利益出发，为每种商品定价，充分发挥每种商品的作用。

1. 商品线定价策略

商品线是一组相互关联的商品，零售企业必须适当安排商品线内各商品之间的价格梯级。若商品线中两个前后连接的商品之间价格差额小，顾客就会购买新推出的先进商品。此时，若这两个商品的成本差额小于价格差额，零售企业的利润就会增加；反之，价格差额大，顾客就会更多地购买较差的商品。

2. 任选商品定价策略

任选商品是指那些与主要商品密切相关的可任意选择的商品。零售企业为任选商品定价的常用策略有两种：第一种，把任选商品价格定得较高，靠它盈利多赚钱；第二种，把任选商品的价格定得低一些，以此招徕顾客。

3. 连带品定价策略

连带品是指必须与主要商品一同使用的商品。例如，刀片是剃须刀架的连带品。成功地运用连带产品定价策略有一个重要的前提条件，即企业的产品要具备一定的垄断性。如果消费者以一个较高的价格购买了企业的第一部分产品后，发现市场上存在着与企业的其余部分产品功能基本相同，但价格却低很多的替代品，必然会转向购买替代品。

4. 捆绑定价策略

捆绑定价策略是指将一些原本并没有多大联系的产品组合成一个整体，按一个统一的价格销售的定价策略。

捆绑定价策略运用得当，同样能增加企业的销售额和收益。成功运用捆绑定价策略有一个重要前提条件，即实施捆绑定价策略的各个产品的需求具有一定的负相关性。如果消费者对各个产品的需求是正相关的，捆绑销售并不能带来更多的收入。例如，一家旅行社可以提供包括飞机票、航海和餐饮在内的旅行服务，总价值3 500元。如果分别购买，这几类商品加起来可能值5 600元。通过把销售不佳的商品与高需求商品组合起来，该策略也能处理掉需求不大的商品。捆绑定价策略适用于商业企业，因为商业企业经营的商品种类较多，比较容易找到一些满足这一条件的商品。

（六）系列定价策略

系列定价是指根据商品的品质、性能、外观差异的不同设定一个价格范围，在该范围内列出若干价格点，每个价格点都代表着不同的品质水平和性能差异。在价格系列中，零售商首先定出每类商品的价格上下限，然后在这个范围内设置一定数量的价格点。例如，体育用品商店将其所经营的羽毛球拍根据质地、性能划分出差的、一般的、良好的、优良的、优秀的、超优秀的等若干个等级和种类，再据此分别定价，就有了羽毛球拍50元、80元、120元、360元、550元……若干种档次。这样的定价在零售商品中被广泛应用，原因有以下几点：第一，系列定价基本上消除了由多种价格引起的混淆。消费者可凭喜好来选择便宜的、性能好的（价格高的）或者中等价位的商品。第二，从零售商角度来看，采用系列定价使得销售任务得以简化。第三，系列定价赋予了采购员更大的灵活性，使得采购员不必拘泥于商品的初定价格。他们的采购价格可以略低于或者高于系列定价的预期成本。

？ 课堂思考：假若你要开一家商店，你会选择哪些策略来给你的商品定价？请说明理由。

家乐福独特的 "高低价" 策略

与沃尔玛所谓"整体低价"策略不同，家乐福坚持"低中取低，高中超高"策略。家乐福不是所有商品的价格都很低，而是高低结合，至于哪些商品是低价，哪些商品是高价，家乐福是在充分的市场调研的基础上确定的。

家乐福独特的"高低价"策略其实是一种价格组合策略，这个策略的主要依据是商品属性。家乐福把商品按其属性分为四种：敏感性商品、非敏感性商品、自有品牌商品和进口商品。家乐福对于四种不同属性的商品的定价采取四种不同的策略：敏感性商品超低价，非敏感性商品贡献价，自有品牌商品权变价，进口商品超高价。最终要达到的目的是将提高销售额与获取最大利润整合到最佳平衡点。四种不同的定价策略如下：

一、敏感性商品超低价

据有关调查显示，消费者对于某些商品的价格十分敏感，他们甚至十分清楚这些商品在不同的超市的销售价格。这类商品就称为"敏感商品"。"敏感商品"的特点是消费量大，购买频率高。家乐福对于这类商品实行微利甚至无利销售。家乐福对于敏感商品的确定费了一番功夫，在全面、详细、深入的市场调研的基础上，精心选择10％的敏感商品进行超低价销售，这部分敏感商品的超低价位可以维持和强化其低价形象，从而带动其他非敏感商品的销售，达到所谓以点带面、以小带大的效果。

二、非敏感性商品贡献价

其实家乐福实行敏感性商品超低价的策略的目的是要带动这部分非敏感商品的销售，这部分非敏感性商品才是家乐福的真正盈利点。这部分非敏感商品分为两部分：

（1）正常的非敏感商品。这类商品主要指消费者不太敏感，同类商品品种多，消费者很难在短期做出价格的比较。对于这部分商品，家乐福是在成本上加一个利润率，但以不高于市价为原则，毛利率均控制在10％～15％，而市价的毛利率往往在15％～20％。

（2）特殊的非敏感性商品。这类商品是在消费者心中有一定地位的名牌商品或能够体现消费者社会地位的商品。对于这类商品如果将价格定得过低，会使消费者认为商品档次不高或质量不好。对于这部分商品，家乐福的策略是把价钱定高，赚取超额利润。

三、自有品牌商品权变价

从2003年开始，家乐福开发了许多自有品牌的商品。这一切与其高超的定价策略密不可分。对于自有商品，家乐福实行权变价策略。所谓权变价策略，就是家乐福对于自有商品的价格有很大的调节空间，根据市场情况迅速调节价格。

四、进口商品超高价

在任何一家大型超市，都会有一些进口商品，家乐福也不例外。对于这部分商品，家乐福实行超高价策略。实行这一策略是基于进口商品的特性：购买者对于这类商品的价格不关注，关注的是进口商品带来的附加值。

总而言之，家乐福采取的是所谓"低中取低，高中超高"的目标市场细分策略，对不同的细分市场推行差异化的价格营销策略。与其他零售企业相比，家乐福各大卖场中的敏感性商品一直是最低价的，这使其在这些商品的价格上具有其他商家难以超越的优势；而家乐福的非敏感性商品的价格是较高的，但这丝毫不影响家乐福的低价形象。

案例解析： 商场商品的定价不光要考虑成本因素，还要考虑竞争问题，另外也要考虑消费者的心理，不是一味地追求整体低价或整体高价，而是根据商品的属性制定不同的价格策略，从而实现提高销售额与获取最大利润的最佳平衡。

任务四 价格调整策略

价格调整策略是指企业根据市场环境和市场形势的变化对原定价格进行调整的策略。这种价格调整措施可能是企业为达到某一经营目标而主动采用的，也可能是迫于经营环境的压力而被动采取的。价格调整对企业乃至整个行业都有重大的影响，价格调整策略与定价策略同等重要。

一般而言，价格调整可表现为：在商品原零售价格上降价，用来应对另一个零售商的低价竞争，或者是调整过多存货、清理样品、清除零散品种及吸引顾客；在商品原来价格基础上加价，用来应对销量下降或上升的成本。

任务情境

童亮的体育用品商店一次购进 20 副乒乓球拍，但是，一个月内只卖了 5 副。如何尽快售出以加快资金周转，是童亮眼下正在考虑的问题。出现同样情况的商品还有羽毛球拍和排球、篮球。

思考： 如果你来处理这个问题，你将采取何种策略？

知识精讲

一、降价及加价

（一）降价

降价可用金额或百分比来计算。决定降价幅度的两个指标是零售降价率和成本降价率。

（1）零售降价率是指降价总额占销售额的百分比。其公式如下：

零售降价率＝降价总额÷原销售价（以金额计）

采用零售降价率是为了表明各类商品降价幅度的大小。

（2）成本降价率是在进价成本基础上进行计算的，是指新价格占进价成本的比率。其公式如下：

成本降价率＝降价总额÷进价成本

这一公式可计算出在原商品进价基础上的降价幅度。

（二）加价

加价率是指额外加价总额占原销售额的百分比，同样可分为零售加价率与成本加价率。其公式如下：

零售加价率＝加价总额÷原销售价（以金额计）

成本加价率＝加价总额÷原进价成本（以金额计）

（三）价格调整对销量的影响

零售商应意识到价格调整对零售商品销量的影响，降价在获得收益方面可能与加价有同样的效果，因为低价可以吸引更多的消费者，因而增加其销量。影响可通过如下公式来体现：

$$\text{价格调整后要达到的相同的商品销售数量}=\frac{\text{原加价率}（\%）}{\text{原加价率}（\%）\pm\text{价格变化率}（\%）}\times\text{原预期销售量}$$

二、控制降价

（一）控制降价的方法

控制降价可以让企业检查自己的政策，如存储商品的方式是否正确及流行商品的到货期是否太晚。仔细计划也可使零售商避免一部分商品降价。下面列举几种控制降价的方法：

（1）坚持采购计划中的订货数量，选择适宜商品到货期，不要为了获得额外的数量折扣或促销补贴而购入过多商品。

（2）成为一位重要客户，限制打交道的供应商数量。

（3）评估商品滞销原因。

（4）仔细研究特殊商品对于传统商品销售的影响。

（5）仔细选择尺寸，有时宁愿冒缺货的风险也不盲目进货。

（6）保持畅销商品的库存，以免大幅度降价。

（7）检查积压商品的成因。

（8）确保适当的激励，拥有经过培训的销售人员。

（二）降价时期的选择

1. 早期降价策略

虽然零售企业家们对何时降价有不同的看法，但大家基本上同意执行早期降价策略是有益的，原因如下：

第一，这一策略在需求还相当活跃时就对商品定出底价。

第二，早期降价比在销售季节末降价的幅度要小。

第三，早期降价为新的商品留出了销售空间。

第四，增加了零售商的现金流量。

2. 逐步降价策略

逐步降价策略是指在整个销售季节中都对价格打折。逐步降价策略的核心是自动降价计划。在该计划中，降价的幅度及时间由商品库存时间的长短来控制。例如，零售企业可以在一年内进行一两次所有商品的大清仓。全店大清仓一般发生在像元旦和春节的销售巅峰期之后，目的是在下一年销售季节之前清理掉库存商品。自动降价过于频繁会摧毁顾客对零售商正常定价策略的信心，也可能激起顾客追逐便宜的风气，使他们不再购买企业正常标价商品。

（三）调价时应注意的问题

调价时应注意以下三个方面的问题。

1. 消费者对调价的反应

消费者能否接受调价后的产品是衡量企业调价成功与否的重要标志。企业在调价前，应分析调整后的价格能否被消费者所接受，消费者怎样看待这次调价等。在深入分析的基础上，企业还应与消费者进行及时沟通。

2. 竞争者对调价的反应

企业采用降价策略时，如果竞争者也采用相同幅度或更大幅度的降价，那么企业降价的效果就会被抵消甚至更差；如果竞争者定价策略保持不变，企业会因降价而获得更大的市场占有额。同样，企业采用加价策略时，如果竞争者不跟着加价，那么原供不应求的市场就可能变成供过于求的市场。因此，竞争者的调价反应直接决定了企业制定某种价格策略、采用某种价格策略的效果。

3. 考虑本企业在同行业中的地位

优势企业主动降价，或许会引发同业竞争者间的降价大战。劣势企业主动降价，可能导致行业中的优势企业对自己进行报复。除此之外，企业在进行调价前，还必须分析竞争者的企业状况。

？ 课堂思考：请举例说明发生在你周围的降价事例，并分析其原因。

拓展案例：现代伊兰特降价，找准时机

课后复习与思考

一、单选题

1. （　　）是指利用消费者的求廉心理，特意将某几种商品的价格定得较低，以吸引消费者在购买这些商品时，也可以购买其他正常价格的商品。

A. 吸脂定价策略　　B. 渗透定价策略　　C. 温和定价策略　　D. 招徕定价策略

2. （　　）是指在新商品上市之初，将销售价格定得很高，以迅速从市场上赚取利润。

A. 吸脂定价策略　　B. 渗透定价策略　　C. 温和定价策略　　D. 招徕定价策略

3. 将商品定价为"888元""1 688元"属于（　　）。

A. 整数定价策略　　B. 尾数定价策略　　C. 炫耀定价策略　　D. 谐音定价策略

4. 边际贡献定价法属于（　　）。

A. 需求导向定价法　　　　　　B. 成本导向定价法

C. 竞争导向定价法　　　　　　D. 目标贡献定价法

5. （　　）根据公司产品的实际情况及与对手的产品差异来确定价格，一般为实力雄厚或产品独具特色的公司所采用。

A. 理解价值定价法　　　　　　B. 成本加成定价法

C. 同行价格定价法　　　　　　D. 主动定价法

二、多选题

1. 新商品的定价策略一般有（　　）。

A. 吸脂定价策略　　　　　　　B. 渗透定价策略

C. 温和定价策略　　　　　　　D. 季节性折扣定价策略

2. 评价和分析消费者对商品的理解价值的方法有（　　）。

A. 直接价格评定法　　　　　　B. 相对价值评分法

C. 拍卖　　　　　　　　　　　D. 需求差异定价法

3. 零售企业的定价目标有（　　）。

A. 利润目标　　B. 竞争目标　　C. 销售目标　　D. 企业形象目标

4. 下列有关商品调价说法正确的有（　　）。

A. 早期降价为新的商品留出了销售空间

B. 自动降价过于频繁会摧毁顾客对零售商正常定价的信心

C. 采用价格调整策略时，应考虑消费者对调价的反应

D. 优势企业主动降价，或许会引发同业竞争者间的降价大战

5. 下列属于心理定价的有（　　）。

A. 整数定价策略　　B. 尾数定价策略　　C. 炫耀定价策略　　D. 声望定价策略

三、判断题

1. 日用品，一般存货量大和周转率高，适宜薄利多销。（　　）

2. 降价在获得收益方面可能与加价有同样的效果。（　　）

3. 零售店若以追求最大利润为目标，可以将价格定高点。（　　）

4. 一般顾客会认为环境好、卖场装修精美的商店销售的商品质量也就一定好，所以商家可以把店堂装修得精美些，进而将商品价格定得高些。（　　）

5. 价格需求弹性大的商品可以通过提高售价以提高利润。（　　）

四、简答题

1. 影响零售商品的定价因素有哪些？请详细分析。

2. 吸脂定价策略的优缺点分别是什么？

3. 商店以每条 32 元的价格购进一批儿童牛仔裤，希望按售价 30％的加价率卖掉，为此，售价应该是多少呢？

4. 商店购入一批山地自行车，每辆车的成本是 205 元，售价为 260 元，求该店以售价为基础的加价率。

五、案例分析

春节前后一段时间是家电销售的黄金季节，也是各家电企业纷纷使出各种手段强力促销的时候。但今天您走进北京市的一些家电卖场可能会发现，一直擅长在价格战中拼杀的格兰仕微波炉却悄悄地涨价了。记者昨天了解到，这次涨价是格兰仕在全国范围内统一实施的，但幅度并不是很大，每台的涨价幅度在二三十元。

尽管涨价幅度并不算大，但正当节前各类产品纷纷降价之时，素有"价格杀手"之称的格兰仕为什么反倒涨价？为此记者联系到了格兰仕集团总裁助理赵先生。他告诉记者，国家有关制止低价倾销工业品的规定即将出台是此次格兰仕涨价的重要因素。他介绍，去年以来由于微波炉的主要原材料特种钢材价格飞涨，使生产成本平均每台上涨了 30 元左右，已经吃掉了产品利润，甚至成本已经高于了售价。而国家即将出台《关于制止低价倾销工业品价格行为的规定》，在先前提出的草案中指出，经营者使产品实际价格低于成本价的销售行为属于违规。因此，格兰仕如不涨价就有可能与即将出台的规定有冲突。为了不让企业等到新规定出台时再被打乱计划，格兰仕在去年年末制定今年营销策略时就已经有所调整，这次涨价就是新策略的一部分。

另据了解，新规定还涉及赠品问题，即销售商品时附带的赠品也要算入产品总成本，如果商品的实际售价低于商品本身以及赠品成本总和，也可能属于违规。据记者观察，格兰仕在这一方面也可能与新政策有不符之处。因为记者在一些商场看到，消费者在买格兰仕微波炉时，往往还能获得电饭煲、焖烧锅、电火锅、瓷器等一大堆赠品，再加上各店的降价促销，有的可能也已经低于了成本价。这一点在格兰仕空调的销售中更为明显。据某商场介绍，不久前格兰仕在高级空调促销中曾经送过一种钻石手表，而这种手表的市价比空调市价还贵。对此，格兰仕方面表示，将认真研究新政策，如果有违政策，今后可能再度涨价或取消大量赠品。

据了解，在家电行业中，为追求轰动效应而超低价促销并不新鲜，去年奥克斯甚至推出了"一分钱空调"。但目前就算企业被认定是倾销行为也不会受到经济处罚，市场监督管理部门只能责令其改正。2001 年年底有关部门也曾经出台过"十种行为构成不正当竞争"的规定，但也没有从根本上遏制住低价家电的出现。据了解，即将出台的新规定不排除对违规者实施经济处罚的可能，应该会对企业促销有所限制。据记者了解，格兰仕是首家对新规范做出反应的家电企业。

资料来源：张钦. 低于成本价促销将被禁 格兰仕微波炉涨价 ［N］. 北京青年报，2003 - 01 - 20.

问题：

1. 格兰仕在制定价格时主要受哪几个方面因素的影响？

2. 当前，企业之间竞争愈益激烈，价格大战随处可见，价格竞争被认为是一种较好的竞争手段。你认为这种观点正确与否？结合本案例，请你谈谈：格兰仕价格策略的依据是什么？它能给我国目前市场上的价格大战带来什么借鉴意义？

实践操作

1. 实训题目：考察某大型超市的定价方法及策略。

2. 实训目的：通过对该大型超市的定价方法及策略的考察，了解其采用该方法及策略的原因，然后根据实际情况写出考察报告，并给出改进建议。

3. 实训要求：6～8 人一组，做好小组分工，协同调查。

4. 实训地点和设备要求：可以考察市内区域，也可以就近选择其他区域。带上手机，做好相关的录音、拍照记录，以辅助说明问题。

5. 实训内容：了解该大型超市所采用的定价方法及策略，并给出相应的建议。

6. 实训实施方案：做好事前分工，做好计划，合理分配人力物力。考察结束要及时总结，得出合理的结论。

7. 实训结果要求：做好考察的全程记录，最后用充足的证据论证考察报告。

项目七 零售促销管理

💡 **学习目标**

知识目标

1. 掌握零售促销的概念。

2. 了解零售促销的意义及零售促销的分类。

3. 掌握零售广告的含义、特点，了解零售广告的类型。

4. 了解零售广告公关的含义与作用，掌握零售公关的特点及宣传形式。

5. 掌握人员销售的形式及特点，了解人员销售的基本步骤。

6. 掌握销售促进的含义及特点。

7. 掌握零售促销的策略。

能力目标

1. 能进行零售促销工作。

2. 能进行零售广告策划。

3. 根据时机选择零售宣传方式。

素养目标

1. 培养协同合作的团队精神，形成良好的组织纪律性。

2. 培养较强的客户服务意识和沟通表达能力。

3. 培养创造性思维、创新意识和实践能力。

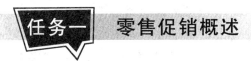
任务一　零售促销概述

　　零售促销是促销手段中广泛采用的手段和形式。零售促销策划一般分为设定目标、确定预算、分配预算和实施与评估组合。

任务情境

珠海市有一家副食品商店，推出了一种给顾客发放月票的促销方式，其实质也是积点优惠方式。凡持月票到商店买东西的顾客，可以享受九折优惠。到月底结算时，对于本月中到商场购货金额最高者，商店给予奖励。向顾客发放月票就是为了鼓励顾客长期在自己店里买东西，因此商店有了一大批稳定的顾客群。蔬菜之类的副食品是每个家庭日常生活中必需的。月票办法对顾客来说是常买常省，多买多省；对商店来说，长期来买东西的顾客越多、生意越稳、赚头越大。打折扣、发奖金，可以引来大批回头客，从而取得"吃小亏占大便宜"的效果，通过一个个顾客这样的活广告，能引来更多的顾客。顾客购物往往都是连带性的，月票的优惠虽然反映在蔬菜上，但只要顾客上了门，就会顺带买其他的商品，给商店带来"滚动效益"。

思考：

1. 结合案例，具体谈谈你对"吃小亏占大便宜"这种促销方式的理解。

2. 此案例属于积点优惠促销类型，你认为企业应用这种促销手段的思路应是怎样的？

知识精讲

一、销售促销概述

销售促销包含了广告、公共关系和人员推销以外的所有促销活动。其目的是促进顾客购买力及增强商家的销售效率。其形式包括展示、竞赛、抽奖、赠券、老顾客优惠计划、奖励、赠送样品、产品演示、分派礼品及其他常规促销方式以外的短期销售努力。从研究报告中可以看出，消费者在卖场中的闲逛，多数时间是在搜寻价廉物美的商品，或是新产品，以及纯粹的便宜货。那么，如何将这些消费者搜寻的物品展示出来呢？销售促销就是一种很有效的形式。

课堂延伸

电子零售商一般将25％以上的利润用于广告，而店面零售商用于广告的费用仅占利润的3％～5％。

广告的频率和时间决定了顾客将会有多少次、多少时间看到零售商的信息。

大百货商场促销手段的"满送"也叫"购物返券"。购物返券是1996年从北京的百盛和崇光百货开始的，当时吸引了大量消费者，创造了这两家店的利润高峰。至2004年，促销返券之风已经在全行业盛行，一些不返券的商家也不得不加入了这个行列。而且返券从满100元返20元券，演变为满100元返100元券，甚至上涨到满100元返200元券。2006年武汉地区又出现了"满20送27再满60送68"的超级"满送"促销手段。

屈指算来，"满送"促销模式在国内已走过二十多年历程，"满送"之风也愈演愈烈。

（一）促销的目标

（1）零售促销首先表现出的目的就是提高短期销售量。

（2）在运用这种促销手段时，可以维持顾客忠诚度。

（3）对于处在产品生命周期导入期的产品，可突出商品的新颖性。

（4）可作为其他促销手段的补充。

（二）促销的优点与缺点

1. 促销的优点

（1）促销通常能吸引顾客注意。

（2）可围绕促销制定的特别主题，使用特别的方式，引起关注。

（3）在零售促销活动中顾客可得到一些有价值的东西，如赠券或赠品，顾客会有一些获得收获的满足感。

（4）有价值的赠品、有创意的服务，有助于吸引顾客光顾并维持对零售商的忠诚。

（5）对于闲逛的顾客，促销可以促进冲动型购物的上升。

（6）有竞赛活动或产品演示的促销活动类型，会使顾客感到有趣。

2. 促销的缺点

（1）由于对顾客心态把握不准确，有的促销活动可能会引起顾客的不良反应。

（2）用老套的方式促销，如抽奖、买一送一，可能有损零售商的形象。

（3）有时促销要点并没有放在增加零售商的产品类别、价格、顾客服务等因素上，而是强调一些没什么意义的主题，促销的目标定位不清晰。

（4）一般的销售促销，若无特别创意，则只能达到短期效果。

（5）只能作为其他促销方式的补充手段使用。

（三）促销形式

各类促销形式都可以有许多具体的内容，如表 7-1 所示。

表 7-1　各类促销形式的内容

类型	内容
POP	零售商在橱窗、地板和柜台上进行展示，以提示顾客，刺激冲动型购买，有时展示是由制造商提供的。
竞赛	顾客参与竞赛（游戏）进行竞争以得到奖励，如投篮球、背诵指定的广告语、预测球赛胜负，获胜者必须是给出正确答案（技能）的顾客。
抽奖	与竞赛相似，但参与者只需填好申请表格，胜者是随机挑出来的，这里面不需要什么技巧，零售商经常使用这一方式。

续表

类型	内容
赠券	顾客从印刷媒体或POP展示上可剪下赠券（或手机上领取电子赠券），零售商可以提供折扣。
购物优惠	顾客按购物总金额获得积分或折扣，积分累积起来可获得商品或优惠计划服务。
样品试用	给顾客提供免费试用的商品。
商品演示	演示商品功能，如清洁地板、搅拌食物等，其他服务也可以演示（如柔道指导）。
赠送礼品	当顾客介绍新顾客来时，给予老顾客礼物或礼品（火柴盒、钢笔、日历、购物袋等），把印有零售商名称的一些小礼品送给顾客。
特别策划	如时装展示、作者签名活动、艺术展览及假日活动（如儿童乘车旅行）等。

? 课堂思考： 你认为销售促销的方法有哪些？

二、销售促销形式

销售促销是零售商为告知、劝说或提醒目标市场关注有关企业任何方面的信息而进行的一切沟通联系。销售促销的形式有广告、公共关系、人员推销。

零售商采用哪种促销形式会更加有效并无定论，关键要看所选定的促销活动的形式和内容是否能有效针对目标市场，并且是否能有效发挥促销的作用。

（一）广告

1. 定义

广告是指由明确的出资者付费，通过店外大众媒体进行的非个人的沟通传达方式。商店所发布的广告在形式上是通过媒体传播零售商需要表达的信息，是由零售商支付费用、制作并予以发布的。

2. 特征

广告的特征表现在以下方面：

（1）具有付费的形象。这一点是广告与公众宣传的区别。在公众宣传中，零售商不会为传递信息而付费。零售商发布广告的目的在于：让消费者了解商店的位置、经营条件、商品种类和价格，以及与其他零售商所有不同的地方。这种发布是一种纯商业活动。

（2）对公众进行展示。广告中的标准信息是传达给整个受众群和拟订的目标顾客群的，它不能因个别顾客而调整。准确把握目标顾客群的特征而非个别消费者的个性需求，是广告设计的前提。

（3）借助店外大众媒体。店外大众媒体包括报纸、广播、电视、互联网、户外广告牌，以及其他大众沟通渠道。

3. 零售商广告和制造商广告的区别

在制作和发布广告的策略上，零售商和制造商有所不同。虽然这种不同不是源自行业的特征、经营过程和方式，但在广告的制作和达到的目标上，零售商更侧重于以下几个方面：

（1）零售商有更集中的目标市场。零售商更关注的是核心商圈及次级商圈的目标顾客，这意味着他们比制造商更需要适应当地的市场需求、习惯及偏好。同样，因为零售商所覆盖的商圈是有限的，所以零售商不能像制造商那样容易地利用全国性传媒，只有最大的零售连锁店及特许经营店才能在全国性电视节目上做广告。反过来，在全国性的媒体做广告的区域性商店，除了浪费资源，看不出有其他的好处。

（2）零售广告更注重时效性。零售商的各种商品为了销售而陈列，在特定的短时间内打出广告，追求的是立刻卖掉。广告发布产生长久效应在零售业是不存在的。对一般消费者而言，除了汽车、房屋等商品的广告能产生较持久的效力外，对于其他商品零售商，选择使用广告宣传单是一种理想的做法。

（3）零售广告突出价格。从目前的流通过程看，制造商的产品跨国界的现象是常有的，在流通中不同的经销商和零售商的利益难以确定，因此，目前仅有极少数的商品使用"建议零售价"的方式，制造商要表达的是它的分工的特长所在——商品的特征，而零售商面对的是所在商圈内的目标顾客，在明确的管理范围内制定出商品准确、合理的零售价，这也是零售商经营战略的一部分。

4. 广告媒体

零售商可选择的广告媒体有报纸、电话号码簿、电子邮件、广播、电视、互联网、交通工具、户外广告、杂志及传单等形式，每种广告形式的制作方式、费用支出、广告诉求特点、广告效果均有很大的不同，零售商可以根据这些不同的特点有针对性地、选择性地选择广告形式。

（二）公共关系

公共关系是指零售商运用传播手段为创造与公众和社会环境之间的和谐关系而开展的活动。通过这些活动，零售商可以达到传播信息、吸引公众注意力、增强竞争力、赢得消费者、扩大销售、提高利润的目的。

1. 塑造形象

公共关系承担了为零售商在其公众（顾客、投资者、政府、渠道成员、雇员及一般大众）中塑造良好形象的一切沟通联系活动。从这一目标出发，可以看出，公共关系的基本出发点是与利益毫不相干的，它是一种树立零售商形象的活动。

2. 达到目标

零售商开发的公共关系致力于达到下述多个目标：

（1）提高零售商在媒体良好的社会形象。

（2）塑造零售商在社会、政府、公众眼中的形象。

（3）改善与供应商、竞争对手的关系。

（4）展示零售商为提高公众生活质量做出的贡献。

（5）给予投资者信心。

（6）传达对零售商有利的信息。

（7）给内部员工、雇员一种向心力。

3. 公共关系类型

零售商公共关系按达到目的可分为以下几种类型：（1）预期型。（2）意外型。（3）形象增强（减弱）型。

（三）人员推销

虽然人员推销也是通过促销人员与消费者面对面沟通，并借助沟通过程达成销售的，但它还是不同于直销。两者最大的区别是：人员推销是在零售商的卖场内进行的，而直销则有可能在任何一处公共场所中进行。

1. 人员推销的特点

（1）信息双向沟通。

（2）便于收集信息。

（3）建立顾客认知度。

2. 人员推销的目标

（1）劝说顾客购买。

（2）促进冲动型商品的销售。

（3）促成与顾客的交易。

（4）在人员推销过程中，要安排促销人员收集信息。

（5）向顾客提供充分的服务。

3. 人员推销的类型

（1）自助型。从事自助型促销活动的促销人员一般是从事例行的促销职能活动，例如，准备展品、在货架上放置存货、回答简单问题、填写销售单及协助将销售款打在现金收款机上。自助型促销的重点是在讲解商品性能、效用及用途上。一般商品促销采用此方式。

（2）完整型。从事完整型促销活动的促销人员应积极地告知并劝说顾客购买，甚至在下班时间进行销售。当然，这一过程包括示范商品性能、用途、包装、搬运及送货上门服务，帮助完成销售款的交款，并在产品使用过程中提供服务。高档商品、耐用商品多采用这种促销方式。

? 课堂思考：你认为广告促销这种方式重要吗？请说明理由。

拓展案例：屈臣氏层出不穷的促销招数

 零售促销策划

在竞争激烈的零售环境中，零售商取得成功的条件不仅仅是选择正确的商店位置，确定合理、正确的商品范围和价格，还应该让消费者清楚地了解商店能够满足他们的期望，提供比竞争对手更多的服务，提供舒适的购物环境和商品的信誉保证……所有这些，都是零售商需要表达并正确传递给消费者的，也是零售商促销要达到的基本目的。

任务情境

新学期快要开始了，王梅在某小学旁边新开了一家文具店。为了打开文具店的销路，王梅想采取一些促销措施。

思考：王梅可以有哪些促销办法，以打开局面？

知识精讲

一、确定目标并检查

在促销活动进行前，零售商要在多个可以达到的目标中确认要达到的目标，如果是多个目标同时存在，需要在多个目标中确认首先要达到和可能要达到的目标。如果是新店开张，在达到的目标中，有让消费者了解、感知零售店的位置、经营风格、商品档次的，也有提高销售额，将某些品牌商品渗透式地推销出去的；对于已经开业的零售店，有为应付竞争开展的促销活动，也有单纯为提高经济效益开展的促销，还有为培育顾客忠诚度开展的促销等目标。

促销活动的执行内容如图7-1所示。

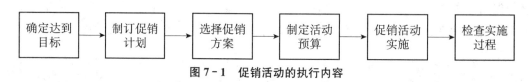

图7-1 促销活动的执行内容

二、选择促销组合

在促销活动目标确定以后，零售商要做的工作就是选择促销组合（Promotional Mix）。现实情况是各种促销活动方式并不适用于每一种零售业态和店铺种类，也就是每一种零售业态有最适宜的促销方式。只有业态和促销活动方式相适应，促销活动才会产生效果。

从促销活动的推出到顾客的感受以及感受后的效果之间，存在一种促销效果层次模型，即促销活动—内容展示—产生效果的过程。促销效果层次模型如图7-2所示。

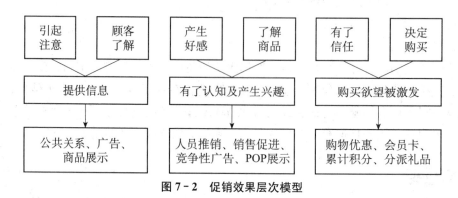

图7-2 促销效果层次模型

三、确定促销活动支出

每一项零售促销活动都是要付出资金的，对于以经济效益为目标的零售商而言，如果一项资金的付出不能得到回报，那么这项活动就是无意义的，就没有必要进行。如果一项促销活动产生的回报低于预期的付出，这项活动也是无意义的。按促销活动支出的形式，确定促销活动支出的预算方法有以下几种。

（一）销售百分比法

这是一种常用和最普及的预算方法，即零售商将每年促销费用和销售额联系起来，并且保持一定百分比。比如零售商将百分比定为5％，当年销售额为1 000万元，促销费用则为50万元；若下年度销售额达到1 300万元，则促销费用达到65万元。这种预算方法的好处是计划简便，无须花费精力去制订预算计划，但缺点是促销计划与零售商的发展相脱节。这种方法适用于已开业经营、商圈内消费者稳定、无外来竞争者加入商圈、所做促销仅是维持消费者常规的认知度和忠诚度的零售商使用。这种预算方法和商业环境是相一致的，比较平稳，无外来的因素影响。

（二）竞争预算法

零售商的商圈环境若发生变化，原有经营格局遭到破坏，新的竞争者加入，零售商次级商圈的消费者要流失一部分，还有可能涉及核心商圈的消费者，并且竞争者采用攻势策略。在这种情况下，零售商为使自己商店的经济效益不下降，必须将促销费用开支与竞争者保持平衡甚至超出。竞争预算法的难处在于，很难获得竞争对手在促销预算上的实际支出，一般只能从同业的促销方案上去判断竞争对手的支出水平（但实际上判断的差异可能很大）。

（三）剩余资金法

剩余资金法是指在安排零售商品促销费用支出时，将促销预算纳入公司全部预算中并排在末位，将其他开支优先安排，剩余部分用作促销支出，剩余多就多用，少就少用，没有就不做促销。显然，这是一种保守的促销预算方式，它不把促销工作作为日常经营的一个组成部分。使用这种预算方法的零售商，要么是小型零售商，在商圈中无号召力，开展促销与否都与销售关系不大；要么是较保守的零售商，没有意识到促销在经营工作中的地位以及与经营效益的正比例关系。

（四）目标任务法

这种方法是零售商为达到预定目标而实行促销活动，并相应安排促销费用支出的方法，而促销费用的高低，既和销售额无关，也和过去执行的促销预算无关，仅仅是为某项具体的促销活动而安排的费用支出。采用这种方法确定促销活动支出，首先要做的工作是确定促销活动计划，也就是要达到的目标；其次是围绕促销的活动进行安排；最后进行预算费用支出。这种预算方法，针对某项具体活动而计划，目标准确，支出预算清楚，适合有经营促销经验的零售商使用。目标任务法的工作分解和归纳示例如表7-2所示。

表 7-2　目标任务法的工作分解和归纳示例

促销目标	活动安排	预算资金
吸引次级商圈消费者进店	印制广告宣传单（DM）2 万张	每张 0.12 元，共计 2 400 元
巩固老顾客消费	制作固定广告牌	每个广告牌半年租金 36 000 元
建立老顾客消费忠诚度	免费派送公司特别定制的小礼品	每个小礼品 1.10 元，共订 5 000 个，共计 5 500 元
合计	促销活动计划总预算开支：43 900 元	

？ 课堂思考： 如果你是一位零售促销人员，你认为最有效的零售促销方法是什么？你会设计一个怎样的促销策略？

案例研究

××超市端午节促销活动策划

一、活动背景

每年的农历五月初五，是我国的传统节日——端午节，今年的端午节是 6 月 22 日（星期二）。端午节的起源是为了纪念爱国诗人屈原，但在现代生活当中，更重要的是象征着吃粽子、喝黄酒、挂艾草等，满足人们"驱邪、消毒、避疫"的心理。根据这一节日特点，特制定本次促销活动，以提高超市的利润和知名度。

二、活动时间

6 月 10 日—6 月 22 日

三、促销方式

（一）商品促销

1. 商品陈列

（1）采购部要求供应商或厂家，制作促销粽子的小木屋或小龙舟，每店一个。

（2）促销期间，要求场外有地理条件的门店将小木屋或小龙舟放在场外进行促销，无地理条件的门店要求放在本店主通道或客流较集中的地方，以便促进节日卖场气氛和商品销售。

（3）除小木屋或小龙舟促销之外，各店在促销期间，应在主通道摆放 4～6 个粽子堆头。

（4）各店在促销期间利用冷柜，大面积陈列各品牌粽子。

（5）各店在端午节当天，在不影响粽子质量和销售的情况下，可将 1～2 斤重的粽子用网袋装成若干数量包（注意包装要很难解开，避免顾客拆包多装），并打上价格，悬挂于各店货架旁边或顾客方便看到的地方，以刺激顾客的购买，促进粽子的销售。

（6）各店美工和管理干部员工发挥水平，进行创意陈列和气氛布置（如在粽子堆头周围用泡沫板刻上龙舟等图案）。

2. 商品特卖

在促销期内，粽子及其节日相关商品（如黄酒、冷冻食品、饮料等食品，透明皂、沐浴液、杀虫剂、蚊香等用品）均有特价销售。

（二）活动促销

1. "××猜靓粽，超级平价"

活动时间：6 月 10 日—6 月 15 日

活动内容：凡在促销时间内，在××各连锁超市一次性购物满 18 元的顾客，凭电脑小票均可参加"猜靓粽"活动。

活动方式：在商场入口处或冻柜旁边设促销台，将不易分辨厂商的粽子不打价格，让顾客进行粽子品牌及价格竞猜。商品由采购部落实价格，一定要相当低，以顾客意想不到的价格出售给顾客，使顾客感受到真正的实惠，为节日下一步的销售立下口碑，打下基础。

2. "五月端午节，××包粽赛"

活动时间：6月16日—6月19日

活动方式：在活动这几天举办包粽子比赛，以拉近本店与消费者之间的距离，并让比赛者通过本次活动，增进家庭成员之间的感情。在活动结束后，将粽子分送给养老院以及育幼院等社会福利机构。

活动方式：在5分钟之内，看哪位参赛者的粽子包得又多又好。然后，由顾客自行评出前三名，及最上镜"粽子奖"。向获奖者颁发相应"礼品"，向凡参加比赛者都送一份纪念品。

3. "五月端午射粽赛"

活动时间：6月20日—6月22日

活动内容：凡在6月20日—6月22日促销时间内，在××各连锁超市一次性购物满28元的顾客，凭电脑小票均可参加"五月端午射粽赛"活动。

活动方式：凭电脑小票每人可获得5枚飞镖，在活动指定地点（商场大门口有场地门店），参加射粽子活动。射中的标识为"豆沙"，即获得该种粽子一个；射中的标识为"肉粽"，即获得该种粽子一个。

道具要求：气球、挡板、飞镖。

4. "端午节靓粽，购物满就送"

活动时间：6月20日—6月22日

活动内容：凡五月初三、四、五这三天，在××各连锁超市一次性购物满38元，即可凭电脑小票到服务中心免费领取靓粽一只，每店限送200只，数量有限，送完即止。

四、相关宣传

(1) 两款"粽子吊旗"，于卖场悬挂宣传。

(2) 公司DM快讯宣传：DM快讯第一、二期各40 000份，第三期单张快讯40 000份，平均每店1 800份。

(3) 场外海报和场内广播宣传。

五、相关支持

(1) 采购部联系洽谈5 000只粽子向顾客赠送。

(2) 采购部联系洽谈1 000斤粽子材料，举行包粽比赛。

(3) 采购部联系洽谈2 200只粽子，举行射粽比赛。

六、费用预算

(1) 装饰布置：气球，横幅，主题陈列饰物，平均每店300元，费用共约6 600元。

(2) 吊旗费用：10 000元。

促销总费用：约16 600元。

任务三　零售促销管理实施

零售商要吸引顾客，创立竞争优势，更重要的是与现有顾客及潜在顾客不断地沟通，向顾客提供商店地点、商品、服务和价格方面的信息，通过影响顾客的态度与偏好说服顾客光顾商店，购买商品，使顾客对商店形成良好的印象。在销售活动中，如何通过充分的信息沟通来达到扩大销售的目的，是零售企业零售促销管理的中心问题。

任务情境

陈先生快到 8 岁的女儿收到一封信，信上说："××小朋友，你好！你的生日就要到了，不知道你愿不愿意在麦当劳餐厅举办你的生日会……"一封普普通通的铅字打印信，让陈先生的女儿激动了不止一个晚上。当然，这个生日会似乎是在麦当劳餐厅消费定了，只是陈先生全家人百思不得其解，麦当劳怎么会知道孩子的生日。

寻根溯源，陈先生想，可能是年前他带女儿在麦当劳消费后，取得了花 5 元就可以买一本麦当劳小挂历的资格，而陈先生在花 5 元钱买下这本挂历之后，又发现每个月他只要再消费点什么就可以取得这样或那样的优惠式权利，而他女儿的生日信息可能就是在他享受着这种权利时被店家得知的。

思考：

1. 麦当劳的做法属于促销吗？
2. 麦当劳用的是什么促销办法？

知识精讲

一、零售促销管理概述

（一）定义

零售促销管理，是零售企业为了将商店、商品、价格和服务等有关企业任何方面的信息传递给消费者，使其接受并采取购买行动而进行的一切沟通联系活动。

（二）意义

（1）让顾客认识、了解商店。

（2）让顾客知道商店的定位，树立商店形象。

（3）让顾客知道商店的特点和优势。

（4）说服顾客，扩大销售。

？课堂思考： 为什么零售商越来越多地使用促销手段？

二、销售计划的制订和执行分析

零售商所有的盈利希望，都建立在完成销售行为的基础上。只有成功销售出商品和提供服务，才有可能产生利润，因而零售商取得销售收入，是营业的目标之一，而如何完成这个目标，则是管理中的一项重要工作。只有制订了科学的销售计划，经过努力实现目标，零售商的投资才能产生回报。

（一）销售预测

零售商通过销售预测，预计未来某一时期的销售额，从而制定商店未来一段时间经营要达到的目标。销售预测的范围可以是按商场、部门、单个商品类别来制定。销售预测是公司财务计划中最重要的预测，是公司运营的基础和应达到的目标。

零售商在做销售预测时要仔细预计并考虑的外部社会经济因素、内部自身因素及季节消费变化、波动因素有以下几个方面：

（1）社区人口状况。

（2）生活方式及消费趋向。

（3）竞争者的行为。

（4）社会经济状况。

（5）目标顾客兴趣的变化及供应商推出新产品的能力和速度。

（二）制定方法

在综合考虑以上影响因素后，零售商便可以着手制定未来一个时期的销售目标。制定未来销售目标中一个很重要的考虑因素是增长水平，以及运用什么方法来确定增长水平。在众多的计算增长水平的方法中，以下两种较为适宜零售业目前的状态。

1. 定率增加法

该计算方法是在统计基础上，将商场过去若干年的销售资料通过一定方法计算出增长率，选取资料时间以 5 年为宜。

该方法的特点：利用定率增加法计算下年度销售指标，以商店过去几年资料及年度增长幅度为基础计算，具有可靠性。

该方法的优点：在销售资料波动幅度大时使用，可使预计数接近真实状态。

该方法的缺点：每年须更新增长率。

2. 连续相关法

连续相关法和定率增加法不同，定率增加法在年度增加率的基础上计算下年度各月份的实际增长水平，而连续相关法则以两个年度的同一月份的增减率为基础来确定下年度各月份的销售预计数。其计算方法为：计算本年当月与上年同月销售额增长率，以上年下月销售额为基础，得到本年下月销售预计数。

该方法的特点：以月份资料为基础计算出增长率。

该方法的优点：符合商业的特性，各月份的增长率接近实际，特别适合于销售平衡、起伏不大的企业。

该方法的缺点：每月要计算增长率，并且每年第一个月的增长率要取上年度最后一个月的销售资料来计算。

（三）销售业绩分析

制订销售计划，是为了指导实际销售工作。在一个时期的销售完成之后，零售商事前制定的销售目标达到了吗？完成的结果是否理想？一家零售商店要完成多少销售额才可以盈利？盈利的构成是因为价格上升、销量提高还是成本下降？回答这些问题是进行销售分析的目的。

1. 损益两平分析

损益两平分析又称保本分析。损益两平是商场经营的底线。零售商的销售指标要达到什么水平才算跨过了危险的保本线、进入盈利阶段，是经营管理者最关心的。这种分析方法，是将销售收入和盈亏联系在一起，构成管理工作达到的基本目标。它基于以下假设：

（1）商品售价不变。

（2）总固定成本不变。

（3）变动成本随售价变化（变动成本这里指商品进价）。

（4）无半变动成本。

综合损益两平分析方法，得到以下结论：

优点：（1）能把销量、价格、成本用两平点直观表示出来。（2）当经营情况有变化时，容易找到两平点。

缺点：（1）价格不变，短时间可以，较长时间价格不变很难。（2）成本和售价的固定比例较难确定，因为很多商品并不是同一固定比例关系。（3）将半变动成本归到固定成本和变动成本难免增加计算难度，无半变动成本的状态不够现实。（4）没有作预测盈利，不太合适。

由于以上各种缺点和前提限制，这种分析方法显然不适合百货店、超市等大中型零售店，仅适用于小型专卖店（由于经营同类或一类商品），如文具店、服装店、书店、鲜花店、果品店等。

2. 商品盈利分析

对大多数零售商而言，所创造的利润来自商品买卖的差价，而所创造的利润是以哪种因素为主？是销量的上升，抑或是成本的下降？实际上商品销售带来的盈利受售价、成本、销售数量和进货数量四个因素的共同影响，是一种综合影响的结果，并非单一因素可以判断。因而用因素替换法替换分析，可找出每一因素影响盈利的程度。

一般而言，利润同时受几个因素的共同影响，因而分析方法是：当多种因素共同影响时，以两个因素为一级，固定一个因素为定值，分析另一个因素的变化对利润的影响。

影响利润的因素有以下几种：

（1）售价变化对利润的影响。

（2）成本变化对利润的影响。

（3）销售数量变化对利润的影响。

（4）进货数量变化对利润的影响。

3. 销售比重分析

对于经营大型商场、大超市的零售商而言，商品种类多、门类齐全，而各类商品类别在盈利中的贡献大小不同，运用销售比重分析，目的是了解各类商品在各月份销售中所占比重及对公司盈利的影响。

？课堂思考： 零售商与供应商促销计划的区别是什么？

拓展案例： 一次"失败"的促销

课后复习与思考

一、单选题

1. （　　）是由明确的出资者付费，通过店外大众媒体进行的非个人的沟通传达方式。

　　A. 广告　　　　　　B. 销售促进　　　　C. 人员推销　　　　D. 公共关系

2. 零售商在橱窗、地板和柜台上进行展示，以提示顾客，刺激冲动购买的广告是（　　）。

　　A. POP　　　　　　B. 抽奖　　　　　　C. 赠券　　　　　　D. 竞赛

3. 产品衰退期时最好采取的促销策略是（　　）。

　　A. 公关赞助　　　　B. 抽奖　　　　　　C. 特价促销　　　　D. 集点换物

4. （　　）能为零售商在公众中塑造良好的形象。

　　A. 广告　　　　　　B. 销售促进　　　　C. 人员推销　　　　D. 公共关系

5. 为吸引更多顾客参加，促销活动一波接一波，最后推向高潮，这是（　　）。

　　A. 特价促销　　　　B. 捆绑促销　　　　C. 连环促销　　　　D. 主题促销

二、多选题

1. 促销的功能和作用有（　　）。

A. 竞争　　　　　　　B. 扩大销售　　　　C. 树立形象　　　　D. 沟通信息

2. 销售促销具体形式有（　　）。

A. 展示　　　　　　　B. 竞赛　　　　　　C. 抽奖　　　　　　D. 赠券

3. 门店促销的工具有（　　）。

A. 广告　　　　　　　B. 销售促进　　　　C. 人员推销　　　　D. 公共关系

4. POP 广告的作用有（　　）。

A. 无声的推销员　　　　　　　　　　B. 创造门店的购物气氛

C. 传达门店商品信息　　　　　　　　D. 突出门店的形象

5. 下列有关抽奖活动设计正确的有（　　）。

A. 大奖要大　　　　　　　　　　　　B. 小奖要多

C. 中间奖项投入要多　　　　　　　　D. 中间奖项投入要少

三、判断题

1. 天天促销天天好。（　　　）

2. 竞赛活动、产品演示等这类促销活动，会提高顾客的兴趣。（　　　）

3. 有促销就一定有销量。（　　　）

4. 竞赛和抽奖促销活动，参与者不需要什么技巧。（　　　）

5. 不管是广告还是公共关系都需要付费。（　　　）

四、简答题

1. 零售促销要达到的目标有哪几个？

2. 简述销售促销的优缺点。

3. 零售促销策略设计包括哪些方面？

4. 简述公共关系的内容。

5. 简述人员推销的特点。

五、案例分析

4 月初，某家超市企划部将五一期间的促销活动方案报给店长审批，其中有一项是该超市准备在五一期间做一次凭劳模证领蛋糕的活动，为期两天。经过企划人员的估算，费用应该在 5 000 元/天。店长经过研究，同意此促销方案。

企划部全面着手实施，在报纸、DM、店内促销海报等媒体上登出广告，并与采购部沟通请蛋糕房每天做出 500 份蛋糕，营运部也安排了相应的人员来配合开展活动。

可就在促销第一天，持劳模证来领蛋糕的人就多达 1 000 人，蛋糕房做的蛋糕根本不够发，店长为维护公司的名誉不得不从其他超市购买 500 个蛋糕来做派送。促销实施后，经过核算此次促销费用在 15 000 元/天，大大超出了前期的预算。

问题：这次促销活动失误的原因是什么？采取什么样的措施更好？

实践操作

1. 实训题目：考察某连锁超市的零售促销管理。

2. 实训目的：通过对该连锁超市零售促销管理的考察，了解它的经营管理及零售促销管理方法，并写出考察报告，给出改进建议。

3. 实训要求：6～8人组成一组，做好小组分工，协同调查。

4. 实训地点和设备要求：可以考察市内区域，也可以就近选择其他区域。带上手机，做好相关的录音、拍照记录，以辅助说明问题。

5. 实训内容：分别到该连锁超市的各个分店进行考察，找出问题。

6. 实训实施方案（包括考核要求等）：事先做好分工，做好计划，合理分配人力、物力。考察结束要及时总结，得出合理的结论。

7. 实训结果要求：做好考察的全程记录，最后用充足的证据论证考察报告。

项目八　零售服务管理

学习目标

知识目标

1. 了解零售服务的基本概念、分类及作用。
2. 树立服务观念，掌握服务礼仪。
3. 把握零售顾客的购买决策心理，灵活运用待客方法和技巧。
4. 熟悉零售企业的岗位服务职责及相应的服务规范。
5. 正确处理客户退换货要求及投诉。

能力目标

1. 能够熟练运用服务礼仪。
2. 能够灵活运用待客方法和技巧。
3. 能够掌握零售企业退换货的操作流程。

素养目标

1. 培养良好的行为规范及职业道德。
2. 培养较强的客户服务意识和社会交际能力。
3. 培养良好的心理素质和乐观开朗的性格。

 零售服务管理概述

员工服务质量的优劣关系零售业的客流量、客单价、销售业绩和零售业的发展，所以零售企业一定要在员工中树立优良的服务意识。

任务情境

一天，一位学舞蹈的女顾客来到某大型商场名品内衣专柜，因结婚需要选购几套内衣。顾客没有经验，也不好意思近看。此时，专柜导购员（店长）亲切地接待了她，边观察边向她介绍适合的款式，讲解着衣方法、内外衣搭配技巧和乳房保健等相关知识，有意引导顾客说出自己的想法。顾客很快随着导购的话题说出了自己的需求，开心地与导购聊了起来，试穿了导购推荐的内衣，且快速成交了。顾客声称自己不但选到了合适的内衣，还学到了相关知识。此专业导购像大姐姐一样帮助和指导她试穿并讲解穿着方法……使她们马上从买卖关系变成了朋友关系。后来，这位顾客从结婚到怀孕，再到哺乳期，直到现在都是此品牌专柜的忠实顾客，每次都是让此导购服务。顾客不但自己经常来，而且还带来身边的朋友体验此导购的服务，导购的销售业绩大大提升。

思考：

1. 通过上述案例，简要谈一下你对零售服务的理解。

2. 如果你是导购员，你会如何提高自己的服务水平？

知识精讲

一、零售服务的概念

（一）服务的概念

在《质量管理和质量保证—术语》（GB/T 6583—1994）中，我们可以找到服务的定义，服务是指"为满足顾客的需要，供方和顾客之间接触的活动以及供方内部活动所产生的结果"。

当代最著名的市场营销专家菲力普·科特勒在其所著的《营销管理：分析、计划和控制》一书中对服务下的定义：一项服务是一方能够向另一方提供的任何一项活动或利益，它本质上是无形的，并且不产生对任何东西的所有权问题，它的产生可能与某种产品有关，也可能毫无关联。

（二）服务的特点

1. 无形性

服务伴随着商品销售过程存在，不管成交与否它都存在，但在这个过程中顾客往往忽略这种存在。服务不以实物形态存在，而以无形的活动存在。

2. 价值性

人们得到服务的同时，也要为服务支付价值。服务与消费是同时进行的，单独的服务是零售的一种组成部分，但零售的商品销售的过程，同时也是服务销售的过程。

3. 功效和利益性

服务提供功效和利益，满足人们对物质产品和精神的需要。如去超市购物时，带孩子的大人可以把孩子放在车上，既方便购物，同时又不耽误照看孩子。商家提供购物车或者购物篮，充分满足了消费者的购物需要。

4. 难以标准化

零售业服务面对的现实是服务很难用统一的标准来衡量，每位顾客都是特殊的、独特的、个别的，因此，没有一种程序可以用来解决服务中的全部要求。

5. 无效性

在零售过程中有一个显著的特征就是，尽管你做了很多的工作，提供了无微不至的服务，但却仍有可能不成交，这很无奈，但在零售业中却每天大量存在。

（三）服务的质量标准

服务质量没有统一的标准来衡量，它是顾客对服务过程的一种"感知"，也就是说它是一种"主观意识"。服务质量是指企业所提供服务的最终表现与顾客对它的期望、要求相比的吻合程度。如果顾客对零售企业提供的服务感知与他对这家企业的服务期望接近，他的满意程度就会较高，他对这家企业的服务质量评价也就高，反之亦然。可见，服务质量的好坏与两个要素有关：一是顾客的"期望"，二是顾客感知的"结果"，而这种"结果"的感知来源于顾客对"服务过程"的体验。服务质量是服务系统的核心和基础，高质量的服务可以提高零售企业的可信度，增强顾客的满意度，产生有利的口碑宣传效应，最终给公司和员工带来实际利润。我们可以从以下几个方面提高服务的质量。

1. 从顾客的需求出发制定零售企业具体的服务标准

零售企业应该制定尽量明确具体的质量标准，以便员工理解、接受并执行服务质量标准。零售企业可以要求顾客参与制定质量标准，充分倾听顾客的要求，一切以顾客的利益为出发点。

2. 制定的服务标准强调灵活性，既切实可行又有挑战性

零售企业在制定本企业具体的服务标准的时候，在基本原则统一的前提下，可以给予员工一定的灵活性，使员工能够根据不同顾客的具体情况灵活变通，有针对性地提供特殊服务。另外，企业制定的服务标准不宜过高或者过低，标准太高，打击员工工作的积极性，必然会产生不满情绪；标准过低，又无法促使员工提高服务质量。只有尊重员工，利用切实可行又有挑战性的服务质量标准，方能激励员工努力做好服务工作。

3. 向顾客做出承诺后一定要兑现

"一诺千金"对于企业来说是责任，对于顾客来说是价值。多次的"一诺千金"有助于顾客信任的形成，而一次的失约就可能导致顾客的背离。零售企业顾客群相对不固定，所以应该特别注重在服务方面做出的承诺一定要兑现。

4. 做好服务质量的考核和改进

只有做好服务质量检查、考核工作，才能促使员工进一步做好服务工作。零售企业应该定期考核员工的服务质量，并将考核结果及时地反馈给有关人员，帮助员工提高服务质量。此外，企业应该根据考核结果，奖励优秀员工，研究改进措施，不断提高服务质量。

换句话说，顾客满意不是企业拿着自己的产品/服务去询问顾客"我准备为你提供怎样的服务"，或者是对于"我已经为你提供的这些服务你是否满意"。"顾客满意"的真正

含义是指企业所提供的产品/服务的最终表现与顾客期望、要求的吻合程度如何，从而所产生的满意程度。

？课堂思考： 如何设定服务的标准？

二、零售服务的分类

（一）按服务过程分类

1. 售前服务

售前服务是指开始营业前的准备工作。从广义上讲，售前服务是利用广告宣传方式等提供相关的信息；从狭义上讲，售前服务是为顾客准备理想的购物环境，其内容包括店内的清洁工作、设备安装及检修、内部装潢、商品陈列、照明、空调、音响、商品补货，以及销售人员有关商品知识或接待顾客的培训。

售前服务几乎囊括了除售中服务、售后服务以外的所有商品经营工作。从服务的角度来说，售前服务是一种以交流信息、沟通感情、改进态度为中心的工作。

售前服务是零售业一切服务工作的开始，是赢得顾客良好印象的关键，必须全面、仔细、准确和实际。尽管所有商家都明白售前服务的重要性，但并不是所有的商家都能够做好售前服务方面的工作。为了做好售前服务工作，商家应从以下方面入手：

（1）了解消费者的期望值。要了解以下几方面的问题：营业时间从什么时间持续到什么时间？鲜活商品的包装是否方便？商场外有停车场吗？不同的顾客对不同零售商的期望值是不同的，与一般商店、折扣店相比，越是知名度高的大零售商，顾客对其的期望值越高。

（2）了解预期的服务。零售商应该站在消费者的角度，考虑其所期望零售商提供的服务。综合而言，可以归纳为：礼貌及亲切度、对顾客的了解度及回应、商店可视外观、交易的可靠性等。

（3）了解服务内容的传送。零售商是否已建立一套服务消费者、提高消费满意度的措施？有无建立培育顾客忠诚度的计划？对员工有无建立实施服务的规章制度？对消费者有无通过方便的途径传播出这些信息？零售商如果站在消费者的角度去看，便很容易感知到上述内容。

2. 售中服务

售中服务，又称销售服务，是指在商品交易过程中，直接或间接为销售活动提供的各种服务。提供服务是必需的，最关键的是，零售商在为顾客提供服务的同时，必须让顾客看出自己正在为他们提供服务，是"我能为你做什么"，而不是"你要什么"，因为后面这句话体现不出服务的热情。随着顾客收入的增加，他们要求的标准也越来越高。如何提供良好、快速的售中服务，是现代零售业发展面临的一大课题。

售中服务直接决定了商品能否成交，除了超市或者无销售人员正面服务的零售业态以外，大多数的零售店成交与否与所提供的服务有很大的关系。在售中服务阶段，最理想的目标是现场促成成交并通过服务给顾客留下良好的印象，培育起顾客忠诚度，使他们成为回头客和零售店的良好信誉的传播者。为了实现这一理想状态，需要做到以下几方面：

（1）理解消费者。由于顾客个性的不同，所以售中服务人员要能判断出顾客的大致情况。

（2）具备雄厚的专业知识，熟知所出售的商品。售中服务人员应该掌握商品相关专业知识，掌握商品解说的方法与技巧，分析并充分了解商品，增强顾客对商品的性能、质量、使用方法等的了解程度，减少顾客的购买顾虑，促成交易的达成。

（3）提供优质的现场服务。售中服务人员应通过语言、肢体行为和具体的服务活动，完成商品的交易行为，并从这一过程中，给顾客留下良好的印象，让顾客拥有非常愉快的购物经历。

售中服务是使顾客在售前服务阶段产生的购买欲望转化成购买现实的关键，因此，对售中服务来说，提高服务质量尤为重要。优质的售中服务可以为顾客提供享受感，从而可以增强顾客的购买欲望，在买卖双方之间形成一种相互信任的气氛，所以，售中服务被视为最有利的成交时机。

3. 售后服务

售后服务，是指零售企业为已经购买商品的顾客提供的服务。

传统观念认为，企业只要把自己的商品卖给了顾客，就完成了交易过程，没有必要继续给顾客提供服务。这种说法是大错特错的，商品的成交并不意味着服务的结束。从消费心理学的角度看，消费者还要经历一个很重要的过程，如对商品的性能和功能的了解，使用商品后的感觉等。只有符合消费者预期，加上良好的服务，才能真实地使消费者满意；反之，会导致零售商失去一批消费者。如果说售中服务是为了让顾客买得顺心，那么售后服务就是为了让顾客用得放心。

现代经济形势下，几乎所有的企业都认识到了售后服务的重要性。事实上，售后服务作为一种服务方式，内容包括很多，如帮助顾客解决搬运的问题、建立产品保修制度等。

（二）按联系程度分类

1. 基本服务

作为实际接待消费者的过程，每位零售商都会建立相应的规章制度，即基本服务的内容，包括：商场从开门营业直到打烊，每时每刻都要体现商场的经营理念；如何接待不同类型的顾客；如何示范展示商品；等等。

2. 连带服务

连带服务是指在基本服务外，但仍属于零售商应提供的服务，如送货、订购、安装、退换等。一般小零售店难以提供此类服务，但对于一些特殊行业和经营某些商品（如家电、家具）的企业，这些服务就不是连带服务了，而成为必需的服务内容。从服务范畴上看，连带服务是零售商必须提供的。

3. 附带服务

附带服务是指在竞争中，零售商为提升形象所提供的服务类型，如停车服务、免费存包服务等。附带服务在供过于求的买方市场上，在商品和价格竞争难见新意的形势下，日益体现出重要性。提供附带服务的零售商从功能上更加满足了消费者的需求，从竞争上可以赢得市场。

? 课堂思考： 你还知道有关服务的其他分类吗？

三、服务对零售经营的作用

（一）服务体现出零售业的企业文化和经营理念

零售业为消费者提供全方位的服务，从某种意义上讲，零售就是服务，服务创造价值，服务工作管理到位，乃是企业无形资产的增值。"顾客满意是我们永久的追求""顾客永远是对的"，这些服务理念是通过实践而提炼出的精华。只有重视顾客，顾客才会反过来将商场视为自己的家。有了家的感觉，双方才会在"双赢"中各自获益。在商品经济竞争日趋激烈的今天，谁提供的服务更优质、更全面，谁的服务更能让消费者感到贴心、放心、舒心，谁才会在零售业中"得天下"。

（二）服务是零售店竞争的主要内容之一

零售店竞争中存在的三要素为商品价格、经营环境和店内服务。随着卖方市场转变为买方市场，商品的价格竞争作用日益弱化，其所起的作用和吸引消费者的比例越来越小；而经营环境从广义上讲属于服务的范畴，很容易被学习、模仿和抄袭。同等卖场环境情况下，服务水平的高低，实际代表了零售商的经营管理文化和企业的持续发展能力。例如，深圳某家商场在促销活动中，首次提出了"让消费者满意"的实实在在的服务口号，结果效益大增。可见，提高服务质量是零售业在买方市场中创造企业效益的重要手段。

（三）服务是保持顾客满意度、忠诚度的有效举措

顾客对产品利益的追求包括功能性和非功能性两个方面，前者更多地体现了顾客在物质方面的需要，后者则更多地体现在精神、情感等方面的需要，如宽松、优雅的环境，和谐、完善的过程，及时、周到的服务等。随着社会经济的发展和人们收入水平的提高，顾客对产品非功能性利益越来越重视，在很多情况下甚至超越了对功能性利益的关注。在现代社会，企业要想长期盈利，走向强盛，就要赢得永久顾客，保持顾客忠诚度，提高顾客满意度。企业在实施这一举措中，满意的售后服务便是成功法宝之一。海尔、长虹、格力等之所以成为受消费者欢迎的品牌，有一个很重要的原因就是服务做得好。

（四）服务是买方市场条件下企业参与市场竞争的利器

随着科学技术的飞速发展，几乎所有行业都出现了生产能力过剩的情况。从汽车工业到化学工业，从食品制造到日用消费品生产，从通信业到计算机网络行业，任何企业都面临着众多强劲的竞争对手。而对于成熟产品，其在功能与品质上也极为接近，质量本身的差异性越来越小，价格大战已使许多企业精疲力竭，因此，款式、包装、品牌、售后服务等方面的差异性成为企业确立市场地位和赢得竞争优势的利器。海尔集团，以"海尔，真

诚直到永远"为企业经营理念，让消费者购买海尔产品确保"零烦恼"。海尔不但持之以恒地坚持质量的"精细化""零缺陷"，而且注重高层次的服务，尤其是售后服务。例如，海尔空调实行免费送货、安装、咨询、服务，安装一个月内做到两次回访，确保每一个空调都能到位并进入正常工作状态，从而让广大消费者"只有享乐，没有烦恼"。海尔的"零烦恼"加星级服务，使海尔空调在中国销量领先。市场竞争不仅要依靠名牌产品，还要依靠名牌服务。

❓ 课堂思考： 你知道机器人将对服务业产生什么影响吗？

拓展案例： 现场服务不好的后果

任务二 **零售服务礼仪**

礼仪，是个人素质、素养的外在体现，更是企业形象的具体展现。礼仪已经备受人们的重视，"是人际交往的润滑剂，更是企业形象的名片"。

🧑‍🤝‍🧑 任务情境

一位女士来到××商场，当她在某品牌服装区看到一条白色连衣裙时，便随口问道："小姐，有没有 M 号的？"从货架后面走出的导购员微笑着说："有，我给您拿来试试吧！"这位女士一抬头，差点被吓得跳起来："天啊，你的眼睛……"原来，该导购员抹了很重的眼影，像熊猫一样，而且梳着爆炸式的卷发。导购员连忙解释："这是今年最流行的化妆式样和发型……"这位女士摇了摇头，无心再买东西，转身离开了。

思考： 案例中的女士为什么会离开？导购员应该如何注意自己的仪容仪表？

🧑‍🤝‍🧑 知识精讲

一、仪容仪表规范

礼仪是对礼节、仪式的统称，是指在人际交往中，自始至终地以一定的、约定俗成的程序和方式来表现的律己敬人的完整行为。礼仪，实际上是由一系列具体的表现礼貌的礼节所构成的。服务礼仪作为礼仪中的重要组成部分，是指各类服务行业的从业人员在自己的工作岗位上应当遵守的礼仪。

在人与人的交往中，特别是对初次交往的人来说，仪表规范非常重要，它会给人留下深刻的心理感觉并影响人们以后相互关系的发展。消费者对零售企业服务态度和服务质量的评价，往往就是从对企业员工仪容仪表的第一印象开始的。

（一）服务礼仪原则

零售企业服务人员需要用服务礼仪的原则来指导和规范自己的行为，做好服务工作。

（1）自律原则。对待个人的要求，是礼仪的基础和出发点。最重要的就是自我要求、自我约束、自我控制、自我对照、自我反省、自我检点，这就是所谓的自律原则。

（2）尊重别人。零售企业服务人员在与顾客的互动中，不仅要互相谦让、互相尊重、友好相待、和睦相处，更要将对顾客的重视、恭敬、友好放在第一位。

（3）宽容原则。零售企业服务人员既要严于律己，更要宽容待客。要多包容、体谅、理解顾客，不可咄咄逼人，要允许顾客有个人行动和独立进行自我判断的自由。

（4）平等原则。卖场服务人员对任何顾客都必须一视同仁，给予同等程度的礼遇。不能因为顾客个体在各个方面存在的差异，就厚此薄彼，区别对待。

（5）从俗原则。由于国情、民族文化背景等的不同，零售企业服务人员在与顾客的交往中，实际存在着"十里不同风，百里不同俗"的现象。对这一客观现实要有正确的认识，要了解不同民族、不同国家的习俗，尊重其禁忌。

（6）真诚原则。零售企业服务人员在服务中务必诚实无欺，言行一致，表示出对顾客的诚心与友好，这样才能更好地被顾客所理解、所接受。

（7）适度原则。在热情周到地为顾客服务时，零售企业服务人员要注意把握分寸，得体适度。过了头或者做不到位，都不能正确地表达敬人之意。

（二）服务员工仪容规范

零售企业服务人员对外代表着整个零售企业的形象。良好的仪容，不仅能让顾客感到愉快，提高购物的兴致，而且能使服务人员自身更加自信。

第一印象非常重要，每一位顾客进入卖场后首先会与服务人员接触。所以，卖场服务人员应随时注意自己的仪容。服务人员仪容规范有以下几方面内容：

（1）注意讲究个人卫生。

（2）头发应该修剪、梳理整齐，并保持干净，禁止梳奇异发型。

（3）男员工不能留长发，禁止剃光头、留胡须；女员工若留长发，应用发带或者发卡夹住头发。

（4）女员工提倡上班化淡妆，不能浓妆艳抹；男员工不宜化妆。

（5）指甲修剪整齐，保持清洁，不得留长指甲，不准涂指甲油（化妆柜台员工因工作需要可除外）；食品柜、生鲜熟食区、快餐厅员工不得涂指甲油，上班时间不得喷香水、戴首饰。

（6）上班前不吃葱、蒜等异味食物，不喝含酒精的饮料，保证口腔清洁。

（7）学会微笑，因为服务人员的微笑能迅速、准确地反映情感，传递信息。服务人员如果能鲜明地把对顾客的热情体现在脸上，那么他就能非常容易获得顾客的信赖，从而引起顾客的购买冲动，达到提高服务的目的。

（三）服务员工仪表规范

顾客走进商店，第一印象就是服务员的仪表是否美观。何为仪表美？笛卡儿曾经说过：适中的服装和恰到好处的协调就是美的。对服务员来说，美的仪表，能反映一个人的气质、情操和美好的心灵，更能赢得别人的尊重。有经验的服务员都很注意自己的仪表。

1. 着装

（1）着装应整洁、大方，颜色力求稳重，且衣服不能有破洞；纽扣要扣好，不能有掉扣；不能挽起衣袖。

（2）卖场员工上班必须着工作服。非因工作需要，不得在卖场、办公场所以外着工作服。

（3）男员工上班时间应着衬衣、西裤，系领带；女员工应着有袖衬衫、西裤、西装裙或有袖套裙。

（4）上班时间不宜着短裤、超短裙及无袖、露背、露胸装。

（5）员工在节假日前最后一个工作日或出差当天可着与工作场合相适应的轻便服装。

（6）上班时间必须佩戴工牌，工牌应端正佩戴在左胸适当位置，非因工作需要不能在卖场及办公场所以外佩戴工牌。

（7）男员工上班时间应穿深色皮鞋。女员工应穿丝袜、皮鞋，丝袜不应有脱线，上端不要露出裙摆。鞋子应保持干净，不能穿拖鞋、雨鞋或不穿袜子上班。

（8）快餐厅、面包房及生鲜熟食区员工上班时间必须戴帽，并将头发束入帽子内。其他人员非因工作需要上班时间禁止戴帽。

2. 表情、言谈

（1）说话时应口齿清晰、音量适中，最好用标准普通话。但若顾客讲方言（如闽南话、广东话），应在可能的范围内配合顾客，以增进相互沟通的效果。

（2）要有先来后到的次序观念。先来的顾客应先给予服务，对晚到的顾客应亲切有礼地请他稍候片刻，不能置之不理，也不能先招呼后来的顾客，而怠慢先来的。

（3）在卖场十分忙碌、人手又不够的情况下，当接待等候多时的顾客时，应先向对方道歉，表示招待不周恳请谅解，不宜气急败坏地敷衍了事。

（4）要亲切地招待顾客到店内参观，并让他随意自由地选择，最好不要刻意地左右顾客的意向，或在一旁唠叨不停。应有礼貌地告诉顾客："若有需要服务的地方，请叫我一声。"

（5）当顾客有疑问的时候，应以专业、愉悦的态度为顾客解答，不宜有不耐烦的表情或者一问三不知。

（6）与顾客交谈时宜用询问、商量的口吻，不应用强迫或威胁的口气要顾客非买不可，那会让人感觉不舒服。当顾客试用或者试穿完后，宜先询问顾客是否满意或者满意的程度，而非只是一味地称赞商品的优越性。

（7）员工在商品成交后也应注意服务品质，不能拿了钱就了事，而要将商品包装好，双手捧给顾客，并且欢迎顾客再度光临，最好能目送顾客离去，以示期待之意。

（8）即使顾客不买任何东西，也要保持一贯亲切、热忱的态度感谢他来参观，只有这样才能留给对方良好的印象。也许，下次顾客有需要时，就会先想到你并且再度光临，这就是"生意做一辈子"的道理。

（9）有时一些顾客可能由于不如意而发怒，这时，要立即向顾客解释并道歉，并将注意力集中在顾客的需求上。当他们看到你已经把全部注意力集中于自己的问题上，也就会冷静下来。当然，最好的方法是要控制自己的情绪，不要让顾客的逆耳言论影响到你的态度和判断。

（10）要善于主动倾听意见和抱怨，不打断顾客发言，这样被抑制的情绪也就缓解了，使那些难对付的顾客不再苛求。

（11）当顾客提出意见时，要用自己的语言再重复一遍你所听到的要求，这会让顾客觉得他的问题已被注意，而且使他感到困难会得到解决。

？ 课堂思考： 你知道对员工服务意识和对员工服务礼仪的培训哪个更重要吗？

二、行为举止礼仪规范

卖场服务人员言谈清晰文雅，举止落落大方，态度热情慎重，动作干脆利落，都会给顾客以亲切、愉快、轻松、舒适的感觉。

（一）卖场行为举止

（1）提前上班，做好营业前的准备工作。

（2）见到同事和顾客应热情地寒暄问候。

（3）切勿随便离开工作岗位，离岗时要取得上司同意并告知其去处和大约时间。

（4）不要私下三三两两、嘀嘀咕咕谈话。

（5）不要随意瞎聊。

（6）不要在背地里说别人的坏话。

（7）呼叫同事时不要省去尊称。

（8）不要用外号呼叫别人。

（9）不要扎堆。

（10）不要抱着胳膊。

（11）不要把手插进裤兜里。

（12）不要在卖场里化妆。

（13）不要在卖场里看书报、玩手机。

（14）顾客正在看货时，切勿从中间穿过。

（15）不要把身子靠在柜台上。

（16）不要坐在商品上。

（17）商品须轻拿轻放。

（二）待客规范

卖场服务人员接待顾客的行为举止直接影响交易的成交。待客时，要注意以下几方面：

（1）头部微微侧向自己的服务对象，面部保持微笑。

（2）手臂可持物，也可自然下垂，收腹、臀部紧缩。

（3）双脚一前一后呈"丁字步"。

（4）与顾客进行短时间交谈或听他人诉说时，都可以用上述服务姿势。

（5）使用服务姿势时，全身呈自然放松状态；离顾客50厘米为好，不可站得太远。

（6）不能站着保持不动，应以顾客为主，做适当的调整。

（7）不能看到顾客穿着不好，或购买金额较少就态度冷淡。

（8）不论对待什么样的顾客，都应诚心诚意地笑脸相迎。

（9）对儿童、老年人及带婴儿的顾客应该格外亲切对待。

（10）对询问其他卖场地址或问路的顾客应以笑脸相迎，热情相告。

（11）不要打量着顾客说话。

（12）尽量避免和顾客发生争执。

（13）不能边抽烟或边吃东西，边接待顾客。

（14）不要在顾客面前做挖鼻、剔牙的动作。

（15）不要对顾客做不负责任的回答或者暧昧的表情。

（16）正在接待顾客时，如果有另外的顾客呼叫，应道声"请您稍等一下"，等接待完了第一人再接待第二人。

（17）对正在等待的顾客，应客气地说声"让您久等了"，再问顾客想看点什么或要求点什么。

（18）接待过程结束时，卖场服务人员应彬彬有礼地送别顾客。

（三）站立和行走姿势规范

1. 站立姿势规范

零售卖场服务人员在对顾客服务时，大部分时间是以站立为主，为此必须保持良好的站姿。

（1）头部抬起，面部朝向正前方，双眼平视，下颌微微内收，颈部挺直，面带微笑。

（2）双肩放松，呼吸自然，腰部直挺。

（3）双臂自然下垂，处于身体两侧。

（4）两腿立正并拢，双膝与双脚的跟部紧靠。

（5）两脚呈"V"状分开，两者之间相距约一个拳头的宽度。

（6）男服务人员双手相握，叠放于腹前或相握于身后。

（7）女服务人员双手相握或叠放于腹前。

（8）双脚以一条腿为重心，稍微分开。

（9）零售卖场男服务人员要站出英俊、强壮的风采，女服务人员要站出轻盈、典雅的韵味；切忌在工作中背对顾客，或站立时表现出无精打采的样子。

（10）无论男女服务人员，站立时都应正面面对服务对象。

（11）分开的双脚不要反复不停地换来换去。

2. 行走姿势规范

（1）行走时应轻而稳。

（2）行走时应昂首挺胸收腹，肩要平，身要直。

（3）行走时双目平行向前，两臂放松，自然摆动，两肩不要左右摇晃。

（4）行走时不可摇头晃脑、吹口哨、吃零食，不要左顾右盼，更不要手插口袋或打响指。

（5）不得以任何借口奔跑、跳跃。确因工作需要必须超过顾客时，要礼貌地道歉，说对不起。

（6）不与他人勾肩搭背、手拉手并行，行走时男服务人员不得扭腰，女服务人员不得晃动臀部。

（7）行走时尽量靠右侧，不走中间；与顾客相遇时，要点头致意；与顾客同行到门开门时，应主动开门让他们先行，不能自己抢先而行。

（8）与顾客上下电梯时应主动开门，让他们先上或先下；引导顾客时，应让顾客在自己的右侧。

（9）上楼时顾客在前，下楼时顾客在后，三人同行时，中间为上宾；顾客迎面走来或者上楼梯时，要主动为他们让路。

（四）手势规范

（1）在给顾客指引方向时，要把手臂伸直，手指自然并拢，手掌向上，以肘关节为轴指向目标。

（2）在指引方向时，眼睛要看着目标并兼顾对方是否看到指示的目标。

（3）在介绍或指示方向时切忌用一根手指指点。

（4）谈话时手势不宜过多，幅度不宜过大，否则会有画蛇添足的感觉。

（5）一般来说，掌心向上的手势是虚心的、诚恳的，在介绍、引路、指示方向时，都应该掌心向上，以示敬重。

（6）在递给顾客东西时，应双手恭敬地奉上，绝不能漫不经心地一扔。

❓ **课堂思考：** 你知道我国零售企业的服务规范有哪些吗？

三、服务言谈礼仪

"温语慰心三冬暖，恶语伤人六月寒。"语言是最容易拨动人心弦的，也是最容易伤透人心的。服务人员主要靠语言与顾客沟通、交流，他们的语言是否热情、礼貌、准确、得体，直接影响顾客的购买行为，并影响顾客对零售业的印象，影响顾客的满意程度。由此，零售企业必须加强对卖场服务语言的管理，以提高卖场的服务水平。卖场服务语言的规范主要是要求服务人员掌握零售服务语言并实际运用到工作中去。

（一）常用语言

一般用语包括："早上好""先生您好""女士您好""欢迎光临""有什么需要帮忙的吗""谢谢""谢谢您""请您稍候""请您放心""对不起""打扰您了""很抱歉""请别客气""很高兴为您服务""没有什么""没关系""再见""谢谢惠顾"等。

（二）介绍商品用语

当顾客长时间观察一件物品时，服务人员应抓住时机向其介绍商品，使顾客对商品产生更大的兴趣。介绍商品时，要具体介绍商品的规格、性能、特点等，要用通俗易懂的语言，不能用难以理解、模糊不清的语言；要实事求是，不能言过其实。

向顾客介绍商品时，要遵守"四不"原则：第一，不强加于人，如介绍服装，不能说："你穿着肯定漂亮，你就买了算了。"第二，不用顶撞的语言，如顾客问："哪种颜色好看？"不可以说："我怎么知道你喜欢什么颜色。"第三，不用不恰当的比喻，不可以说："你胖得像水桶。"第四，不用讽刺责备的话，不可以说："我看你也买不起。"

介绍商品时常用的礼貌用语有：

"这几个牌子的商品都不错，请您看看。"

"这种是进口产品，价格虽然贵一点，但质量好，功能多，许多顾客都喜欢买。"

"这种商品做工精细，价格便宜，您看看是否喜欢。"

（三）答询用语

零售卖场服务人员在回答顾客的询问时，要热情有礼，认真负责，诚心帮助顾客解决疑难问题。当顾客咨询商品时，服务人员可如此回答：

"这种商品暂时缺货，请留下姓名及联系地址或者电话，一有货马上通知您，好吗？"

"对不起，我们这里不经营这种商品。请您到其他地方去看看！"

"您问的××（商品）请到×楼×柜去买。"

（四）收款、找款用语

收银员在收款、找款过程中常用的语言有：

"您好，请问您使用哪种支付方式？"

"您买的商品共计××元钱，收您××元钱，找您××元钱，请点一下！"

卖场服务人员在收款、找款时要吐字清晰，交付清楚。找回的钱款要递送到顾客手中，不允许扔、摔或重放。

（五）包扎商品用语

在包扎商品的过程中，卖场服务人员要关照顾客应注意的事项，商品包扎完毕应双手递给顾客，不允许将商品放在一边了事，或是将包装的塑料袋递给顾客就不管了。在包扎商品时常用的礼貌用语有：

"请稍候，我帮您包扎好。"

"这东西有异味，请您不要把它与其他商品放在一起。"

（六）道歉用语

向顾客表示歉意时，要态度诚恳，语言温和，争取用自己的诚心诚意取得顾客的谅解。不允许推脱责任，也不允许得理不让人，更不允许阴阳怪气地戏弄顾客。道歉时常用的礼貌用语有：

"由于我们工作上的失误，给您带来了麻烦，真是对不起。"

"实在对不起，这完全是我工作上的失误。"

（七）调解用语

如果顾客与卖场服务人员发生矛盾，就应进行调解。调解时要态度和气，语言婉转，站在顾客的角度去考虑问题，虚心听取顾客的意见，多做自我批评、自我检讨。不允许互相袒护，互相推诿，强词夺理，要尽量不使矛盾激化。调解时常用的礼貌用语有：

"对不起，都是我不好，请多多谅解。"

"我们的服务措施还不够完善，给您带来不便，请多多原谅。"

（八）解释用语

当顾客提出要求而无法满足时，或当工作中出现了某些问题时，应当向顾客进行解释。零售服务人员在解释时要诚恳、和蔼、耐心、细致。语言应得体委婉，以理服人，不能用生硬、刺激、过头的语言伤害顾客，更不能漫不经心，那样会显得对顾客不负责任。解释时常用的礼貌用语有：

"对不起，按国家规定，已出售的食品、卫生用品，若不属于质量问题，是不能退换的。"

"对不起，让您久等了，经核实，我们没有少找您钱。"

（九）道别用语

服务人员在与顾客道别时要和气、文雅、谦逊，让顾客舒心，从而使卖场吸引更多的顾客。服务人员要有礼貌地向顾客道别，要求语言亲切自然，用语简洁、恰当，使顾客满意。道别时常用的礼貌用语有：

"请慢走，欢迎您再来！"

"不用客气（没关系），慢走。"

？ 课堂思考： 你知道"热情"交谈的"三到"原则是什么吗？

拓展案例： 极具杀伤力的服务语

任务三　零售顾客心理和待客艺术

能否将商品销售出去，主要是看商品本身能否满足消费者的使用需要，但不容忽视的另一方面是：零售企业的营业过程是否能迎合消费者购买活动的潜在心理需求。重视零售顾客心理和待客艺术对提升零售业绩功不可没。

任务情境

一次，一位顾客来向乔·吉拉德买车，在眼看生意就要做成的时候，顾客却突然变卦，面露不悦，掉头离去。"对方明明很中意那部车，为何突然走了呢？"乔很懊恼，百思不得其解。晚上他实在忍不住拨通了那位顾客的电话。

"您好，我是乔·吉拉德，今天下午我给您介绍的那部车您非常满意，可为什么您突然走了呢？"

"您现在在用心听我说话吗？"

"非常用心。"

"很好！可是今天下午你根本没有用心听我讲话，就在我签字前，我提到我小儿子的学科成绩、运动能力以及他将来的抱负，我以他为荣，但是，你却毫无反应。"

乔·吉拉德确实不记得有这回事，因为当时他根本没注意。他以为已经谈妥了，当时在听办公室的另一个同事讲笑话。

思考：看完上面的案例，你认为作为零售企业服务人员，在为顾客提供服务的过程中，应该如何把握顾客的心理？

知识精讲

一、顾客满意度和顾客忠诚度

顾客走进卖场消费的过程中，就是他们的个性与零售卖场的经营理念、文化环境相接触的过程。每个顾客的个性相同，零售商虽然不能满足每一位顾客的消费特性，但要能适应所在社区和进入商店的大多数消费者的消费习惯，并获得认同。顾客在获得满意的消费过程时，可称为获得了顾客满意度。

（一）顾客满意度

顾客在购物、消费、获得服务的过程中，将自身的期望值与所获得的体验相比的结果，在零售业界称之为"顾客满意度"，即CSB（Consumer Satisfaction Barometer），也可称为消费者满意度。长期的价格竞争已经使商品的利润空间越来越小，长期的低价营销策略也已经让消费者觉得没有任何新意可言，甚至产生反感了，所以，零售商要想吸引住更多的顾客并长期留住顾客，只有用非价格的营销手段来实现，如服务、卖场环境、空间等，顾客对这些因素的综合评价就是顾客满意度。

顾客满意度越高，对零售商的认同度就越高；反之，产生的反差会导致失望和对立情绪，而这种失望和对立情绪会传播给其他顾客。

从具体提供服务的系统性来区分，顾客满意度主要包括以下几方面内容。

1. 产品满意度

这是顾客满意度的核心和基础部分，包含所出售产品的质量、性能、功效、包装、价格等。

2. 服务满意度

在产品性能相差无几的情况下，消费者越来越看重这一指标的内容。

3. 理念满意度

理念满意度是指零售商传递给顾客的有关零售商的地理位置、经营内容、商品构成及价格体系等内容，是否符合所在社区消费者的状况，以及所传播的内容与实际的操作和实物之间是否相符，有没有差距，差距有多大，等等。

4. 卖场满意度

卖场满意度包括很多内容，如疏导顾客的卖场通道是否足够宽敞、音响是否悦耳、噪声是否让人心烦、光线是否足够让顾客看清所售商品、灯光配置是昏暗或透亮、空气是否清新、温度是否过高等。

（二）顾客忠诚度

顾客满意和顾客忠诚是两个层面的问题。如果说，顾客满意是一种价值判断的话，那么，顾客忠诚则是顾客满意的行为描述。

老顾客是企业最宝贵的财富，一个老顾客的终身价值是巨大的。我们研究顾客满意与顾客忠诚的目的是实现顾客的价值最大化。顾客忠诚度是建立在顾客满意和信任企业的基础上的。顾客忠诚给企业带来的好处是多方面的：顾客忠诚带来重复购买，顾客重复购买增加企业的收入；老顾客保持的时间越长，购买量就越大；因招揽顾客的费用减少，企业成本得以降低；由于"口碑效应"，老顾客会推荐他人购买从而增加新顾客；企业对熟悉的、有丰富经验的老顾客的服务更有效率、更经济；顾客忠诚度和企业经济效益的提高有助于改善企业员工的工作条件，提高员工满意度，减少员工流失损失，又进一步使成本降低。这些都是良性循环，会使顾客忠诚度不断提高。

二、顾客的购买心理和购买动机

（一）顾客的购买心理

1. 理解顾客内涵

前面我们提到了优质的服务对零售企业提高业绩的重要性，卖场服务人员必须牢固树立服务的理念，深刻理解顾客的内涵。通常所说的顾客内涵包括以下几方面内容：

（1）顾客是导购人员的服务对象。

（2）顾客有购买需求，是企业、商家和服务人员收入的最终来源，应当得到最高礼遇。

（3）顾客是商业流通的最终环节，也是最重要的环节。

（4）顾客是商家各种经营活动的重要组成部分。

零售企业的服务人员必须牢记，顾客永远是对的，服务人员的职责就是满足顾客的需求。在工作中，服务人员必须牢记在情绪低落时应积极调整心态，不能得罪顾客；当顾客不讲理时要忍让；要从内心去感激顾客，对自己不喜欢的顾客也要笑脸相迎。

在现代零售业形势下，所有的零售商都提倡服务人员要做到"六心"服务。所谓"六心"是指省心、放心、舒心、细心、称心、诚心。将"六心"融入服务中，使顾客得到无微不至的多元化、人性化和个性化的服务，可以大大丰富服务的内涵，提升顾客的消费体验价值，培养顾客的忠诚度。

2. 顾客购买心理决策过程

零售企业的营业过程是否能迎合消费者购买活动的潜在心理需求，在一定程度上决定着零售企业能否将商品销售出去。顾客心理是消费者在购买过程中的内心活动，是由许多因素相互联系、相互作用而形成的完整系统。顾客在购买过程中，大体都要经过思想酝酿和心理变化的过程，注意商品—产生兴趣—联想—产生欲望—比较评价—产生信任感—行动—反馈，这8个阶段是顾客购买心理决策过程。作为直接与顾客接触的人，零售企业服务人员必须全面掌握顾客购买决策的8个阶段的心理变化过程及其特征，以便根据顾客的心理变化采取相应的服务措施。

（1）注意商品。顾客对商品的注意是指顾客根据需求，对某种商品驻足观看或眺望店铺橱窗内的商品，这就是购买过程的第一个阶段，也是最重要的一个阶段。具体表现为顾客进入商店后，观看陈列的商品。

（2）产生兴趣。当顾客通过对某种商品的初步观察了解后，会产生喜欢和偏好，并对商品加以表面的分析和评判，继而更加关注商品的质量、功能、款式、色彩、使用方法以及价格等。顾客对商品的兴趣来源于两方面，即商品（品牌、广告、促销等）和导购人员。此时，顾客会触摸或翻看商品，同时可能会向导购人员问一些他所关心的问题。

（3）联想。顾客对某种商品产生了兴趣并有了初步的印象后，如果进一步注视商品，就会把商品同自己的实际生活联系起来，进一步想象这个商品将会给自己带来哪些益处、对自己有什么帮助等。顾客会想到："我买这束鲜花送人，他（她）一定很高兴"，"我穿上了这件衣服，一定很合体、很潇洒"。这种扩展性的思维活动就是联想。联想决定着顾客是否需要、喜欢商品，因此这一步对顾客是否购买影响很大。

（4）产生欲望。联想的深入和发展，使顾客的购买动机由潜伏状态转入活动状态。这个阶段是消费者形成"拥有概念"的过程，也就是对商品的性能、特征和款式等进行分析的过程。

（5）比较评价。顾客要选定最符合自己需要的商品，就要对这种商品的质量、特征、性能、价格等方面做一番鉴别、评价，这往往是通过想、问、摸、比、看等各种方法进行的。运用比较进行决策，是顾客决定购买的前奏，对建立信任和采取购买行动有着决定的作用。

（6）产生信任感。在进行了各种比较和思想斗争后，顾客往往要征求导购人员的一些意见，一旦得到满意的回答，大部分顾客会对此商品产生信任感。

（7）行动。对商品的信任感，是顾客购买行动的主要促进力量。当确信选定的商品就是自己需要的商品时，顾客就会决定购买，表现为要求导购人员帮助挑选、包装商品。行动阶段即购买成交。成交的关键在于能不能巧妙地把握住顾客的购买时机，把握得好，就能销售出去；把握得不好，就达不成交易。

（8）反馈。反馈即顾客对商品和导购人员的服务满意程度和评价。顾客拿到所买的商品后，会有各种各样的心理感受。感受的好坏程度，取决于对商品、对商店的环境及营业员的接待服务的满意程度，甚至包括购买后使用商品的体验。

（二）顾客的购买动机

顾客购买商品的心理活动不是孤立进行的，它受到顾客所具备的主观条件和所处环境的多种客观因素的影响。购买动机就是主观因素和客观因素综合作用的结果。购买动机是引导顾客购买活动指向一定目标，以满足需要的购买意愿和冲动。这种购买意愿和冲动是十分复杂的心理活动，它分为生理性动机、心理性动机和社会性动机。

1. 生理性动机

生理性动机是人们为维持和延续生命、改善生活需要所产生的购买动机。它具体包括以下三种：

（1）生存性购买动机。生存性购买动机即为了维护和延续生命、为了满足自身生理肌体的一系列需要而产生的购买动机。如为了充饥，人需要购买食品；为了御寒，人需要购买服装。

（2）享受性购买动机。基本生存需要得到满足后，人就会进一步产生享受的需要，因享受而产生的购买动机称为享受性购买动机。如饮食不仅仅是为了充饥，还讲究营养和味道；服装除了御寒，还要求合体与美观。

（3）发展性购买动机。为满足自身发展需要而产生的购买动机称为发展性购买动机。自身发展需要分为智力发展需要和体力发展需要两方面。

2. 心理性动机

顾客的购买行为不仅受生理本能的驱使，而且受心理活动的影响。顾客在购买商品的前后，常常伴随着复杂的心理活动。通过认识、感情、意志等心理活动过程而引起的购买商品的动机就称为心理性动机。心理性动机又可分为理性购买动机和感性购买动机。

（1）理性购买动机。它是建立在对商品和劳务的客观认识的基础上，经过分析、比较和深思熟虑后而产生的购买动机。在这种动机的驱使下，顾客比较注意商品的质量，讲求设计合理、实用、方便、价格公道等，购买时一般不受环境气氛的影响。

（2）感性购买动机。它是指顾客在购买活动中由于感情的需要和变化而引起的购买动机。

3. 社会性动机

由人们所处的社会自然条件、经济条件和文化条件等因素而引起购买行为的动机称为社会性动机。顾客的民族、职业、文化、风俗、受教育程度、支付能力以及所处的社会、家庭、群体生活环境等，都会引起不同的购买动机。

上述生理性、心理性、社会性三种购买动机存在着内在的联系，每个顾客个体仅仅因为一种动机而购买商品的情况是极少的，基本上三者兼而有之。服务人员，特别是导购人员要了解这一点，并将其运用到实际的销售活动中，这样有利于抓住顾客的消费心理，提高自己的工作效率。

❓ 课堂思考：什么是冲动购物？为什么有的顾客会进行冲动购物？

三、待客艺术

接待顾客是一门艺术。服务人员在接待顾客时，不仅要注意服务的态度，还要有针对性地采取恰当的步骤。在每一个步骤中，服务人员要把主动、热情、耐心、周到的服务贯穿其中。

（一）吸引顾客，等待时机

零售企业的服务人员在顾客还没有上门前，要做好一切准备工作。准备工作长短与价格成正比，价格越高的商品准备时间越长。售前准备是决定商品销售的第一步。

服务人员应做好以下工作吸引顾客：

（1）整理商品，重点是检查有无次品、残品，做好商品的补充工作，并适当变更商品的陈列，把销量大的商品多摆一些出来，将其放在显眼、易拿的位置。

（2）应时时以顾客为念。即便在没有顾客时，服务人员心中也要想着顾客，提醒自己是否有顾客来。一旦顾客来到柜台前，就应该立即停下手中的活，准备接待客人。无论顾客从何处进门，都应在最短的时间内，提供最满意的服务。

（3）零售店应该按照店内面积，规定每个服务人员负责的场所和范围，并制定服务人员工作守则，避免因服务人员漫不经心地对待顾客产生不愉快的事件。

（二）选择时机，接触顾客

服务人员接触顾客并跟顾客问候，必须把握正确的时机。打招呼是接待的开始，所以语言要热情诚恳，但不宜过多，这样才能给顾客一个良好的印象。打招呼的时候，时机的把握很重要。时机太早，可能会使顾客产生窘迫感，甚至会引起误解和戒心；时机太迟，会使顾客觉得你怠慢，不热情，产生打消购买的念头。接近顾客的最佳时机，应该是顾客处于购买活动过程中的"兴趣"和"联想"阶段。但因为顾客的购买心理变化非常复杂，服务人员正确地把握接触时机比较困难。服务人员只能从顾客的行动和神态上来判定是否是最佳接触时机。

经验表明，当顾客行为出现以下迹象的时候，表明接近的时机到了：

（1）顾客一直注视着同一件商品时。这个时候，正是招呼的时机，因为顾客可能对商品有兴趣，或者说产生了某种"联想"。这时，服务人员可用夸赞的话接近顾客。

（2）顾客用手触摸商品时。一直看着某件商品的顾客有时会用手去触摸商品，这表示他已经对商品产生兴趣。这是接触顾客的好机会。服务人员应该平静地上前打招呼，切不可从顾客背后打招呼。

（3）当顾客抬起头，将视线从商品转向营业员时，服务人员应精神饱满地前去打招呼。

（三）商品推介，现场展示

商品推介就是将商品推荐给顾客，刺激顾客的购买欲望，同时，让顾客对商品产生足够的信任。服务人员要想做好商品的推介工作，就要掌握商品知识和展示商品的技能。

商品知识是有关商品的一切知识，包括商品的名称、种类、价格、特征、性能、质量、款式、产地、制造商、商标、工艺流程、原料、式样、颜色、使用方法、售后服务等。服务人员可通过多种途径获取商品知识，比如，通过商品本身的包装、说明书来学习；向有经验的服务人员学习；向懂行的顾客学习；向批发商学习；通过报纸、杂志等出版物上的相关专栏学习；等等。

展示商品，即展现商品，就是服务人员将商品的全貌、性能和特点展现出来，便于顾客对商品进行鉴别、挑选。对展示的要求是：掌握技巧，展示全貌。服务人员主动展示商品，有利于顾客正确认识商品，消除一些不必要的顾虑和误解，激发顾客的购买欲望。

（四）处理异议，恰当诱导

一般情况下，顾客对自己感兴趣的商品总会提出各种各样的异议，服务人员只有妥善处理这些异议，销售才能进入下一阶段。因此，服务人员应以正确的心态认识和对待顾客的异议，弄清楚顾客产生异议的原因，及时妥善处理、化解销售危机。

服务人员可针对顾客的异议进行及时、恰当的诱导、劝说，打消顾客顾虑，促进购买。可以采取以下措施诱导劝说：

（1）针对顾客对商品不满意的地方婉转地诱导劝说，使之对不满意的理由发生动摇，继续发展购买过程。

（2）站在顾客的立场上委婉如实地解释商品的优缺点，以满足顾客反复权衡利弊的心理需要。当实在无法使顾客对原有选择的商品感到满意时，不可强求，否则会陷入僵局，甚至会使顾客产生反感心理。明智的做法是诱导其建立新的"拥有概念"，引导其选择新商品。

（3）抓住要领推荐其他替代商品，要避免价格上的心理阻碍，给予顾客较多的思考机会，使其产生周到之感，这样可满足顾客求方便、求实惠的心理。

（五）巧妙促销，促成交易

成功地处理顾客的疑义，进行恰当的诱导劝说，并辅助以商品解说和现场演示，能在很大程度上激发顾客的购买欲望。然而，这也不能让所有对商品感兴趣的顾客都立即下决心购买，除非他的购买目的很明确。卖场服务人员还应该根据实际情况进行巧妙的促销，促使顾客下决心进行购买。

1. 识别顾客购买信号

顾客在决定购买某种商品时，会不自觉地发出一些购买信号，服务人员要注意识别这些信号，因为这些信号预示着达成交易的时机来了。顾客的购买信号有语言信号、行为信号、表情信号。总体来讲可概括为以下表现：

（1）顾客突然不再发问。顾客从进门后不断发问，到停止问话，此时，他可能是在考虑是否要买，如果服务人员能从旁劝说，将促成购买。

（2）顾客的话题集中在某一个商品上。当顾客在比较过所有同类型的商品后，只对其中的一件商品表示出更浓厚的兴趣时，说明其已经树立了购买信心。此时，服务人员要不失时机地进行恰当的劝说，促成交易。

（3）顾客征求身边的同伴的意见。如果顾客开始对商品进行评价并征求身边同伴的意见或者看法，表明顾客已经开始考虑购买的问题了，他只想征求别人的意见，或内心里寻求一种支持。此时，服务人员要适时表达出赞美的言语，肯定商品对顾客购买的意义和价值。

（4）顾客提出成交条件并关心商品的售后服务问题。顾客如果对商品基本满意，就会提出他期望的成交条件、优惠折扣、售后服务等。

（5）除了以上表示成交的信号外，有时顾客会突然对服务人员表现出友好和客气的姿态，这也表示顾客已经准备成交了。

2. 巧用方法促成交易

多数情况下，顾客在决定购买前，都会有"哪个更好""买还是不买"这样的犹豫，尤其是女性顾客，这一点体现得更为明显。服务人员要适时地建议，巧用方法使顾客下定决心购买，以免拖延时间太久，使顾客丧失购买意愿而放弃成交。下列方法可供参考：

（1）二选一法。不要直接问："你要这件吗？"可以间接地问："你是要这件红色的，还是那件蓝色的？"因为顾客一般情况下会顺着服务人员的问话回答，成交的机会就会比较大。

（2）动作速求法。这种方法是使犹豫的顾客下决心，如拿小票准备填写、准备包扎等都是十分奏效的动作速求法。

（3）感情诉求法。例如可以说："您穿上这件衣服显得更有气质了，要不您再试一试？"重要的是要以真诚、恳切的态度与顾客谈话，让其觉得你确实是为他着想而下决心购买。

（六）办好成交手续，欢送顾客

顾客决定购买后，服务人员要迅速地为其办好成交手续，注意服务质量，为顾客的再次光临打下基础。

首先是包扎商品，即包装和捆扎商品。包扎商品的目的是方便顾客携带并保护商品，同时，扩大服务和宣传的效应。不同的商品有不同的包扎方法，不同顾客对商品的包扎有不同的要求。总之，包扎商品的基本要求是牢固美观、便于携带。

其次是收款。收款的基本要求是迅速准确，唱收唱付。服务人员要做到准、快、清楚。

再次是递交商品。递交商品的基本要求是主动递交，准确礼貌，将商品亲自交给顾客，做一些必要的交代，如携带时的注意事项、使用时的基本要求、退换货规定等。

最后是欢送顾客。服务人员要目送顾客，有礼貌地向顾客道别，使顾客在整个购买过程中，始终处于心情愉快的气氛中。

❓ **课堂思考：** 你知道如何接待挑剔的顾客吗？

愉快的购物接待

正值国庆销售高峰前期，卖场内的各大堆头前人潮涌动，14部的皮鞋堆头更不例外，各位营业员都彬彬有礼地站在堆头前，等待着过往的顾客前来选购。

这时一个温柔的声音吸引了我："小姐，您看这双米色的鞋合适吗？"回头一看，只见一位梳着短发的营业员正笑意盈盈地拿着一双休闲鞋给一位怀孕的女顾客看。

那位顾客看着面前摆放着的各种各样的鞋子，脸上流露出犹豫的神色，嘀咕说："我也不知道该选哪双好。"

营业员笑着说："这双米色的比较清爽，这个季节穿刚好，而且今年也比较流行米色，您觉得怎样？"

顾客看了看，没有吱声，又随手拿起一双黑色的端详，营业员又耐心地询问："您打算配什么颜色的裤子？、您平日深色裤子多还是浅色裤子多？"

顾客说："我想买一双配黑裤子的。"

营业员看了看说："这双黑色的是不是更好一些？"她边说边拿起米色和黑色的鞋子放在一起让顾客比较，然后又说："您要不要先试穿一下，看哪双更好一些？"

顾客这时看了看旁边一双高跟的皮鞋，眼里流露出羡慕的神情，善解人意的营业员马上笑着说："现在穿这种不太适合，不过再过一段时间就可以了，是吧？"

顾客听完笑了笑，便拿起一双黑色的试穿起来。待穿好后，营业员在一边耐心地询问："合不合脚？感觉还合适吗？"

顾客觉得很满意，便点了点头。

"就这双吗？那好，我帮您包起来吧。"营业员边说边动作麻利地把鞋包装好，开好销售小票，双手递到顾客手中，指着前面礼貌地说："麻烦您到前面那个收银台付款，谢谢！"

顾客拿着小票愉快地走向了收银台。

案例解析： 销售服务接待时，营业员不光要有礼貌，有良好的态度和耐心，更要学会观察顾客，分析其真正的需求，只有这样才能推荐合适的商品满足消费者，让消费者满意，进而水到渠成地促成交易。这样的过程买卖双方都很舒服、自然和愉快。

任务四　零售企业岗位职责

零售卖场人员各有各的任务，相互分工、相互协调，形成一个有机体，共建零售企业大厦。

任务情境

小梅从高职院校毕业后在一家大卖场找到一份收银的工作。小梅认为自己作为一名大学生却在做这样简单的体力劳动，心里总是有抵触情绪，在工作的过程中不时出现一些差错。收银部主管看到小梅的状态后，主动找到小梅，与她谈心。几次之后，小梅心里的结彻底解开了。

思考： 如果你是收银部主管，你会如何做小梅的工作？

知识精讲

一、零售卖场管理人员的素质要求和职责

（一）零售卖场管理人员的素质要求

管理者的素质决定着管理的成效。零售企业的管理水平直接关系着一个企业的竞争力和企业的发展以及企业的前途。而管理者的管理水平又取决于管理者的素质。优秀的管理人员往往能一人顶三人，主宰着卖场的兴衰成败。

1. 管理者应具有准确表达目标的能力

目标体现的是组织想要得到的结果以及组织的任务，目标的数量和质量最终指导决策者选择合适的行动路线。管理者下达目标时要准确表达目标，通过这些目标对下级进行领导、管理和考核。否则，下级部门就无法了解管理者的想法，直接影响管理者的执行力，目标无法落到实处，企业成长必将畸变。

2. 管理者必须具有控制能力

控制是管理过程不可分割的一部分，是企业各级管理人员的一项重要工作内容。无论计划制定得如何周密，由于各种各样的原因，人们在执行的活动中总是会或多或少地出现与计划不一致的现象，所以管理者必须具有驾驭事件的能力，保证行动按计划进行，达到既定的目标。

3. 管理者必须具有沟通才能

首先，管理者应该有沟通的重要性意识。沟通在管理活动中是非常重要的。在市场竞争越演越烈、企业与市场信息日益复杂的今天，良好的沟通能使管理者充分及时地满足顾客的需要，了解竞争者的战略决策以及获得更强的企业内部合作。相反，沟通不良则会导致生产、品质、服务不佳，使生产成本增加，企业陷入困境。其次，管理者应具备建立企业沟通渠道的能力，并在其中起积极主动的作用。

4. 管理者必须具有良好的思维能力

思维过程一般为：观察、比较、分析、综合、归纳。管理本身受各种因素的影响，要想切实有效地进行管理，管理者就要在明确的目标前提下有一个系统、缜密的整体规划，在正确的思维模式下对该做什么、怎么做出正确的判断和满意的决策成竹于胸，这无疑在

很大程度上依赖于管理者思维的广阔性、深刻性、敏捷性、灵活性和创新性。所以我们说管理者的思维能力是很重要的。

5. 管理者要具有创新性

对于管理者来说，创新成了必不可少的条件，要想让企业从基础上适应日新月异的外部环境，就要不断地为企业注入生命活力，为企业带来创新性的元素。

6. 管理者必须具备团队精神

管理者要能以成员和领导的身份与员工一起有效地、创造性地开展工作。特别是零售卖场管理，管理者必须与总部各个职能部门有效地进行交流和沟通，形成良好的工作关系。同时，团队精神体现在善于观察和听取下级意见，能对他人不同的背景和看问题的不同角度表示理解，善于知人，并获得他人的支持、合作和尊重。

7. 管理者要具有影响他人的能力

这是一种人际关系技能，在管理过程中表现为领导改变、控制他人和群体的能力。一个具有影响力的管理者，首先是一个受下属信任、喜爱，下属愿意追随的人，也可以说一个优秀的企业必定有一个具有吸引力的领导者，其组织能力和人格魅力都应是受到他人肯定的；其次是一个具有权威的人，能得到下级员工和部门的支持和拥护，其主张应该是员工的自觉行动。

（二）零售卖场管理人员的职责

1. 经理的工作职责

经理是零售企业卖场的总负责人，具有管理整个卖场运营的职责，是卖场的灵魂。经理的工作职责主要有以下几方面：

（1）对总经理负责，全面实施分店管理工作，确保分店运营良好。

（2）切实保证和监督企业的各项规章制度及经营计划在分店得到贯彻、落实。

（3）负责分店销售工作，向企业经营者建议新商品的引进和滞销商品的淘汰。

（4）听取卖场内员工人事考核、员工晋升、降级和调动的建议。

（5）解决顾客的投诉问题。

（6）主持分店主管例会。

（7）审阅分店各种报告、单据、文稿等。

（8）负责对基层管理人员和员工进行培训。

（9）及时处理卖场内的各种突发事件。

2. 副经理的工作职责

副经理的工作职责主要有以下几方面：

（1）协助经理工作，落实分店的各项规章制度及经营计划。

（2）配合经理做好分店卖场的销售工作。

（3）协助经理制定分店卖场的销售计划，并负责具体的落实。

（4）跟踪商品的销售和货源情况，做好反馈。

（5）指导各个部门主管进行促销商品的选择，跟踪大型促销活动。

（6）向总经理反馈卖场的销售情况。

（7）配合总经理做好基层员工的培训和管理工作。

3. 财务主管的工作职责

财务主管的工作职责主要有以下几方面：

（1）负责分店会计基础核算工作及财务管理工作。

（2）制订分店卖场的财务工作计划，检查、督促、指导财务部的日常工作，保证分店的财务管理工作运行正常，及时向财务部总经理汇报工作进度，反馈日常工作中存在的问题并提出合理化的建议。

（3）明确各个小组人员的岗位职责，工作权限、工作标准和考核方法，以及内部监督制度和稽查制度，保证财务工作秩序化、规范化。

（4）负责对卖场有关人员进行财务知识的培训。

（5）做好卖场商品调价、报损、商品盘点等涉及财务核算的工作。

（6）负责员工费用报销的审核工作。

（7）负责卖场出纳备用金、收银备用金、服务台定额储值卡和电话卡使用的监督和管理。

（8）协助解决营业中出现的有关财务问题。

4. 收银主管的工作职责

收银主管的工作职责主要有以下几方面：

（1）对分管经理负责，在其指导下全面开展收银工作。

（2）切实保证企业的各项规章制度在收银区域内得到贯彻落实。

（3）制订收银工作计划并落实、总结。

（4）主持收银区域例会、班长例会。

（5）审阅收银区域各种报告、单据、文稿。

（6）负责对收银员进行管理和培训，并指导主管助理和班长的日常工作。

5. 生鲜食品主管的工作职责

生鲜食品主管的工作职责主要有以下几方面：

（1）对经理负责，对本部门所有人员、设备、店内仓库进行管理。

（2）与其他部门沟通协调。

（3）组织和指导本部门完成各项经营指标和任务。

（4）检查本部门的工作进度，并组织实施盘点工作。

（5）按时完成经理交办的各项工作，并保证质量。

6. 采购主管的工作职责

采购主管的工作职责主要有以下几方面：

（1）负责企业指派商品的策划及新市场的拓展工作。

（2）筛选供应商，并负责协商最佳的采购条件。

（3）协助制定并执行最合适的价格策略并参与计划各种促销活动。

（4）与卖场人员合作，扩展业绩并达成毛利的目标。

（5）选择或者开发最具商业价值的包装。

（6）关注卖场的竞争因素、价格敏感的项目，以及促销成败、滞销品特卖和其他营业损失的因素，提出增强企业价格竞争力的因素。

（7）制定卖场快讯及促销项目、促销产品，并采纳最佳的采购条件及广告赞助。

（8）负责对基层采购人员的培训和管理工作。

7. 理货区主管的工作职责

理货区主管的工作职责主要有以下几方面：

（1）对分管经理负责，在其指导下全面实施理货区的管理工作。

（2）切实保证企业各项规章制度，并负责在理货区的贯彻落实。

（3）定期抽检理货员验收的商品，确保商场商品及理货区库存商品质量完好、数量准确。

（4）参加零售企业卖场例会并主持理货区例会。

（5）确保理货区商品按类合理摆放，周转畅通。

（6）负责对理货员进行管理和培训。

（7）按要求审核各类单据，并审阅本区域各类报告、文稿。

8. 防损部主管的工作职责

防损部主管的工作职责主要有以下几方面：

（1）对经理负责，认真完成经理交付的各项工作任务。

（2）制订本部门日常工作计划，指导、督促主管助理和班长的工作。

（3）负责卖场的安全保卫工作，发现问题及时处理并上报。

（4）根据对商品流失情况的分析，制定、实施防范措施，打击盗窃行为，对盗窃事件进行处理。

（5）组织开展防火演习和紧急事件的应急处理演习，并对防损人员进行法律知识、消防知识、防盗知识等的培训和考核。

（6）及时受理防损员的投诉，并备案汇报。

（7）做好与相关职能部门人员的沟通及与相关政府部门的沟通协调工作，保证防损工作顺利进行。

？ 课堂思考： 你知道管理中的"木桶理论"吗？

二、零售卖场作业人员的工作职责

（一）营业员的工作职责

（1）熟悉商品运作流程，并搞好自己商品区域的卫生，不得随意摆放私人物品。

（2）按规定的销售价格经营，不得擅自抬价或者降价，否则后果自负。

（3）严禁弄虚作假，不得多卖少贴价或少卖多贴价。

（4）执行卖场的促销计划，并准确回答顾客提问，协助顾客购物。

（5）将到货商品上架，并按要求排列，根据销售情况及时进行补货、理货。

（6）负责办理商品进货验收和退换。

（二）收银员的工作职责

（1）为顾客提供快速、优质的结算服务。

（2）防止商品从收银通道流失。

（3）参加卖场收银员的培训及考核。

（三）理货员的工作职责

（1）保障库存商品销售供应，及时清理端架、堆头和货架并补充货源。

（2）保持销售区域的卫生。

（3）保持通道的通畅。

（4）按要求码放排面，做到排面整齐美观，货架丰满。

（5）及时收回零星物品，处理破损包装商品。

（6）保证销售区域每一种商品都有正确的条形码和正确的价格卡。

（7）整理库存区，做到商品清楚、码放安全、规律有序、先进先出，并检查保质期。

（8）事先整理好退货商品，办好退货手续，使用礼貌用语，做到微笑服务。

（四）生鲜部工作人员的工作职责

（1）保证补货及时，排面美观整齐有序。

（2）保证品质优良，包装良好，并合理使用耗材。

（3）保证操作间、售卖区及冷库、冷柜等区域的清洁卫生。

（4）保证零星商品的及时回收和破损包装的修复。

（5）个人卫生要求达标。

（6）安全使用电源、水源、煤气等。

（五）促销员的工作职责

（1）对副经理负责。

（2）利用自己的促销技巧推销商品，做好销售工作。

（3）负责专柜商品的陈列和展示，但不得自行调整商品的存货与陈列位置。

（4）将到货商品上柜，按商品陈列要求整理柜台商品。

（5）及时向柜台组长反馈促销商品的销售情况，不得出现促销商品或赠品短货的情况。

（6）服从区域、专柜的统一调整和管理。

（六）防损员的工作职责

（1）绝对服从上级的指示，按照部门工作要求及岗位要求开展工作。

（2）参加卖场内部各类防损培训、考核。

（3）处理卖场内紧急事件，并备案、及时上报。

（七）客户服务人员的工作职责

（1）对柜组长负责，服从服务台值班员的调配。

（2）负责把顾客购买的大件商品安全、完好地送至顾客指定地点。

（3）对商品运送过程中的安全负责。

（4）协助顾客搬运需退换或维修的商品。

（八）采购员的工作职责

（1）尽最大的可能选择和保持商品的丰富，并尽最大可能参加商品展示会，了解商品的动态。

（2）培训供应商按照卖场的程序办事。

（3）了解零售业的走势，消除滞销商品，为新商品让出空间。

（4）制订季节性的商品采购计划，提供行业商品种类报告。

（九）保安员的工作职责

（1）保障顾客的安全，使其能顺利地离开卖场。

（2）凡遇大件商品或大宗配送都要一一核对清楚。

（3）若遇防盗系统报警，应礼貌地向顾客询问，是否有商品未消磁，并立即帮助顾客将商品消磁；若不属于上述情况，应有礼貌、有技巧地请顾客到防损部做进一步的调查和处理。

（4）督促保洁员将带出的垃圾运送至指定地点，并进行检查。

（5）对外借、内转发的商品要有营业和申请主管签字认可，并认真核对无误后可允许运出卖场。

（6）商品出卖场的凭证要及时收回，并交当班班长核对后于次日交经理室。

❓ 课堂思考： 你知道如何激励员工干好本职工作、提高工作热情吗？

任务五　商品退换货处理与顾客投诉处理

据相关研究表明，如果投诉能够得以迅速解决的话，95％以上进行投诉的顾客还会继续成为零售企业的顾客，并向 10～15 个亲朋好友述说他们所受到的"礼遇"。相反，如投诉得不到妥善的解决，他们会尽力向更多的人述说他们的"不幸"遭遇。

任务情境

一天，某药店，一位女士拿着一盒××减肥药来到店内。

该女士出示销售小票，并生气地说："我一个月前从你们这里买了两盒××减肥药，回去吃完一盒后才发现第二盒内药品不够，少了一板。而且，买的时候你们的营业员也没有打开检查。你们将这盒药退了，要不然我会向有关部门投诉。"

思考： 如果你是这个场景中的药店店员，你将怎样处理才能既不引起顾客的投诉，又不对企业造成损失？

知识精讲

一、商品退换货处理

（一）退货的作业流程

（1）受理顾客的商品、凭证。

（2）听取顾客的陈述，判断是否符合退换货标准。

（3）同顾客商量处理方案。

（4）决定退货。

（5）填写退货单，复印票证。

（6）现场退还现金。

（7）处理退货商品。

（二）换货的作业流程

（1）受理顾客的商品、凭证。

（2）听取顾客的陈述，判断是否符合退换货标准。

（3）决定是否换货。

（4）填写换货单，复印票证。

（5）顾客选购商品。

（6）退换货处办理换货。

（7）处理换货的商品。

？课堂思考： 我国零售商可不可以促销为由拒绝退换货？

课堂延伸

为了解决客户服务的难题，一位商人向一位教授请教，教授回答说："服务都是双向的，你如何对待别人，别人也就这样对待你。"商人若有所思地点点头。

商人名叫奥托·贝士姆，他在1964年开创了麦德龙集团；教授名叫奥拉夫·贝特，他于1960年创办了世界著名的贝特管理咨询公司，并亲自担任麦德龙集团的董事会顾问。

半个世纪以来，麦德龙从一家小杂货店发展成为全球零售业排名靠前的跨国集团。麦德龙有一句坚信了50多年的客户服务座右铭：你如何对待别人，别人也将如何对待你。

二、顾客投诉处理

大多数顾客的投诉并非总是指向商品和服务的质量，而是零售企业忽视的小问题。顾客能够用双眼观察的服务质量比商品和服务的基本质量还要重要。其实，任何一个零售商都会遇到顾客的抱怨，顾客投诉事实上只是一种反馈信息的方式，这并不是坏事。从一定意义上讲，顾客的投诉往往比顾客的赞美对零售企业的帮助更大，因为顾客抱怨表明你还能够比现在做得更好，你的顾客将比现在还要更多。对大多数的顾客来说，他们很少对你抱怨，相反，他们总是默默地选择其他服务，或者离开卖场，但如果顾客的投诉得到鼓励，他们就会产生信任感。顾客投诉往往说明他们是信任该企业的，因为他们有更高的要求。可见，满足他们的过程就是企业自我提升的过程。

（一）顾客投诉原因

顾客对零售店铺产生抱怨的理由是多种多样的，也许是商品质量、价格、卖场环境、收银员的服务，也许是由于卖场设施、安全服务等。不论哪种抱怨，对顾客来说，都会产生一定的伤害。有的顾客会诉诸法律，而大多数消费者则会采取一种消极行为——不再光顾这家零售卖场，并且以口碑的形式将自己的抱怨传递给周围的人。因此，如何有效地化解顾客的抱怨，直接关系零售店铺的经营业绩，也关系零售店铺的生存与发展。

总体说来，造成顾客投诉的原因大致有以下几个方面。

1. 商品原因

顾客对商品的抱怨可能是因为商品价格偏高，或者商品质量出现问题，或者顾客在零售店铺中购买的商品发生标示不符、没有生产日期、保质期模糊不清、生产厂地不一致等。另外，零售卖场中有些热销商品或者特价商品卖完后，没有及时补货，使顾客空手而归也会导致顾客的抱怨。

2. 服务原因

（1）服务人员态度不好。服务人员在接待顾客时，经常会因态度不好而引发顾客纠纷。例如，服务人员只顾自己聊天，不理会顾客；服务人员因顾客购买金额不多而冷淡、应付或者不屑一顾，招致顾客的严重不满。

（2）收银员工作失误。例如，收银员多收顾客的货款；少找顾客零钱；将商品装袋时技术不过关，造成商品的损害；面无表情或冷若冰霜；让顾客等待时间太长；等等。这些都会引起顾客的抱怨。

3. 购物环境方面的原因

零售卖场的购物环境直接影响顾客的购买心情。光线柔和、色彩雅致、整洁宽松的环境经常使顾客流连忘返。但如果卖场环境光线太强或太暗、温度过高或者过低、地面太滑、卫生状况差、噪声太大、电梯铺设不合理，以及卖场外部环境不佳等，都不利于顾客购买商品，都会引起顾客的反感和抱怨。

（二）处理顾客投诉的基本原则

1. 倾听原则

耐心地、平静地倾听顾客的不满和要求，不打断顾客陈述；正确对待顾客的抱怨和投诉，心中永远记住，顾客永远是对的。

2. 迅速处理原则

投诉处理以迅速为本，因为时间拖得越久，越会激发顾客的怨气和愤怒，同时，也会使他们的想法变得顽固而不易解决。如果说商家偶尔犯错是可以原谅的话，那么，及时处理原则是这一错误可以原谅的基础。的确，零售商不可能不犯错，但若这种错误得不到及时的纠正，在顾客看来，则是对错误本身和顾客不够重视。这种态度只会进一步激怒顾客，对商家彻底失去信心，有时候可能引发各种纠纷或冲突。因此，处理顾客抱怨或投诉时，要速战速决，越迅速越可能妥善地化解抱怨。

3. 以诚相待原则

处理顾客投诉的目的是获得顾客的理解和再度信任，这就要求企业在处理顾客投诉时坚持以诚相待的原则。顾客投诉有些是情绪上的冲击，有些则是要求金钱、物质方面的补偿。无论是什么情况，我们可以肯定的是，如果不能给人诚恳真挚的感受，其结果基本上都无法解决顾客的投诉。"诚意"是打动各种各样的顾客的法宝。以诚动人的企业通常能在顾客抱怨和投诉中取得良好的效果。

4. 换位思考原则

从某种程度上讲，顾客投诉一旦产生，顾客的心理自然会强烈地认为自己是对的，并会要求店家赔偿等值商品或者道歉。因此，在处理顾客抱怨和投诉时，一定要避免争吵，一定要站在顾客的立场来考虑问题，不使顾客产生厌恶情绪。

5. 正确的处理态度

积极的态度是要求卖场服务人员对于顾客的投诉和抱怨，具有主动面对问题的心态，时刻准备听取顾客的抱怨，并尽可能地为顾客迅速解决问题。

认真的态度是要求卖场服务人员在处理顾客抱怨时，一定要表明认真的态度，以示对顾客的尊重和对问题的重视。卖场服务人员要把顾客作为单独的个体来看，克服经常面对抱怨而导致的轻视的处理心态，给予每位顾客认真的关注。这样，顾客才会觉得安慰，从而有利于问题的解决。

妥协的态度并非软弱的态度。妥协的实质是一种自我利益的牺牲和退让。这就要求妥协的一方具有较高的道德修养和心理素质，能够站在顾客的角度多考虑顾客的利益。

6. 留档分析原则

对每一起顾客的抱怨、投诉及处理都要作详细的记录，包括投诉内容、处理过程、处理结果、客户满意程度等。通过记录，吸取教训，总结经验，为以后更好地处理顾客投诉提供参考。

? 课堂思考： 你知道如何就网上所购商品进行投诉吗？

拓展案例： "晨光酸牛奶中有苍蝇"的顾客投诉处理

课后复习与思考

一、单选题

1. 尽管你提供了无微不至的服务，但却仍有可能不成交，这说明了服务的（　　）。

A. 无形性　　　　　B. 价值性　　　　　C. 功效和利益性　　D. 无效性

2. 商场的停车服务、免费存包服务属于（　　）。

A. 基本服务　　　　B. 连带服务　　　　C. 附带服务　　　　D. 售后服务

3. 下列有关服务仪容仪表说法错误的是（　　）。

A. 男员工不能留长发，禁止剃光头、留胡须

B. 上班前不喝含酒精的饮料

C. 卖场员工上班必须着工作服，佩戴工牌

D. 上班时间不得喷香水、戴首饰

4. 下列有关服务行为举止说法错误的是（　　）。

A. 离岗时要取得上司同意并告知其去处和大约时间

B. 不能边吃东西，边接待顾客

C. 在递给顾客东西时，应双手恭敬地奉上

D. 为顾客拿高处商品时，如高度差一点，可直接跳起取下

5. 许多人看到身边的人都购买了汽车，自己也想买辆车，这是属于（　　）。

A. 生理性购买动机　　　　　　　　B. 心理性购买动机

C. 社会性购买动机　　　　　　　　D. 感情购买动机

二、多选题

1. 服务的特点包括（　　）。

A. 无形性　　　　　B. 价值性　　　　　C. 功效和利益性　　D. 难以标准化

2. 按照服务的过程，服务可以分为（　　）。

A. 售前服务　　　　B. 售中服务　　　　C. 售后服务　　　　D. 连带服务

3. 以下（　　）是接触顾客的好时机。

A. 顾客一直注视着同一件商品时

B. 顾客用手触摸商品时

C. 当顾客抬起头，将视线从商品转向营业员时

D. 顾客一进门时

4. 以下（　　）都是顾客购买的信号。

A. 顾客从进门后不断发问，突然不再发问时

B. 当顾客在比较过所有同类型的商品后，只对其中的一件商品表示出浓厚的兴趣时

C. 顾客开始对商品进行评价并征求身边同伴的意见或者看法时

D. 顾客提出成交条件并关心商品的售后服务问题时

5. 处理顾客投诉的原则有（　　）。

A. 倾听　　　　　　B. 迅速处理　　　　　C. 以诚相待　　　　　D. 换位思考

三、判断题

1. 店内女员工上班可化淡妆，但不能浓妆艳抹；男员工则不宜化妆。（　　）

2. 接待顾客要按照先来后到的顺序，做到接一、顾二、招呼三。（　　）

3. 投诉处理可以施以冷处理，因为时间拖得越久，客户的怨气和愤怒也就消了。（　　）

4. 要解决营业员与顾客的冲突，要先查清谁对谁错。（　　）

5. 卖场出售的清仓品和赠品，不可以退换货。（　　）

四、简答题

1. 服务礼仪的原则是什么？

2. 什么是顾客满意度？

3. 顾客购买的动机是什么？

4. 你知道零售企业退换货的操作流程是什么吗？

5. 顾客投诉的原因有哪些？

五、案例分析

沃尔玛的经营秘诀在于不断地了解顾客的需要，设身处地为顾客着想，最大限度地为顾客提供服务。走进任何一家沃尔玛店，店员立刻就会出现在你面前，笑脸相迎。店内贴有这样的标语："我们争取做到，每件商品都保证让您满意！"顾客对在这里购买的任何商品如果觉得不满意，可以在一个月内退还商店，并获得全部货款。公司的创始人山姆·沃尔顿曾说："我们都是为顾客工作，你也许会觉得是在为上司工作，但事实上他也和你一样。在我们的组织之外有一个大老板，那就是顾客。"

沃尔玛把超一流的服务看成是自己至高无上的职责。在口号上，很多沃尔玛店内都悬挂着这样的标语：（1）顾客永远是对的。（2）顾客如有错误，请参看第一条。

在行动上：店铺内的通道、灯光设计都为了令顾客更加舒适；店门口的欢迎者较其他同行更主动、热情；收银员一律站立工作以示对顾客的尊敬；坚持"3米微笑"，当任何一位顾客距营业员 3 米的时候，营业员都必须面向顾客，面露微笑，主动打招呼，并问"有什么需要我效劳的吗"。沃尔玛力图让顾客在每一家连锁店都感到"这是我们的商店"，都会得到"殷勤、诚恳的接待"，以确保"不打折扣地满足顾客需要"。

另外，沃尔玛还从顾客需求出发提供多项特殊的服务类型以方便顾客购物：

（1）免费停车。例如深圳的沃尔玛店营业面积 12 000 多平方米，有近 400 个免费停车位，而另一家营业面积达 17 800 多平方米的沃尔玛购物广场也设有约 150 个停车位。

（2）沃尔玛将糕点房搬进了商场，设有"山姆休闲廊"，所有的风味美食、新鲜糕点给顾客在购物劳顿之余以休闲的享受。

（3）免费咨询。店内聘有专业人士为顾客免费咨询电脑、照相机、录像机及其相关用品的有关情况，有助于减少盲目购买带来的风险。

（4）商务中心。店内设有文件处理商务中心，可为顾客提供包括彩色文件制作、复印、工程图纸放大缩小、高速打印在内的多项服务。

（5）送货服务。一次购物满 2 000 元或以上，沃尔玛皆可提供送货服务，在指定范围内收取廉价的费用，因为商品价格中不含送货成本。

（6）到乡镇开店。在店址选择上，沃尔玛也以方便顾客购物为首要考虑因素。在美国，它的触角伸向西尔斯、凯马特所不屑一顾的偏远小乡镇。只要哪座乡镇缺乏廉价商店，沃尔玛就在哪里开店。

有一些员工感慨地说，"是沃尔玛第一次让我们认识到顾客永远是对的"。这是沃尔玛顾客至上原则的一个生动写照。

问题：沃尔玛零售业务的超一流服务带给了我们怎样的启示？

实践操作

1. 实训题目：考察某连锁超市的服务管理模式。

2. 实训目的：通过对该连锁超市的服务考察，了解零售企业的服务，并写出考察报告，同时给出改进建议。

3. 实训要求：6～8 人组成一组，做好小组分工，协同调查。

4. 实训地点和设备要求：可以考察熟悉的城市，也可以就近选择其他区域。带上手机，做好相关的录音、拍照记录，以辅助说明问题。

5. 实训内容：分别到该连锁超市的几个分店进行考察，找出问题。

6. 实训实施方案（包括考核要求等）：事前做好分工，做好计划，合理分配人力物力。考察结束要及时总结，得出合理的结论。

7. 实训结果要求：做好考察的全程记录，最后用充足的证据论证考察报告。

项目九 **零售安全与防损管理**

💡 **学习目标**

知识目标

1. 了解职业安全管理的范畴。

2. 认识零售安全与防损的重要性。

3. 了解安全与防损管理的内容。

能力目标

1. 掌握零售安全与防损管理的方法、途径。

2. 掌握如何正确、迅速地应对各种突发事件。

素养目标

1. 培养良好的行为规范和良好的组织纪律性。

2. 培养职业安全意识和危机意识。

3. 培养较强的心理素质和临危不乱、冷静处理的能力。

任务一 **职业安全管理**

安全管理是为了实现安全运营而组织和使用人力、财力、物力等各种资源的过程，是零售企业经营活动正常进行的重要保障。在职业安全方面，要确保员工的个人安全、作业安全，确保商品的存放安全，以及店内外设施、设备和顾客购物的安全。

👥 **任务情境**

某个星期天，王女士带着她的儿子小宝和侄儿亮亮来到某购物广场购物。在三楼百货部某品牌专柜，王女士看中了一款漂亮的时装，于是便进入更衣室试穿。此时，小宝和亮亮正在争抢购物车，小宝虽然个头没有亮亮高，但并不示弱，拼命地想把车子拉到自己这边来。也许是亮亮厌倦了这个"游戏"，他在没有喊停的情况下，突然撒手，致使小宝在惯性作用下，猛的往前扑倒，顿时，鲜血从他稚嫩的小嘴和下巴的裂口处涌了出来，撕心裂肺的哭喊声顿时响彻卖场。王女士闻声跑来，惊慌失措地将儿子抱起，送往医院。经医院检查证实：小宝下颌骨骨折，且下巴上会留下疤痕。

第二天，王女士来到服务中心，强烈投诉员工服务质量糟糕，原因有二：（1）当员工看到无人监护的两个小孩在卖场打闹时，无人加以劝告和制止，对惨剧的发生负有不可推卸的责任；（2）孩子摔伤后，竟没有一位员工说一句安慰的话，更没有人伸手帮一把，让顾客感到非常心寒。

思考： 你认为在这个事故中商场的员工有责任吗？

知识精讲

一、安全管理概述

（一）安全的含义

安全是指没有危险，不受威胁，不出事故。零售店安全，一般指零售店以及顾客、本场职工的人身和财产在零售店所控制的范围内没有危险，也没有其他因素导致危险发生。一般来说，零售店安全主要包含以下三层含义：

（1）零售店以及顾客、本场职工的人身和财物，在零售店所控制的范围内不受侵害，零售店的生活秩序、工作秩序、公共场所秩序等内部秩序保持良好。

（2）零售店安全不仅仅指零售店及其员工的人身和财产不受侵害，而且指不存在其他因素导致这种侵害发生，即零售店安全状态是一种既没有危险，也没有可能发生危险这样一种状态。

（3）零售店安全是把零售店的各个方面的安全因素作为一个整体反映，而不是单指零售店的某一个方面的安全。

一个零售店如果存在下列因素，又没有相应的防范措施，就很难保证零售店的安全。例如，卖场中混进了骗子、精神病人和违法犯罪分子；零售店通道地面潮湿、地毯破损或铺垫不平整；零售店的食品管理混乱或经常出现不卫生的食品等。所有这些因素都会在一定条件、一定场合、一定时间内突然发生危险，从而造成人身伤亡和财产损失。所以，零售店安全就是在零售店内不发生危险以及对潜在危险因素的排除。

（二）安全管理的要求

安全管理应该做好事前、事中、事后三个阶段的工作：

（1）事前作业应该做到：妥善规划，即根据各项安全管理项目，做好事故预防、处理及善后作业的详细步骤和注意事项；定期检查，即定期检查各项安全设施及使用器械，对于老化、损坏或过期的器械，应立即修复或更换；定期教育，即定期让员工学习安全管理课程，以充实员工的安全常识，加强防灾意识；定期演习，即定期举办各种演习，以测验员工的安全管理能力，以及临场的应变经验；培养员工的警觉心，即养成员工及时发现问题，并能立即反映情况的习惯。

（2）事中作业应做到：沉着冷静，不管发生什么情况，必须保持沉着冷静的态度，迅速而适当地处理。

（3）事后作业应做到：仔细分析事故发生的原因；追查责任人和责任单位；建立补救措施，以免日后发生类似的事件。

（三）安全管理的原则

（1）法制原则：符合法律法规，严格执法，违规必究，不做妥协和让步。

（2）预防原则：预防为主，因为研究表明98％的事故是可以预防的。要通过有效的管理，消除引发事故的原因，杜绝隐患，将事故消灭在萌芽状态。

（3）监督原则：从日常监督、检查做起，细致、警觉，不忽视任何细节。

（4）教育原则：通过安全知识的教育、安全技能的培训、安全政策的宣传、安全信息的传播等各种手段，培养每一位员工的安全意识、预防意识、危机意识，做到群离群防。

（四）安全管理的内容

（1）职业安全：包括员工安全、设施设备安全、商场环境安全、顾客安全等。

（2）消防安全：包括商场消防组织制度、消防措施等。

（3）商品防损：包括重点区域商品的损耗控制、各个经营环节商品的损耗以及商品防盗抢等。

（4）突发事件的处理。

？ 课堂思考： 你知道有关零售店安全的案例吗？

二、保安人员服务管理

（一）保安人员的主要职责

（1）做好卖场的安全检查工作。开店前，为保证门前及周围环境符合安全要求，保安人员对卖场外的设施进行必要的检查，对地面进行清理；检查店内一切安全报警装置是否处在正常工作状态；检查供电设备、供暖设备、供水设备是否完好；等等。

（2）注意加强店内巡视，及时发现、处置各种情况及问题，保安人员须明确店内重点位置的异常反应，及时提醒有关营业员注意；当发生意外情况时，要及时采取相应措施。

（3）做好夜间值班看护工作。根据商场规模，夜间应安排一定数量的值班人员，与保安人员共同负责商场的全面安全，一旦发现异常情况，立即采取相应措施进行有效处置。

（4）保障顾客的安全和顺利离开卖场。出卖场时要求顾客主动出示购物小票，若发现疑点，应立即查明原因。

（5）凡遇大件商品或大宗配送都要——核对清楚，发现穿着商品标牌衣服的人和穿着不合体或不合季节的新衣服进出卖场的顾客，应进行必要的询问。

（二）保安人员的考核

对保安人员的考核应包括以下几方面内容：

（1）执勤记录、交接班制度的考核，即按规定时间交接班，交接人员在执勤记录上写明时间并共同签名，在执勤记录上规定必须列入记录的事项，以备查考。这种考核主要是针对固定点的保安人员。

（2）管理人员查勤考核，即管理人员不定时巡查各固定点保安人员，检查其是否在岗位按规范执勤。对流动保安管理人员可按规定巡逻时间表，在某一时点抽查，看其是否按规定路线、时间巡逻。管理人员除自己到场检查外，还可通过无线对讲机查勤。

❓ 课堂思考： 你知道沃尔玛对所招聘的保安人员的要求吗？

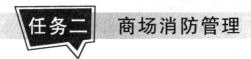

任务二　商场消防管理

在消防安全方面，要建立制度齐全、职责明确的消防组织结构，加强员工的消防安全意识和消防知识培训，严格进行消防器材的管理，采取各种预防措施，杜绝安全隐患，并定期进行消防演习。

任务情境

2022年6月13日，内蒙古鄂尔多斯市东胜区购物中心发生火灾，导致餐饮区2人死亡，直接财产损失为2 430.55万元。起火原因为电缆短路引燃周围阻燃胶合板、电气线路等。

2022年10月29日上午10时12分，江苏省南京市金盛百货商场发生火灾，消防救援力量到场后第一时间疏散全部人员。由于着火建筑体量大，火场荷载大、内部结构复杂，大火烧到次日凌晨方才扑灭，商场被烧成一片废墟，所幸未发现人员伤亡。

思考： 通过以上两则案例，分析安全管理对零售企业的重要意义。

知识精讲

一、消防管理的内容

消防管理的内容包括以下几方面：

（1）各部门都要实行岗位防火责任制，做到所有部门的消防工作都有专人管理，每个部门都要签订《防火责任书》。

（2）实行逐级防火责任制，做到层层都有专人负责。

（3）零售店内要张贴各种消防标志，设置消防门、消防通道和报警系统，组建义务消防队，配备完备的消防器材与设施，做到有能力迅速扑灭初起火灾和进行有效的人员财产的疏散转移。

（4）设立和健全各项消防安全制度，包括门卫、巡逻、逐级防火检查，用火、用电，易燃、易爆物品安全管理，消防器材维护保养，以及火灾事故报告、调查、处理等制度。

（5）安全部门要设立防火档案、紧急灭火计划、消防培训、消防演习报告以及各种消防宣传教育的资料备案，全面负责消防预防、培训工作。各运营部门则需要完整的防火检查报告和电器设备使用报告等资料。

（6）店内所有区域，包括销售区域、仓库、办公区域、洗手间，都要禁止吸烟、动用明火。存放大量物资的场地及仓库，必须设置明显的禁止烟火标志。

（7）店内消防器材和消火栓要按照消防管理部门指定的明显位置摆放。

（8）要对新老员工进行消防知识的普及和对消防器材使用的培训。消防的重点部门要进行专门的消防训练和考核，做到经常化、制度化。

（9）店内所有开关必须统一管理，每日的照明开关、电梯统一由安全员开关，其他电力系统的控制由工程部负责。如因工作需要而改由其他部门负责，则此部门的管理人员和实际操作人员必须对开关的正确使用接受培训。

（10）不能私自接电源插座、乱拉临时电线，或私自拆修开关和更换灯管、灯泡、保险丝等，如需要，必须由工程人员、电工进行操作，所有临时电线都必须在现场有明确记录，并在期限内改装。

（11）各种电气设备、专用设备的运行和操作，必须按规定进行操作，实行上岗证作业。

（12）高度白酒、果酒、发胶类等易燃品，只能适量存放，且便于通风，一旦发现泄漏、挥发或溢出，要立即采取措施。

（13）柜台、陈列柜的射灯、广告灯，工作结束后必须关闭，以防温度过高引起火灾。

（14）货架商品存放要与照明灯、整流器、射灯、装饰灯、火警报警器、消防喷淋头、监视头保持一定间隔，一般消防规定垂直距离不少于50厘米。

（15）店内所有仓库的消防设施必须符合要求，包括喷淋系统、消防器材、通风设施、通道等。

（16）在营业结束后，要及时进行电源关闭检查，保证各种电器不带电，各种该关闭的开关都处于关闭状态。

二、消防安全管理体系

（一）建立消防组织制度

（1）建立消防安全委员会，安全委员会全面负责整个商场的消防工作和政府消防部门的协调工作，下设人员有主任、副主任、委员。

（2）零售店为将消防工作贯彻到基层的部门，设两个消防小组，小组成员由消防安全员和楼面的骨干人员组成，对卖场的消防隐患进行监督和检查，实行消防工作基层岗位责任制。消防小组下设组长、副组长、组员、义务组员，人数根据需要确定，各部门的义务组员是本部门的消防监督员和主要负责人。

（3）消防安全委员会每月定期组织一次消防工作指导、总结会议，会议要做详细记录，并同楼面营运部门互通信息。会议的内容主要集中在检查以往对事故和危害的解决措施上，要纠正不安全的工作方法和改善危险的工作环境。

（4）消防委员会每季度要进行一次消防演习，每月进行一次消防检查和消防例会。消防小组每周进行一次消防检查，消防安全员每日进行全场的消防巡视。

（5）消防委员会负责义务消防员的学习、训练及灭火演习，每年不少于三次。

（6）在开业前，安全部门必须有应急灭火预备方案和进行至少一次的消防预演。

（7）消防安全委员会负责与各部门签订《防火安全责任书》，与出租厂家签订《引进厂家防火安全责任书》，全面控管外来经营厂家的消防安全工作。

（二）建立消防系统

（1）消防标志。消防标志是指卖场内外设置的有关消防的标志，如"禁止吸烟""危险品""紧急出口""消防设备"等标志。这些标志为国家统一的标示。

（2）消防通道。建筑物在设计时留出的供消防、逃生用的通道。员工要熟悉离自己岗位最近的消防通道的位置。消防通道必须保持通畅、干净，不得堆放任何商品杂物堵塞通道。

（3）紧急出口。紧急出口是商场发生火灾或意外事故时，紧急疏散人员以最快的时间离开商场时使用的出口。员工要熟悉离自己工作岗位最近的紧急出口的位置。紧急出口必须保持通畅，不得堆放任何商品杂物。

（4）疏散图。疏散图是表示商场各个楼层紧急通道、紧急出口和紧急疏散通道的标示图。它提供在危险时刻如何逃生的途径，指示行动的方向、通道、出口。疏散图需要悬挂在商场的明显位置，供员工和顾客使用。

（5）消防设施。消防设施是指用于火灾报警、防火排烟和灭火的所有设备。消防器材是指用于扑救初起之火的灭火专用轻便器材。商场主要的消防设施包括火灾报警器、烟感/温感系统、喷淋系统、消火栓、灭火器、防火卷帘门、内部火警电话等。

（6）监控中心。监控中心是商场设置的监控系统的电脑控制中心，控制商场消防系统、保安系统及监视系统。监控中心通过图像、对讲系统，能24小时对商场的各个主要位置、区域进行监控，第一时间处理各种紧急事件。

（7）紧急照明。在火灾发生时，场内所有电源关闭时，应启动紧急照明系统。

（8）火警广播。当火警发生时，在营业期间或非营业期间，广播室都必须进行火警广播，通知顾客，稳定情绪。

（三）制定消防预防措施

（1）严格消防审核验收制度，从源头上杜绝隐患。消防监督部门在审核验收过程中一定要严格要求，不能流于形式，特别是加强施工期间的监督检查，杜绝先天性火灾隐患的形成。

（2）消防人员班前班后做好防火的安全检查，所有人员熟悉自己岗位的环境、操作的设备及物品情况，知道安全出口位置和消防器材的摆放位置，懂得如何使用消防器材，做好消防器材的保管工作。

（3）使用的照明灯具要与可燃物质保持一定的距离，存放易燃易爆物品的地方或物资仓库严禁吸烟。物品、碎纸、垃圾要及时清理，经常保持安全通道畅通。

（4）电器用完后要及时切断电源，离开房间时要拔掉电源插头，商场内严禁吸烟，停电后严禁使用蜡烛等明火照明。

（5）安装电器设备时，切不可超容量安装。

（6）加强对商场的消防监督管理，落实消防安全责任制。消防部门应当加强对商场的日常监督管理，对检查中发现的问题要提出切实可行的整改措施，通过加强监督检查，促使商场管理人员提高对消防安全工作的认识。

（四）对消防工作进行自行检查

（1）每个部门都要配置义务消防员，进行每天的防火检查，发现问题及时上报。

（2）义务消防员要认真负责，在检查过程中不留死角，杜绝发生火情的隐患。

（3）安全部门每周定期进行消防检查，主要检查防火制度措施是否落实，防火主要器材是否全部符合要求，是否有重大火险隐患，是否有完整的安全防火检查记录等。

（4）安全部门的消防安全检查报告，每月呈报店内经理和相关部门。

（5）部门主管每月也要进行一次消防自查，发现问题及时以书面材料形式向安全部门汇报。

（6）安全部门必须有专人负责政府消防安全检查部门对整个卖场安全检查的准备、问题的整改等事宜。

（7）对火险隐患，要做到及时发现，登记立案，抓紧整改；限期没有整改者，进行相应的处罚和上报主管负责人；如果因为客观原因不能及时整改的，也应采取应急措施确保安全。

（8）检查防火档案、灭火作战计划、季度消防演习报告等，负责消防的安全员对相关的程序是否了解，是否熟知紧急情况下所应采取的切合实际的措施。

（9）检查消防工作，是否进行定期总结、评比、奖惩，特别是对事故信息的分享，宣传教育培训工作是否定期、不间断执行。

（10）检查消防重点区域和重点用电设备，执行定点、定人、定措施的制度，并根据需要设置自动报警灭火等新技术，加强零售店的预防、灭火功能。

（五）制定及演练消防预案

制定消防灭火预案要从实战出发，设想零售店可能发生的火灾和设计应采取的对策。预案设计首先要以营业厅楼面失火为重点，其次是餐厅、酒吧等公共场所，再次是零售店工程部门和服务辅助部门。对每一种预案，都要制定初起阶段、成灾阶段和蔓延阶段的灭火对策。预案要把报警、扑救、疏散以及各种灭火、排烟设施的启动、灭火力量的投入时机等作为重点内容，并与公安专业消防力量投入灭火相衔接，做好配合工作。预案逐个制定后要经零售店负责人审定，并通过消防演习的实践检验不断修订、完善、规范。在发生火灾时，不同的火情要采取不同的预案。

（1）防火、灭火知识考核。一般每年要举行一次防火、灭火知识考核或消防知识竞赛。事先规定需要考核的知识范围、考核日期，届时进行书面考核。对于成绩优异者给予表彰或者奖励，不及格者要进行补考，直到及格为止。

（2）灭火训练。在手提式灭火器换液和固定消防设置维修检查时，有计划地分批训练义务消防队员，要让每一个义务消防队员在两年内能有一次灭火器材的实际操作训练。有条件的也可以每年举行一次消防运动会，提高操作的熟练程度。

（3）消防演习。消防演习即模拟零售店发生火灾，并按照预案进行扑救。通过消防演习，企业管理人员可以检验零售店的防火、灭火的整体功能，比如预案是否科学，指挥是否得当，专职消防队员是否称职，义务消防队员是否能够及时到位，消防设施是否发挥作用等。通过演习，总结经验，发现不足，以便采取措施，改进工作，提高零售店的防灭火能力。消防演习要事先保密，但又要避免顾客毫无思想准备，届时发生意外事故，事先要与职工和顾客打好招呼。实施消防演习计划是一项复杂的工作，可请公安消防部门来人指导，帮助讲评和总结。

？课堂思考： 你能说出消防系统有哪些内容吗？

在商品损耗控制方面，零售店要对内部偷盗和顾客偷盗两种情况严加防范。应针对偷盗发生的具体原因和情况采取恰当的处罚措施，既要起到警示作用，又要避免与顾客发生激烈冲突，做到合情、合理、合法。

任务情境

小梅大学毕业后自主创业，开了一家饰品店。开业3个月后，小梅发现，自己的生意挺红火的，但是净利润却不理想。仔细核对账本之后，小梅发现，自己丢了不少货。小梅这才意识到，小店铺也要做好防损工作。

思考： 请你帮小梅出主意，怎样做好她的饰品店的防损工作？

知识精讲

一、防损概述

（一）防损的概念

要说防损，先得清楚损耗的定义。事实上，关于损耗的理解各大卖场说法不一，比如沃尔玛认为损耗是指去向不明的钱和物。这种损耗的定义明确地把商品破损从损耗中排除出去，而有一些商场则认为任何一种商品的损耗都应归结到损耗中去。然而任何一家商场的损耗数字均来自盘点，因此渐渐形成了一种概念，即所谓损耗是指账面金额与盘点金额之间的差额。其实这种定义也有偏颇之处，从严格意义上说，商品的损耗是指商品的流失、商品使用价值及商品价值的降低。

商品的损耗与商品的流失有实质上的区别，商品的流失是指商品未经商场正当的程序，不当流失，而商品的损耗在范围上包括商品的流失、商品使用价值的无形降低。

防损就是防范损失，工作内容是防止耗材浪费、防止偷窃、防止设备及工具的非正常损失、防止设备违章操作、防止员工及顾客意外受伤、防止商品的不合理码放、保障库存准确、发现并完善各部门的工作流程、防止公司财产损失等。

（二）防损管理体系的发展历程

一般来说，防损管理体系的发展经历了以下四个阶段，即保卫体系阶段、安全体系阶段、损耗控制体系阶段和稽核防损体系阶段。

1. 保卫体系阶段

这是防损体系的初级形式，就是整个超市的防损管理还停留在防盗（内盗/外盗）、防火、防破坏上，只是现在又加上了针对商圈内竞争店的"防抄价"。

2. 安全体系阶段

这是现在主流的防损体系，就是在上面所说的"四防"上进一步加强卖场管理，在一些流程管理和细节管理上做到位。比如针对顾客出入口、员工出入口、商品出入口和库存（仓库/货架库存）的管理，针对夜班防损的精细管理等。但很多店执行的重点还是"防贼"。其实，这几个点是最容易出问题的地方，需要店长和防损人员仔细看守。

3. 损耗控制体系阶段

防损中心认为：大型连锁企业，尤其需要这种体系。它的特征是：比单纯保安要更进一步，总体目的是防损部协助整个门店降低损耗，店长也要从全局上看待防损问题。尤其重要的是：损耗将不可能仅仅是"顾客偷盗"的问题，而是牵扯门店的各个部门。但在以往很多超市里，对门店各部门的损耗是没有分析和监督的，也没有人负责追查。

4. 稽核防损体系阶段

"稽"就是"查考"，"核"就是"核准"。稽核防损就是要在损耗控制的层面上更进一步，要透过大量研究和数据，精确定位问题所在，查考出解决问题的方法。这是比损耗控制体系更进一步的体系。

综观上述四种体系，可以看到：当超市处于前两个体系中时，给保安人员"防盗"的压力是最大的，但却忽视了更多的"损耗点"。等到了损耗控制体系阶段，保安人员的压力就应该被释放不少了——因为可以发现：超市损耗的很大一部分来源并不是所谓"偷盗"，而是店内的管理体系漏洞。

防损中心需要认识到："问题的关键在于：不是贼是否喜欢到你这个门店里偷盗，而是你这个门店是否'欢迎'贼来偷盗。"如果你的店里管理漏洞很多，必然会有贼光顾。因此，事实上从"损耗控制体系阶段"到"稽核防损体系阶段"，防损员将承担更多的职责。

？课堂思考： 以前你对防损的理解和现在的理解有何不同？

 **课堂延伸**

何为"三口一库"

所谓"三口一库"指的就是：顾客出入口、员工出入口、商品出入口和库存（仓库/货架库存）。管理它们的一个原则是：对于大型超市和百货店，一定要实行"三口分开"原则。因为一个口有一个口的流动特性，如果让员工可以随意进出顾客出口，则防损很难执行。例如店内员工可能知道哪些商品有磁码，哪些没有，因此很容易把商品带出超市。但在很多粗放管理的超市里，现在依然有把这几个口合并的，例如从顾客出入口进货。这有待进一步加强管理。

二、防损员的工作职责和注意事项

（一）防损员的工作职责

防损员的工作职责主要由两部分组成，即内外保组员工的岗位职责和防损员的具体工作职责。

1. 内外保组员工的岗位职责

（1）内保组员工的岗位职责。

1）维护商城秩序，保护商城财产安全。

2）对责任区内的重点防护区（包括收银台、贵重商品、危险物品存放地）严密守护、巡逻，如发现异常情况，应果断处理，同时应立即上报保安部。

3）对发生在商城内的一切有损商城形象、影响商城正常经营秩序的人和事，应及时加以制止，如制止无效应立即上报保安部及商城经理，以便协调解决。

4）熟悉责任区的地理环境、商品分布情况、各柜组负责人情况，以利于开展工作。

5）加强巡逻检查，若发现火险隐患，应在立即排除的同时向商城负责人、保安部报告，监督、检查处理方法和结果。发生火灾时，在商城负责人的统一领导下，积极组织扑救、抢救工作，并疏散群众。

6）发生治安、刑事案件时，应采取积极有效措施，抓捕肇事人、犯罪嫌疑人，保护现场，及时向保安部报告，配合公安机关开展工作。

7）完成商城及保安部临时指派的各项任务。

（2）外保组员工的岗位职责。

1）负责责任区域内的治安巡逻，维护门店的治安秩序。

2）自觉遵守保安纪律，明确自己的职责；上岗值勤时，各司其职，各尽其责。

3）熟知公司各有关部门的分布情况，熟悉各种消防设施、重点设备的位置，遇有紧急事件做到快速反应。

4）在营业时间内负责门店的保安工作及开、闭门店的安全检查，提高警惕，严防各类犯罪分子的破坏活动，维护公司利益，保护顾客和员工的人身财产安全；遇有首长、外宾来公司时要护接、护送。

5）积极配合公安机关及有关部门严厉打击盗窃、流氓、扒窃等各种犯罪活动，对抓获的犯罪分子要连同罪证送公安部门审理，押送过程中要注意方式、方法，减少负面影响。

6）执勤中，注意发现易燃、易爆及可疑物品，及时处理排除隐患，避免发生火灾或爆炸事件。

7）遇有突发事件，要善于控制局面，及时疏导顾客、抢险救灾。

8）配合各商品部门负责卖场早开场、晚闭场及营业终止后的清场安全检查工作；清场时注意发现有无滞留人员，是否有火险隐患，有无可疑物品，重点部位要重点检查，对检查出的隐患及不安全因素，要认真记录，及时上报有关部门。

9）上岗值勤人员要着装整齐，文明执勤，和气待人。

10）在岗期间要保持通信、联络，未经允许，不得随意关闭对讲机中断联系。

11）协助做好商城营业结束后的封店工作。

2. 防损员的具体工作职责

（1）收银进出口岗。

1）引导顾客从超市入口处进入超市。

2）制止顾客将未付款的物品带出超市。

3）按公司规定监管购物车（篮）。

4）制止顾客带饮料、食品以及其他超市内出售的同类商品进入超市，对于携带大包（袋）和公司购物袋的顾客，建议其存包。

当防盗报警器报警时，按下列方式处理：

第一，进超市报警。进超市报警一般是因为顾客所穿服装或所带物品上带有磁性，防损员应礼貌地向顾客说明情况，并询问顾客是否需要为其将磁性消除。如果顾客不同意并执意要进入超市，防损员应放行，并报告助理或主管。

第二，出超市报警。如顾客未购买商品，防损员应请其到办公室交助理或主管处理。

如已购买商品，防损员应将购物袋通过防盗门测试，发生报警，将商品交给收银员处理；未发生报警，则请顾客通过防盗门。如果顾客通过防盗门时发生报警，防损员应将顾客请到办公室，交由助理或主管处理；如未发生报警，防损员应向顾客致歉并将商品送还。

对超市内开单销售的商品，防损员在顾客出超市时要查验购物单和电脑小票。核实无误后，防损员在电脑小票上注明"已验"字样及日期。

商场出现突发性事件时，迅速到指定位置待命。

（2）门岗。

1）维护超市入口的正常秩序，劝阻顾客带包、宠物和商场内所售商品入内。

2）礼貌回答顾客的提问。

3）制止卖场员工上、下班时从大门出入。

4）制止供应商从大门送货进入商场。

（3）收货部内外岗。

1）负责指挥该区域的车辆停放。

2）禁止员工、顾客和供应商从收货部出入（收货组人员和生鲜供应商除外）。

3）积极配合收货组人员清点进入商场的物品，发现问题及时通报收货组。

4）对退货的商品和报损的商品必须有部门主管签字，检查后方可放行；对清洁部的清除纸片要一一检查，确认无商品在内方可放行。

5）对顾客购买的大件商品，在收货处送出时，要仔细核对电脑小票或送货单；退货必须有部门主管的签字，防损员必须查问登记后方可放行。

（4）便衣岗。

1）劝阻顾客在商场内拍照（经公司同意的除外）、抽烟、吃食物（促销除外）。

2）巡视卖场，防止内盗和外盗，抓获小偷应及时送交主管处理。

3）监督员工的工作情况，发现问题及时报告部门主管。

4）仔细观察环境，发现可疑人员要进行跟踪，防止商场物品的流失。

（5）仓库岗。

1）对出入仓库的人员要严格登记，禁止一切无关人员进出仓库。

2）对出入仓库的商品要一一登记清单编号及物品数量，让工作人员在记录本上签名。

3）随时观察仓库四周的环境，发现可疑情况及时报告主管。

（6）监控岗。

1）上岗前要清点、整理监控室内的办公用品，然后打扫监视屏幕的卫生。

2）检查摄像设备运作情况。

3）密切注视监视屏幕，观察商场的动态。

4）通过监视屏幕发现商场内的异常情况时，要立即用对讲机通知助理或主管。

5）对当班期间发生的问题做好详细的交接班记录。

（7）员工通道岗。

1）检查下班员工随身携带的物品。

2）禁止当班员工无故离开商场，因工作需要离开的要做好登记。

3）对从员工通道拿出商场的物品要认真检查。

4）制止员工带包（袋）和与工作无关的物品从员工通道进入商场。

5）制止未穿工衣、未戴工牌的员工从员工通道进入商场。

6）禁止员工从商场携带商品进入员工通道。

7）禁止员工上班或下班代打卡，一旦发现，应立即记录其工牌号并向人力资源部反映。

8）禁止顾客、送货人员和其他无关人员进入员工通道。

9）负责来访人员的登记，通过电话通知被访人员，维护办公区域的工作秩序。

10）夜班执勤时检查办公区的门窗和照明灯是否关闭。

11）对夜间办公区因工作需要而值班的人员，要核实登记名单，未登记的人员不得进入。

（8）夜班岗。

1）协助晚班人员进行营业结束后的商场清场工作。

2）负责对清场后需要在商场内工作的人员进行登记，并在工作现场设置岗位。

3）清场结束后，由助理负责开启商场的红外线报警系统。

4）值班期间，如果红外线报警器发生报警，助理带领防损员对报警区域进行检查，并视不同情况分别处理：第一，如发现盗窃情况，立即向上级和公安机关报告并控制保护现场。第二，经检查确定属于误报的，应向来电询问的公安机关说明原因。

5）值班人员必须每隔半小时到商场巡视1次。

（二）防损员的注意事项

当顾客通过检测门报警时，当值防损保安员应立即上前处理，此时顾客可能较紧张、敏感，当值防损保安员必须注意以下几点：

第一，不能用手去拉、扯顾客。

第二，不能用"偷""拿""怀疑""检查"等词语。

第三，使用礼貌用语，言语要简洁。

具体操作程序如下：

（1）面带笑容，有礼貌地请顾客退出检测区域，然后客气地说："对不起，您购买的商品上可能还有未经处理的标签，请您协助我们处理一下标签好吗？"

（2）在征得顾客同意后，手持顾客所购商品，尽量贴近接收天线通过检测区域，如果再次引起报警，则基本可确认该商品中有标签存在，此时可对顾客说："这些商品中有标签未经处理，请随我到收银台让收银员给您处理一下。"

（3）如果顾客出示了与所购商品相对应的票据，收银员应立即将硬标签取下或软标签解码，并向顾客真诚道歉，将顾客送出商场大门。如果顾客不能出示与所购商品相对应的票据，应请顾客对未付款的商品付款。

（4）若顾客所购商品没有再报警，或顾客没有携带商品，可礼貌地请顾客再次通过检测门，如没有报警，应诚恳地向顾客表示歉意："对不起，耽误您的时间了，谢谢您的合作。"

（5）顾客再次通过检测门时，检测系统仍报警，可礼貌地提醒顾客再检查一下是否还有所购商品忘记付款，如顾客自查后回答"是"，则可请顾客回到收银台付款；反之可请顾客配合到防损部，找出引起检测器报警的物品。

（6）顾客到防损部后，可用手持检测器贴近顾客进行检测，找出引起检测器报警的物品，若该物品属本商场未付款商品，可按商场相应的规章处理；若该物品不属本商场未付款商品，应将该物品上所附标签除去，并对顾客讲清楚，这样做是对顾客负责，若不将该物品上所附标签除去，下次来本商场或去其他商场，仍会引起检测系统报警，给顾客和商场带来不必要的麻烦；切忌对顾客进行搜身、人格攻击等行为。

（7）对拒绝合作的顾客，应建议商场让该顾客离开。

（8）防损员应本着对客户、商场、自己负责的态度，礼貌、稳妥、实事求是地处理客户通过检测门发生报警的事宜，避免与客户发生直接矛盾冲突。

? 课堂思考： 什么是"技防"？

拓展案例：粗暴的防损员

三、损耗产生的原因

（一）商品损耗产生的具体原因

商品损耗包括那些看得见损坏的商品、不能出售或折价出售的商品（促销商品不在此内）与看不见的丢失商品，当然也包括由于商品品质等原因售出去后，被顾客退换回来的商品等。商品损耗产生的具体原因包括以下几个方面：

（1）包装等损坏导致变质。这是指商品由于包装破损且不可重新包装、损坏、食品变质、过期等原因而无法销售。

（2）运输损坏商品。这是指在运输过程中损坏，而又由于在收货验收过程中未发现的破损商品。因此，在收货过程中应认真仔细地检查。

（3）商品验收错误。这是指在对供应商或配送中心送来的货的验收过程中，验货错误以致造成商品损耗，或者收货搬运过程中造成商品损坏。因此，在验收货物时，要严格按照程序操作。

（4）商品陈列方法不当而造成的损耗。这是指在店面陈列过程中由于陈列的方法不当引起的商品损耗，如放的位置不佳引起倒塌，或容易被过往顾客的推车碰撞而引起的损坏。因此，要科学合理地陈列商品。

（5）由于小偷行窃而造成的损耗。商品开架售货给顾客带来方便的同时，也给一些不法分子带来可乘之机，一些小偷在商店行窃，给经营者带来的商品损失往往是难以估量的。这是商品损耗很重要的一个原因，因而必须高度重视。

（6）收银员商品扫描错误造成的损耗。这是由于收银员业务不熟练或不按程序要求操作，使顾客购买的商品未扫描造成的错误。因此收银员应遵循"取货—扫描—查看—包装商品"的程序。

（7）员工偷窃。这种现象也不少见，少数员工禁不住钱物的诱惑，或单独作案，或内外联手作案行窃。因此在平时就应做好防患于未然的思想准备，具体包括：

1）健全管理制度，加强安全监督检查，不给少数不良员工可乘之机。

2）招聘员工应严格审查，检查员工出示的各种证件是否真实，并建立担保制度。

3）在员工的培训与平时的管理过程中加强对员工的法制教育。

4）经常检查一些重点部门的安全制度是否得到严格遵守执行。

（8）顾客偷窃。

（9）由于防盗硬件不配套，对卖场商品监管不力也是造成商品损耗的原因之一。

（10）商品滞销。

（11）商品定价错误。这是指价签与计算机系统内的价格不一致、采购定价错误等。

（12）未经批准的打折或降价。

（二）商品损耗原因的分类

商品损耗大致可以分为作业错误、意外损失、生鲜处理不当和其他损耗。

资料表明，在各类损耗中，88％是由作业错误、员工偷窃和意外损失导致的，7％是顾客偷窃，5％是厂商偷窃。

商品损耗可以概括为正常损耗和由于管理工作不严格而造成的管理损耗。

1. 正常损耗

正常损耗是指生鲜变质、过期、商品在销售过程中因磨损而引起的损耗。

2. 管理损耗

商品中有很多因管理不善引起的损耗，主要原因有以下几方面：

（1）楼面管理责任。不严格执行内部转货手续，盘点作业不精确，使库存产生差异，零星物品、顾客遗弃商品没有及时收回；食品过期，未遵守先进先出原则；陈列不当导致商品损坏、破包、破损未及时处理等。

（2）收货管理责任。对厂商管理不严，出入时厂商带走商品，叉车等设备没有安全操作以致损坏商品，条码贴错等。

（3）客服管理责任。对不该接受的退货却接收，而又不能按原价售出；退现券未按要求开出，使金额超出实际发票额；提货区发错货。

（4）收银管理责任。收假钞或短款；收银员摔坏商品，没有将购物车内所有商品逐一扫描。

（5）采购管理责任。产品销路不对，造成积压，价格定错或条码输错，退货积压过多。

（6）工程管理责任。停电时，供电不及时，导致冷库升温。冷冻设备维护保养不够，使温度失控导致生鲜食品变质。

（7）防盗管理责任。

？课堂思考： 什么方法能更好地制止员工的内部偷盗行为？

四、防损防盗对策

（一）防损

1. 大卖场防损

随着中国经济的快速发展，国内连锁企业中的大卖场发展迅速，前景看好。但由于竞争激烈，目前其经营利润只有 1% 左右。业内人士普遍认为，若能将大卖场在 2% 以上的商品损耗率降低到 1%，则其经营利润可以增长 100%。

（1）防止内部原因造成的损耗。

大卖场由于营业面积大，部门众多，对员工的管理也相对比较散乱，部分员工为一己私利或工作不认真、不负责任而造成卖场损耗的事已屡见不鲜。以美国大卖场为例，全美全年由于员工偷窃造成的损失高达 4 000 万美元，比顾客偷窃高出 5～6 倍。资料表明，防止损耗应以加强内部管理及员工作业管理为主。

（2）防止外部原因造成的损耗。

除了内部员工的原因造成的大卖场损耗外，外部环境的一些原因也不可忽视，如供应商的不轨行为或顾客的偷窃事件等。

1）供应商行为不当造成的损耗，如供应商误交供货数量，以低价商品冒充高价商品，擅自夹带商品，随同退货商品夹带商品，与员工勾结实施偷窃等。针对这些情况，对供应商的管理必须做到：

第一，供应商进入退货区域时，必须先登记，领到出入证方能进入。离开时经保安人员检查后，交回出入证方可放行。

第二，供应商在卖场或后场退换坏品时，必须有退货单或先在后场取得提货单，且经部门和主管批准后方可退换。

第三，供应商送货后的空箱必须打开，纸袋则要折平，以免偷带商品出店。厂商的车辆离开时，须经门店保安人员检查后方可离开。

2）顾客的不当行为或偷窃造成的损耗，如顾客随身夹带商品，顾客不当的退货，顾客在购物过程中将商品污损，将食物吃掉并扔掉包装盒等。针对这些情况，卖场的工作人员必须做到：

第一，禁止顾客携带大型背包或手提袋进入卖场购物，应请顾客把背包或手提袋放入服务台或寄包柜。

第二，顾客携带小型背包入内时，应留意其购买行为。

第三，定期对员工进行防盗教育和训练。

第四，要派专门人员加强对卖场的巡视，尤其留意死角和多人聚集处。

第五，对贵重物品或小商品要设柜销售。

第六，顾客边吃东西边购物时，应委婉提醒其至收银台结账。

尽管顾客偷窃是全球性的问题、难题，但如果采用一定的措施还是会收到一定成效的。卖场应根据损耗发生的原因有针对性地采取措施，加强管理，堵塞漏洞，尽量使损耗减至最小。

2. 加强对大卖场重点区域的管理

（1）生鲜防损。

在大型卖场中，生鲜经营既是热点，又是难点，其核心就是损耗难以控制。一般情况下，生鲜经营损耗占正常损耗的一半左右。随着生活水平的提高，人们对生鲜、环保概念的重视也越来越高。

1）生鲜分类。生鲜损耗一般分为超市内共性的损耗和生鲜部门内部的损耗。超市内共性的损耗主要有进货验收计数错误、内部和外部偷窃行为、收银员的计数错误、退换处理不当等；生鲜部门内部的损耗主要由生产过程因素（包括产品质量、原材料计量、试吃等）、销售过程因素（包括电子秤的单品输入错误、商品条码贴错、标价错误等）和管理过程因素（包括破损、报损、管理不当等）造成。

2）生鲜经营损耗的防范。

a. 制度保证：核心是制定相关的操作流程及规范，明确各岗位的权利和义务，全面防范。

b. 标准明确：重点是生鲜各类商品的验收标准，分肉类、水产、干货、果蔬、熟食原材料、耗材等，应逐项列明，并配合收货部门严格把关。

c. 产销平衡：自产食品的生产数量与销售数量必须随时衔接，既保证必要的量感，又不能超量、积压。

d. 常态转换：这在生鲜中非常重要，如快要死去的鱼类，可制成生鱼配菜；蔬菜、水果可制成果汁、果盘或配菜；肉菜可转化成肉丸、肉馅等。生鲜品—半成品配菜—熟食的正常转化，是灵活经营、防止损耗的有效方法，但一定要控制鲜度、品质。

e. 目标管理：以目标为激励和约束，定期评估。

f. 存货控制：生鲜商品必须严格控制库存，订货一定要由部门主管或资深员工亲自参与。

g. 适时减价：生鲜商品有些须当日售完，如鱼片、绞肉、活虾等，可在销售高峰时就开始打折出售，以免成为坏品。

h. 温度调控：在肉品、蔬菜等区域，温度的调控对鲜度影响很大，正常情况下，冷藏库最好控制在1℃～5℃，陈列柜的温度应维持在3℃左右，熏肉、加工肉则以1℃～2℃为宜。根据经验，适当的温控管理，可以使损耗平均下降3%左右。

i. 设备维护：超市设备的维护主要集中在生鲜部门。生鲜设备的正常使用和维护，是影响其产品质量的物质条件。在日常工作中，一定要落实专人负责，定点定时巡回检查，特别是冷冻设备，每小时都要检查记录，其他设备至少每天要求做运行记录，如发现问题，应及时维护。

j. 鲜度维护：生鲜商品的管理人员应彻底执行推翻工作，防止新旧生鲜商品混淆，使鲜度下降。同时，工作人员应尽量避免作业时间过长或作业现场湿度过高，造成商品鲜度下降。

（2）收银防损。

超市的全部工作最终要在收款机的交易中实现。恰是这个原因，致使个别不诚实的收银员将收款机锁定为盗窃的目标。因为收款机除记录各部门销售情况外，还终日吞吐着巨额的现金或其他用品，如支票、优惠券、购物券等，所以收款机成为超市防盗和不诚实收银员偷盗的主要对象。

如何识别、探查收银员的各种偷盗行为，是众多商家需要解决的问题。只有认识和鉴别收款机上所发生的五花八门的作案手段，才能为防范收银台偷盗寻找一条行之有效的途径。一般来说，利用收款机作案有以下几种手段：

1）取消记录。简单的方法就是取消一个合法销售。针对这种作案手段，相应的对策是规范收银员的工作要点，要求收银员登打收银机时读出每件商品的金额；登打结束报出商品金额总数；收顾客钱款要唱票"收您多少钱"；找零时也要唱票"找您多少钱"；不定期地扮演顾客，检查收银员是否按规范收银，是否有私自取消记录的行为。

2）制造无记录长款。通用的办法是不输入销售数据而直接把钱放在现金柜里，伺方便之机取走而中饱私囊。进行这种偷窃时，收银员也会有一个过程，并在方便和安全的时候将钱偷走。对付这种及其他长款类型的偷盗，最好的办法就是不定期地突然检查收款机，对收银台里现金与账目不符的收银员起到一种震慑作用。

3）打折扣。这是指当亲朋好友来采购时不输入正确的商品价格，或者使用假的折扣券以减少其亲戚朋友的购买支出。对付这种收银损耗，较好的办法是规定收银员不可为自己的亲朋好友结算收款，以免造成不必要的误会，或可能产生的收银员利用收银职务的方便，以低于原价的收款登录至收银机，谋取个人私利，或可能产生的内外勾结的"偷盗"。

4）直接偷钱。这是指将现金柜里的钱直接据为私有。较好的解决办法是：规定收银员在营业时身上不可带有现金，以免引起不必要的误解和可能产生的公款私挪的现象；收银员也不可任意打开收银机抽屉查看数字和清点现金。

（3）加强员工出入管理。

1）在员工出入口设置防损安全岗位。只要员工通道打开，防损安全岗位就要实行连续执勤制度，严禁未登记、请人代登记等违规事件。非上下班的员工进出，必须有值班人员的批准，登记员工的进出时间。

2）设防盗电子门、储物柜若干。防盗电子门是用来防止员工等偷盗商品行为的，储物柜是为来访人员暂时存放物品的；员工进出，未经批准不得将超市的物品带出。员工也不得将私人物品带入商场，如属于必须带入商场的物品，必须进行登记处理。

3）对外来的来访人员进行电话证实、登记、检查携带物品。对携带出店的物品进行检查，对所有在本通道携带出的物品进行检查，主要包括检查人员的提包（判断提包中物品是否属于私人所有），属于商场的物品是否有管理层的批准等。

（4）加强收货管理。

1）超市收货时，由供货商联系验收人员和值班员在室外进行验收；禁止收货员和供应商的各种不诚实行为、作弊行为，禁止收货员接受贿赂或赠品的行为。

2）供应商人员必须在收货区指定的范围内交验商品。所有商品的进出都必须附有清单。

3）对重要的收货程序进行检查，保证所有的收货的数量、品名一一正确，保证所有已经进行收货的商品放入收货区的区域内。

4）必须是本超市的员工亲自进行点数、称重的工作，不得出现供应商帮助点数、称重现象，或出现重复点数、称重的现象。

5）对于供应商的赠品、道具等商品进出，验收人员必须正确执行相应的收货程序，正确使用单据、标签。

（5）加强垃圾口管理。

1）设置。一般来说，垃圾口卷帘门应设置防盗报警系统，如未经密码许可强行打开，则会进行报警，垃圾口确实需要打开时，防损安全员应到岗位开关通道，进行检查。

2）监管的要点。检查生鲜垃圾桶是否有异常情况，所有的垃圾是否属于该丢弃的范围，垃圾是否经过处理；检查垃圾，保证所有垃圾中无纸箱、纸皮等可以回收的废品，回收纸皮离开卖场前必须经过收货口办理手续。检查卖场的垃圾袋，保证没有执行报废手续的商品混杂在垃圾中；检查收货部的垃圾桶，保证所有报废商品必须经过相应的处理程序和处理手段，使其彻底失去使用价值。

3）管理规定。卖场的所有部门中，只有收货部的退货组可以进行商品报废的实际工作，楼面运行部门只能建议或申请。按卫生检疫部门的要求，卖场中的生鲜垃圾必须同其他垃圾分开，并放置在不同的地方等待处理，原则上生鲜垃圾每日必清。

（6）加强精品区管理。

1）设置。精品区出口处应设置电子防盗门系统和门禁系统，前者对偷盗商品进行报警，后者对无密码开门进行报警。

2）监管要点。顾客只能从入口进入，从出口出去；顾客不能将非精品区的商品带入精品区，只能暂时放在外边；顾客在精品区内购买商品，必须在精品区内结账；防损安全员应检查顾客的小票是否与商品一致，特别是所购商品的包装是否符合精品区商品的包装要求；解决电子防盗门的报警问题。

3）管理规定。精品区的结账商品的包装、小票的处理必须符合零售企业关于精品区的有关规定；精品区的柜台或展示柜在非销售时，应上锁处于关闭状态；精品区的外放贵重样品，全部采取标签防盗措施；精品区采取先付款、后取货的销售方式；精品区的防损安全员不能代替收银员做任何工作；精品区的防损安全员有责任监控精品区收银台的现金安全。

（7）加强排面损耗控制。

1）员工上货时，轻拿轻放，避免商品碰撞。

2）随时整理排面上的商品，挑出次品以保持排面陈列的美观度。

3）在人潮高峰期，如下午 4—6 时或晚上 7—8 时可做下排面生鲜商品的处理。

4）让商品高回转也是降低生鲜商品损耗的一种好方法。不要让商品在排面上陈列时间过长，对于生鲜排面的商品越早处理越好，切记"少亏即是赚"。

5）商品补货时应注意：少量多出、勤于补货。不要将所有商品一次性陈列出来，应保留适当库存，因为顾客购买商品时不会拿了东西就走，都会翻来覆去挑挑拣拣，陈列时间久了被顾客挑选的次数也会增加，从而损耗也会加大。应控制上货数量和次数，传统卖场上货操作为：开业前上货比例为全天销量的 40%，中午销售高峰前半小时再上 40%，晚上销售高峰前半小时再上 20%。同时，在晚上销售高峰时应将卖相不好的商品及时出清，具体操作视各卖场到货量和销量而定。

（8）滞销商品的处理。

滞销商品要及时处理，可按照以下程序处理：

1）可留适当库存后进行退货处理。

2）配合档期降价做店内促销。

3）自行联系友店，做店间转货。

（二）防盗

1. 商场、超市内部偷盗

统计数据表明，商场、超市内部偷盗的损失比外部偷盗要高，这跟内盗熟悉内部情况，作案时不容易被发现有关。再有，内盗一旦作案，偷窃的数量与价格往往都较大，因而造成的损失也大。如果商场、超市能及时掌握损失情况，并有针对性地实施保护措施，那就有可能将自己的商品损失降低到最小，从而获得满意的回报。

（1）内部偷盗的原因。

内部偷盗是指员工通过不正当或违法的行为使公司的财物受到损失的行为。发生的原因主要有以下几种：

1）商场管理混乱，制度不健全，给员工可乘之机，诱发盗窃。

2）员工经济上出现困难，亟须用钱。

3）员工心怀侥幸进行偷盗。

4）员工个人经济条件无法满足个人私欲。

5）员工贪图小利或便宜。

6）员工感觉在公司受到不公平待遇而进行报复等。

（2）内部偷盗的手段。

内部偷盗的手段多种多样，安全员需要在工作中不断积累经验。下面介绍一些盗窃商品的手段，以供参考：

1）不同部门的员工进行勾结，进行一条龙偷盗活动。

2）员工与外人、亲属合作，偷窃公司商品。

3）员工利用衣服、提包藏匿商品达到偷窃目的。

4）员工利用更换商品包装达到偷窃目的。

5）员工调换商品条形码或将商品变成赠品进行偷窃。

6）员工在工作时间内，在隐蔽的角落偷吃公司的东西。

7）收银员收款不入收银机，利用收银机销账或从收银机偷盗钱款。

8）收银员为其亲属、朋友结账，货多钱少。

9）员工擅自私卖赠品。

10）员工利用正常商品报损。

11）员工未经公司程序，私自使用楼面的文具、用具、工具等。

（3）内盗的防范。

由于商场、超市最大的损耗产生于内盗，因此管理者必须在内盗的防范上进行严格有效的管理。

1）员工的预防教育。对员工进行从入职开始的不间断的教育工作，采用开会、板报、活动等多种形式，从正反两个方面反复强调、渗透。

2）内部举报制度。控制损耗是商场、超市每一个员工的责任和工作内容。因此，公司应设立内部举报制度，鼓励员工检举偷盗行为，并对举报者的姓名、举报内容进行保密，对于查证属实的举报，给予举报者一定的经济奖励。

3）内部安全检查。为严厉打击内盗，安全部每日都要进行安全检查，防患于未然，如看到有以下现象，应引起注意：员工背大包上下班；员工在工作时间内未从员工通道进出；夜间作业场所，出现较多的空包装；员工为熟人挑选商品或特意为其到仓库取货；家电的提货与收银小票的品名不符；收银员未到下班时间中途下班；收银员经常有小额的收银差异；收银员违反收银程序，不扫描但进行消磁。

4）严格的管理、检查体系的程序。这主要包括：严格仓库、特殊标签、赠品、降价、试吃的管理程序，严格垃圾处理、员工购物、夜班作业程序，严格家电及其他贵重商品的收货、提货程序，严格收银员的退换货程序，严格现金提取程序。

（4）内盗的处理与处罚。

处理程序：发现内盗—调查取证—确定当事人—谈话并记录—处罚处理。一旦发现确认内盗人员，一律立即解聘，应追回被盗窃商品或使其赔偿盗窃金额。处理后及时进行内部曝光，起警示作用。内盗事件的曝光不得公开盗窃者的私人资料。内盗事件的曝光只能在本公司范围内进行，不得在公共媒体进行。

2. 商场、超市顾客偷盗

（1）小偷的类型。

小偷的类型有职业型、业余型和顺手牵羊型。

（2）顾客偷盗的手段、迹象。

1）不购买或只购买少量商品，利用衣服、提包藏匿商品。

2）更换商品标签或包装。

3）在大包装商品中藏匿小包装商品。

4）利用婴儿车或婴儿背带藏匿商品。

5）伪造收银章提货。

6）合伙作案，结群入店，散于各处，一人或两人向店员东问西问，其他人借机行窃。

7）关门时隐藏在卖场暗处，待人走尽后进行偷窃。

8）购买的商品明显不符合顾客的身份和经济实力；不进行挑选，大量盲目购买商品。

9）在商店开场或闭场时，频繁光顾贵重商品区域。

10）在商场中不停走动，或到比较隐蔽的角落。

11）几个人同时聚集在贵重商品柜台前，向同一售货员要求购买商品。

12）表情紧张、慌张、异样等。

（3）顾客偷盗的防范。

1）人员防范：设置便衣安全员；进行员工防盗意识的教育、防盗技巧培训；夜班值班保安加强巡逻；收银员、理货严守纪律，杜绝空班；实行免费存包制度；执行抓偷奖励制度。

2）技术防范：设置录像监察系统；安装窥孔；利用电子防盗系统；张贴各种警示标语；使用商品防盗标签；利用商场广播。

3）物质防范：合理安排货架，避免出现视线死角；科学设置试衣室，每次只能试一件衣服；贵重商品上锁陈列，一次只向顾客展示一个；促销、展销品堆放整齐，减少因物品混乱而引发的偷盗动机；减少出入口数量。

（4）偷盗事件的处理。

处罚措施可分为和解方式和司法方式。对于盗窃情节轻、金额小或未成年人盗窃，一般给予严厉教育和警告，并记录在档，要求等价买回偷窃商品等方法进行处理。对于盗窃行为严重、金额大、惯偷或属于团伙盗窃，或认错态度不好的，送交司法机关处理。另外，要特别注意，保护偷盗者的隐私，不能采取公开其照片、姓名等个人资料，或进行殴打使其当众出丑等违反法律的行为。

3．防盗报警处理

在防盗报警的处理中，我们一般应遵循以下原则：当系统报警时，不能认定就是有商品被偷窃，要相信每一位顾客都是清白的，除非已经掌握确凿的证据。当系统报警时，防损员应迅速赶到报警现场，以热情、得体的态度为顾客服务，不能因为自己的态度、表情、语言得罪顾客，引起纠纷和赔偿。同时还应避免与顾客在门口发生争执，影响其他顾客的正常通行，引起堵塞和围观。

❓**课堂思考：**你知道哪些商品容易成为隐形亏损商品吗？

案例研究

超市是我家，东西随便拿

A超市是2006年建立的大型超市，经过十多年的发展，已经形成了一套比较完善的超市标准作业流程。比如，开门前的作业标准流程是：8点之前有值班的保安，8点之后各作业人员开始到门店，8点半全部人员到岗，例行工作安排20分钟。之后各作业人员到各自岗位，9点门店准时营业。

一日，糖饼部部长前来报告门店总经理，该月某品牌蛋糕和果奶存在大量损耗，损耗率已经大大超过超市原先设定的千分之五标准损耗。门店总经理马上会同防损部部长，一起调阅了近一个月的监控录像。从监控录像中发现该地区为监控盲区。由于这两类商品为低单价商品，所以没有像高单价商品采用磁条或者磁扣。从防损部调阅的反盗防损记录中，也未发现大批量的被偷窃记录。门店总经理、防损部部长、糖饼部部长商议先暂时封锁这个消息。

在接下来的几天中，门店总经理与糖饼部部长通过对日常销售的检查，排除了收银员飞单的可能。但是从调查中发现，此两件商品每天都在损耗，而且损耗的量总在20件到25件之间。

门店总经理怀疑开店前有人提前进入营业区所致。次日，门店总经理与糖饼部部长在早上7点进入超市悄悄守候，终于发现了情况，原来在早上8点半前就有人进入超市营业区，进一步确认为新进的一批收银员。通过对收银员的调查询问，一些收银员坦白了私拿过程。因为知道超市的视频监控存在作业盲区，一个收银员初次私拿后，并没有被察觉，就告诉了另外一个收银员，同时买通了出入门监控的保安，所以一个多月未被发现。

在真相查明之后，门店总经理对所有参与舞弊的人员（含收银员10多人，保安2人）做出了开除的决定。

案例解析： 俗话说："外贼易挡，家贼难防。"商场的外盗是明的，容易对付；家里的内盗是暗的，很难防范。因为只有内部员工最清楚商场的管理漏洞，最了解从哪里下手，所以商场在加强外盗预防的同时更应当加强内盗的防范，进行内部安全检查，严格管理。

任务四　突发事件处理

商场除正常的运营作业以外，突发事件时有发生，其危害之大不可估量，因此，为减少和降低财产的损失和人员伤亡，迅速、有效地处理紧急事件，进行抢救作业，是商场经营管理人员，特别是安全人员必须具备的能力和素质。

任务情境

"原价50.80元的海狮豆油，现价30.80元销售。"超市的低价促销，引起周围居民纷至沓来，由于超市预案估计不足，最终酿出事故。上海某超市三门店开业仅5分钟，排队购买低价豆油的数百名消费者便因拥挤而发生踩踏事件。虽然民警接警后赶到现场，迅速平息了事态，但依然有19名消费者被陆续送往附近医院就诊，其中15人被确诊受伤，1人骨折。

思考： 你认为超市应如何处理此事？当你遇到类似突发事件，你会如何行动？请与同学、老师一起讨论。

知识精讲

一、如何应对突发火灾

（一）火警的报告

（1）立即拨打"119"电话报警。报警时一定要讲明发生火灾的单位、路名、门牌号码和电话号码，着火的部位和物体。同时，要派人到路口引导消防车辆进入现场，介绍火场及水源情况。

（2）拨打安全部门的内部紧急电话或报警电话，如附近无电话、对讲机等通信设备，应迅速取出就近的消火栓里的红色手动报警器向控制中心报警。

（3）火警的确认。控制中心接到消防报警信号后，立即确认报警区域，派两名安全员迅速赶到现场查看，迅速对火警的级别进行确认。一人留在现场进行救火指挥工作，如组织人员使用现场消防器材进行扑救，如能将火扑灭，保留好现场，等候有关部门或负责人的到来；另外一人则立即通知管理层等相关部门。

（4）立即切断火灾现场的电源和煤气总开关，撤离易燃易爆品，启用灭火器材，全力扑灭初起之火，使损失降到最低限度。对装有自动喷淋灭火设施的单位，不要把喷淋泵系统的电源切断，以免断电后不能供水灭火。

（5）如系捣乱谎报火警，通知控制中心将机器复位，并报告公安部门查找有关人员。

（二）灭火的程序

（1）报警后，保护好现场，维护好火场秩序，防止坏人趁火打劫，并积极参加抢救工作。

（2）编制小组内人员听到消防警报后，应迅速赶到消防部，确定行动方案，快速行动，各司其职。

（3）各个部门在完成各自的准备工作后，协同配合，进行灭火、疏散、救助工作。

（4）消防部应迅速启动自动喷淋灭火系统，关闭非紧急照明和空调，开启排烟风机，疏通所有安全门和消防通道，启动火警广播，组织人员有秩序地进行人员疏散、灭火、财产抢救、伤员救助等工作。

（5）系统第二次报警后，安全部人员守住门口，人员一律不准进入火灾现场（除非有消防人员的许可）；指派人员维持卖场周围广场的秩序和道路畅通，到指定地点引导消防车辆进入。

（6）工程部必须马上赶赴现场进行工程抢险，对配电房、中心机房、消防泵房等重点部位实行监控和必要的措施。

（7）人员疏散应由指挥中心统一指挥，管理人员要协助维持秩序，疏散顾客安全撤离到安全区域。

（8）现金室和收银主管立即携带现金、支票撤离到安全区域，尽量避免财产损失；同时，电脑中心人员要保护重要文件、软件、设备，迅速撤离到安全区域。

（9）火灾扑灭后，安全部要检讨消防系统运行情况，迅速查访责任人，查找火灾起因。工程部协助从技术角度查找火灾起因，通过对机器、数据、资料进行搜集分析，由消防安全调查人员撰写正式报告，并根据财产和人员的伤亡情况计算损失，迅速与保险公司进行联系，商讨有关赔偿事宜。

（10）制定火灾后重新开业的工作计划和方案。

❓ 课堂思考： 你知道哪些火灾不能用水灭吗？

 课堂延伸

火灾时为什么不能乘一般电梯疏散

起火时，为了防止火灾沿电气线路蔓延，一般用电设备都必须断电。如果此时乘一般电梯逃生，电梯突然断电，既不能上，又不能下，那就会因烟熏、火烧致死。因为一般电梯是未进行防火防烟设计的，烟火均能进入电梯间、电梯井，烧毁控制器及电缆。所以，起火时，不能乘一般电梯疏散。

现在有些高层建筑里安装有消防专用电梯，它有单独的电源控制，有事故照明、通信装置和排烟防火设备，这种电梯可用于人员疏散。

二、如何应对恶劣天气

（一）恶劣天气的预报

一般的恶劣天气，气象部门会有预报的预警信号。安全部必须每日关注天气情况，并将每天的天气预报情况填在白板或置于电子显示屏上，这不仅是为了防范恶劣天气带来的灾害，更是提高服务质量、关注顾客的一种体现。

（二）热带风暴的处理

热带风暴通常伴有台风和暴雨，在接到热带风暴的预警后，要按以下程序处理：

（1）准备工作。将天气预报的告示在员工通道或餐厅门口等明显位置贴出；检查户外的广告牌、棚架是否牢固，确保将广告旗帜、气球全部收起来；检查斜坡附近的水渠是否

通畅，有无堵塞；撤走广场外的促销活动展位，收起供顾客休息的太阳伞；准备好雨伞袋和防滑垫，以备在暴雨来临时使用。

（2）现场处理。门口由专门人员分发雨伞袋，铺设防滑垫，入口、出口关闭一半；门窗全部关闭；保证排水系统通畅，下水道不堵塞；密切注意往低洼处进水的区域，将商品和物件移走，以防止水灾造成财产损失。

❓ 课堂思考： 你知道零售业是如何在冰冻天气保证供应的吗？

三、如何处理突发大规模停电

（一）停电以后

（1）立即启用备用发电机，保证店内照明和收银区作业。

（2）启动广播，安抚顾客，管理人员协助安全部维持现场秩序，避免发生混乱和抢劫等。如需要停业关店的，则进行顾客疏散工作。

（3）只能使用紧急照明、手电筒，不能使用火柴、蜡烛和打火机等明火。

（4）如果收银机不能正常运转，则收银员应该立即将收银机抽屉锁好，并坚守岗位。

（5）收货部停止收货。

（6）现金室停止工作，现金全部入库锁好。

（7）安全员立即对卖场的进口、出口进行控制，在暂时不知道停电时间长短时，可先劝阻顾客暂不进入。

（8）生鲜部限量加工商品，所有电力设备做关闭电源处理，所有冷库立即封门。如时间过长，陈列冷柜中的商品要移入冷库中保存。

（9）所有人员坚守岗位，各部门管理层要派人员对本区域内的零散商品进行聚集处理。

（10）工程部应该立即询问停电原因及停电时间长短，经理应根据实际情况来决定是否停止营业。

（二）来电以后

（1）全店恢复营业，部门优先整顿顾客丢弃的零星商品，并将其归位。

（2）生鲜部门检查商品品质，将变质的商品立即从销售区域撤出，并对损失进行登记、拍照等。

❓ 课堂思考： 你知道有关我国零售企业由于停电蒙受损耗的案例吗？

四、如何处理抢劫事故

（一）发生抢劫时收银员须知

（1）牢记生命是最可贵的，没有任何财产比生命更重要，不提倡个人英雄主义。

（2）保持冷静，不要做无谓的挣扎和抵抗，尽量让匪徒感觉你正在按照他的意思做，先稳住匪徒。

（3）尽量记住匪徒的容貌、大致年龄、衣着、口音、身高等特征。

（4）尽量拖延给钱的时间，以等待其他人员的救助。

（5）在匪徒离开后，第一时间拨打110报警。

（6）立即凭记忆用文字记录，填写"抢劫叙述登记表"，配合警察和安全部做好调查破案工作。

（7）保持好现场，待警察到达后，清理现金并统计损失金额。

（二）发生抢劫时安全员须知

（1）在发现收银员被打劫时，应趁匪徒不注意，第一时间拨打110报警。

（2）对持有武器的匪徒，不要与其发生正面冲突，要保持冷静，在确认可以制胜时，将匪徒擒获，尽量记住匪徒的身材、衣着、车辆的牌号及颜色、车款等。

（3）匪徒离开后，立即保护现场，匪徒遗留的物品，不能触摸。

（4）匪徒离开后，将无关的人员及顾客疏散离场，将受伤的人员立即送医院就医。

（5）不允许外界拍照，暂时不接待任何新闻界的采访。

❓ **课堂思考**：在遇到歹徒抢劫时，你会如何应对？

五、如何处理顾客突然患病的情况

顾客突然患病是指在商场内因个人健康或意外而导致突然性晕厥、休克、摔倒等事件，多发生在老年人、残疾人、孕妇及儿童身上。营业员面对突然患病的顾客时，千万不可私自行事，应采取下列处理程序：第一，迅速拨打急救电话120，由相关人员送顾客到医院就医；第二，立即通知管理人员或店铺、卖场中的相关负责人进行必要的急救处理；第三，若顾客属于意外伤害或重大伤害，营业员要将情况及时上报管理人员，若有必要可连同其他人员陪同顾客到医院就医，并将相关事宜报告上级，由商场善后。另外，营业员在处理患病顾客的过程中，若无法工作，应恳请周围其他同事暂时帮忙照应。

❓ **课堂思考**：如果顾客突然患病，你知道如何处理吗？

🧑‍🤝‍🧑 课堂延伸

老人商场突发心脏病　导购施援手保平安

一天晚上，某电器总店的导购员小张和小崔正在向顾客介绍产品时，两位老人引起了她们的注意。其中一位老太太把手搭在柜台上，表情很痛苦。两位导购员见状来不及给客人介绍，连忙上前询问。正不知所措的老先生连忙告诉她们，老伴儿患有心脏病，平时出门都带速效救心丸，就这天没带。"我们商场设有医务室，那里肯定有急救药品，我带你去。"小张把老先生带到 9 楼的医务室，顺利地拿到了速效救心丸。另一边，小崔则在柜台前不停地安慰老太太。老太太服药后面色逐渐好转，她拉住导购员的手，不停地表示感谢。

思考： 如果遇到类似情况，你知道如何处理吗？

六、如何处理偷窃行为

营业员在工作中要多加留意，若遇到偷窃行为，应做到以下六个方面：

第一，保持镇静，及时向店铺或卖场的管理人员、上级及保卫部门报告。

第二，保证行窃者在自己的视线范围内，并仔细监控他们的每一个行动。

第三，在认定偷窃之前给予其"购买"的机会。具体的办法是对隐藏商品者说"您要××商品吗""让我替您包装商品"等，提醒其"购买"。

第四，如果经反复提醒，隐藏商品者仍无购买的意思，则要用平静的声音说"对不起，有些事情想请教您"，然后将其带入相关办公室，由相关负责人做适当的处理；如果隐藏商品者拒绝去办公室，在确信他确实已偷窃商品的情况下可传呼保安人员，如果他愿意进入办公室，要注意不让他在路上抛弃商品。

第五，在处理偷窃事件时，应尽量不要把被怀疑者当作"窃贼"，应尽可能往"弄错"的角度去引导其购买，不要以"调查"的态度对待顾客。

第六，如果误会了顾客，应向顾客郑重地道歉，并详细说明错误发生的经过，希望能获得顾客的谅解，必要时应亲自到顾客家中道歉。如果给顾客造成了消极影响，要尽快想办法消除影响，予以补偿。

❓课堂思考： 如果你发现有偷窃行为，你会如何应对？

七、如何处理儿童走失

（一）帮助顾客寻找孩子

当看到丢失孩子的顾客时，营业员要做好以下工作：

（1）安慰顾客不要着急，答应帮他寻找。

（2）请顾客描述孩子的特征，并迅速记录，包括孩子的姓名、年龄、性别、身高、着装以及生理特征等。

（3）通知广播室发布"儿童走失"广播，连续广播几次，以引起卖场内所有人员的注意，协助寻找。

（4）通知进出口处的保安等工作人员，以引起特别关注。

（5）让顾客在广播室或总服务台等候孩子。

（6）当孩子找到后，立即取消广播。

（二）为走失的孩子寻找亲人

当看到走失的孩子时，营业员要做好以下工作：

（1）安慰孩子，让孩子不要哭，答应帮助他寻找自己的父母或家人。

（2）问一问孩子其父母或家里的情况，尽量获得更多信息。

（3）将孩子的特征记下，并安排其在总服务台或某一固定地点，或直接将其带去广播室。

（4）请广播室发布广播，告诉孩子的父母或家人到××处认领孩子。

（5）将孩子交给其父母或其家人，取消广播。

? 课堂思考： 如果你遇到顾客丢失的儿童，你会如何做？

拓展案例： 发现隐患，及时解决

课后复习与思考

一、单选题

1. 在商场内张贴偷窃违法的标语，这是属于（ ）。

A. 防盗装置与系统　　　　　　　　B. 人员防盗

C. 威慑、检举防盗　　　　　　　　D. 设计防盗

2. 商品在销售过程中因磨损引起的损耗属于（ ）。

A. 正常损耗　　　B. 非正常损耗　　　C. 管理损耗　　　D. 事故损耗

3. 下列商场突发事件处理说法错误的是（ ）。

A. 突发火灾时应立即切断现场的电源和煤气开关

B. 遇恶劣天气应及时检查户外的广告牌、棚架是否牢固

C. 遇突发停电，可以使用火柴、蜡烛等明火照明

D. 遇顾客突然患病的时，应拨打急救电话120，并及时上报管理人员

4. 货架商品存放要与照明灯、整流器、射灯、火警报警器、消防喷淋头保持一定间隔，一般消防规定垂直距离不少于（ ）。

A. 10厘米　　　B. 20厘米　　　C. 50厘米　　　D. 1米

5. 下列有关滞销商品处理不当的是（ ）。

A. 留适当库存后进行退货处理　　　B. 降价促销

C. 友店间转货　　　　　　　　　　D. 直接下架销毁

二、多选题

1. 零售店安全管理包括（　　）。

A. 顾客安全　　　　B. 员工安全　　　　C. 消防安全　　　　D. 设施设备安全

E. 商品防损

2. 下列有关消防安全管理说法正确的有（　　）。

A. 高度白酒、果酒、发胶类等易燃品，只能适量存放，且要通风

B. 照明灯具要与可燃物质保持一定的距离

C. 商场每季度至少要进行一次消防演习

D. 消防通道不得堆放任何商品杂物堵塞通道

3. 下列关于作业防盗说法正确的有（　　）。

A. 高风险商品，应摆在上锁的陈列柜中

B. 贵重商品只能向顾客展示一次，展示完毕，应立即锁进商品柜

C. 商品应摆放整齐

D. 加强巡店，及时发现可疑人员和可疑现象

4. 下列员工的行为属于偷窃的有（　　）。

A. 员工未按有关程序而故意丢弃公司的商品

B. 员工偷吃公司的商品或未经许可试吃商品

C. 收银员为亲属、朋友等少结账或不结账

D. 员工利用改换标签或包装，将贵重的商品以便宜的商品或价格结账

5. 下列有关门店安全管理说法正确的有（　　）。

A. 场内出现地面湿滑或水渍时，店员应立即处理

B. 卖场内顾客之间发生争执，店员应立即劝阻

C. 店内的商品、设备、用具、纸皮等要及时归位

D. 如发现有小孩站在购物车中，店员应及时提醒顾客

三、判断题

1. 卖场运营管理中商品损耗是不可避免的。（　　）

2. 陈列不当导致商品损坏、破包、破损的属于管理损耗。（　　）

3. 店内发生小火情，如已扑灭，无须再向防损部和店长报告经过。（　　）

4. 物品可以临时摆放在消防通道上。（　　）

5. 门店消防演练只需组织防损部员工参加。（　　）

四、简答题

1. 什么是防损？

2. 防损员有哪些职责？

3. 损耗产生的具体原因有哪些？

4. 对于防盗，零售店一般可采取哪些措施？

五、案例分析

名贵酒不见了

某地下自选商场的进口酒类柜台有许多名贵的酒，这些酒平时放在酒柜里（有玻璃门，但不上锁），顾客可以拿下来看，整个柜台前的通道装有固定的彩色摄像机进行监控录像。一天上午商场营业员开门时，发现酒柜内一瓶最贵的酒不见了。保卫部门对记录的图像进行了调阅，发现该处监控的图像所监视的是人流和柜台，并不能看到酒瓶本身。由于彩色摄像机在该处感光不足，无法看清柜台前的通道有没有人接近酒柜，就连营业员本身都无法证明自己的清白。

问题： 名贵酒为什么不见了？商场应该如何加强保卫措施？

――| **实践操作** |――

1. 实训题目：超市存包安全问题调查。

2. 实训目的：调查超市存包的安全性，就发现问题提出相应改进措施。

3. 实训要求：2～3 人一组，至少实地考察 3 个以上超市存包安全问题，并把所发现问题记录下来，同时就此问题与服务台协商解决，然后把调查报告撰写成文并上交。

4. 实训地点和设备要求：可以考察你熟悉的地区，也可以就近选择考察区域。带上手机，做好相关的录音、拍照记录，以辅助说明问题。

5. 实训内容：就所学内容（安全与防损）进行考察，活学活用所学知识。

6. 实训实施方案（包括考核要求等）：事前做好分工，做好计划，合理分配人力物力。考察结束要及时总结，得出合理的结论。

7. 实训结果要求：把考察的全程做好记录，最后用充足的证据论证考察报告。

项目十　零售人员管理

学习目标

知识目标

1. 了解零售人员的招聘测试方法及招聘的程序。
2. 掌握零售人员培训的作用和培训方法。
3. 了解零售企业如何合理委派员工。
4. 掌握零售企业评估员工的标准、方法及程序。
5. 掌握零售企业激励员工的奖罚方法。

能力目标

1. 能够熟练运用零售人员招聘测试的方法和程序。
2. 学会应用评估员工的标准和方法。

素养目标

1. 培养能够与他人合作、协调共同完成任务和实现共同目标的能力。
2. 培养较强的语言沟通能力和文字表达能力。

 零售人员的聘用与培训

在 20 世纪 90 年代，零售业利润增长点主要来源于对零售人员的管理。研究表明，利润增长的 80％的机会存在于对全体员工的管理中，其中，一线营业员为商店提供了这 80％机会中的绝大部分。员工的素质对其服务质量影响相当大，对顾客来说，第一线的员工就是服务的化身。在踏进商店的顾客眼中，营业员就是服务的化身，营业员所提供的服务也就是代表公司整体的服务。尤其对于大型的零售企业，某几个营业员的不良表现，极有可能将辛苦塑造的企业形象毁于一旦。因此，零售企业间的竞争也更多地转为人才竞争，企业应建立适当的人事管理政策，招聘优秀的、适合于本企业要求的人员，提高员工的素质，通过合理的岗位安排，充分发挥员工的特长，定期进行业绩考核评估，运用奖罚措施调动员工的积极性，激发员工的奉献精神，制止错误的、不良的行为，以提升公司的服务品质，让顾客获得购物时的满足感。

任务情境

S公司销售人员聘用与培训

聘用销售人员准则：慎选、勤教、严管。

慎选：择人的基础。S公司聘用的销售人员必须要有良好的素质、优质的品质、独特的才智。

勤教：育人的关键。S公司对聘用的销售人员进行经常性、有计划、有步骤的培训，帮助他们不断吸收新的信息资料，改进旧的工作方法，纠正错误的观点、行为，提高行事效率。

严管：用人的保证。S公司要求自己的销售队伍树立军队的风格，要有铁的纪律、赏罚分明的制度。S公司销售人员对公司的大政方针必须绝对地服从和执行，以保证公司市场策略的统一性和完整性。

思考：你从中学到了什么呢？

知识精讲

一、零售人员的聘用

员工招聘是人员管理的开始。零售企业的人事部门应根据企业的任务、组织的决定、销售量等因素核定员工数量，然后根据员工的核定数组织招聘。

（一）零售人员的素质要求

员工招聘是指企业为了发展的需要，对外吸收符合企业要求的具有工作能力的个体的全过程。企业对吸收人员有一定的要求，基本要求主要是道德品质、知识技能及身体健康状况。另外，根据经营特点要求，企业对招收人员的素质另有某些特殊要求。

在招聘与选择员工之前，应先进行各项工作分析，确定各项工作任务需要哪些专门知识，以及为有效履行这些任务，应聘人员要具备哪些条件、素质和特征等。零售人员从事的是服务工作，必须具有以下服务素质。

1. 性格特征

性格开朗、待人亲切、情绪稳定，是为顾客提供优质服务的基本条件，是从事零售服务工作的特别要求。所以零售人员要具有温和、含蓄、令人亲近的个性。所谓个性就是一个人的态度、习惯和情感的总和，是我们和一个人接触时观察到的音容笑貌以及对他的感觉，是一个人在每天的生活中所表现出来的性格和外界对他的反应的结合。个性是一个人工作能力的有机组成部分，它决定着一个人和同事、顾客合作的融洽程度以及工作的成败。调查表明，零售业仅有10%的人是因为业务不熟练被解雇的，而90%的人则是因为性格原因才砸了自己的饭碗。

2. 文化修养

零售人员应具有良好的文化修养，有礼貌，穿着整齐大方，打扮适度，干净整洁。顾客在购买过程中对营业员也是有选择的，他们往往会通过营业员的仪表举止来判断该营业员是否能提供满足自己需要的服务。缺乏礼貌、不耐烦、衣冠不整、举止粗俗、言语粗鲁的营业员会使顾客产生不佳印象，难以产生信任感，甚至会放弃在此购物。

3. 沟通能力

营业员应具有良好的口头表达能力，能清楚地介绍商品和解答顾客的疑问，对顾客的表情、行为具有良好的判断力，善于发现顾客需求，并灵活处理顾客的异议，以促进销售。

（二）员工招聘程序

招聘员工的形式一般采取公开的招聘，即公开宣布招聘计划，为企业内外的人员提供一个公平竞争的机会。招聘过程可分为发布招聘信息、报名申请、初步面谈、测试筛选、背景调查和体检等几个步骤。

1. 发布招聘信息

（1）在互联网上发布招聘信息。利用网络发布招聘信息的优势在于成本低、容量大、速度快，强调个性化服务。

（2）在报纸和杂志上刊登招聘广告。报纸的市场覆盖面广，可以吸引更多的人来应聘。这是现代企业大规模招聘零售人员常用的一种方法。如果应聘的人数太少或素质不高，企业很可能招聘不到合适的人选。

（3）通过人才市场发布招聘信息。这种方法主要是利用中介组织传播招聘信息，如职业介绍所、定期举行的人才招聘会。职业介绍所一般是把招聘信息有偿地告诉求职者，由求职者直接和招聘单位联系应聘事宜；定期举行的人才招聘会，一般向企业收取一定的中介费用，代企业通过登报或其他方式传播招聘信息，在人才招聘会举行之日，企业在会上设摊位，现场招聘。

2. 报名申请

其基本程序是：让应聘者领取报名登记表，填写表格，上交表格，有的须交附加材料。企业根据申请材料或报名表的信息判断求职者是否与招聘职位相符，并约见相符的求职者，为选择过程节省时间。

3. 初步面谈

主要是通过对应聘者的第一印象进行筛选。在该阶段，招聘人员会问一些简单的问题，如工作经历、兴趣爱好，并从中判断其工作能力和求职动机，从而尽快排除明显不合格的求职者。

4. 测试筛选

测验是录用员工可靠而有效的方法。员工测试的内容如下：

（1）个性测试。个性测试的内容包括性格、兴趣、爱好、气质、价值观等。测试方法分为面试和心理测验。

1）面试。面试是挑选应聘者是否具有服务素质的面试方法，候选人根据被问问题来描述本人以前的工作，招聘人员从中了解候选人的过去工作表现和人生阅历有关的全部信息，是否具有表现服务导向和顾客导向倾向的一些行为特征，如口头表达能力、与同事协作的团队精神、解决问题和决断的技巧、对他人的敏感和关心、依赖性、良好的判断力、热情、精力充沛、灵活性和适应性，挑选出具有服务导向倾向和顾客导向倾向的候选人。

2）心理测试。通过心理测试进一步了解应聘者的基本能力素质和个性特征，既包括其基本智力、认识思维方式、内在驱动力等，也包括管理意识、管理技能。目前，这类标准化的心理测试主要有《16种人格因素问卷》《明尼苏达多项人格测验》《适应能力测验》《欧蒂斯心智能力自我管理测验》《温得立人事测验》等。心理测试的评价结果仅为最后确定人选提供参考依据。测试的项目通常有：

普遍智力——测验员工的判断力、理解力、观察力和学习能力。

领导能力——测验员工的合作精神、指挥和关心他人的能力。

社会智力——测验员工在人事关系上适应新环境的能力。

推动力——测验员工的进取精神、果断力和组织能力。

工作兴趣——测验员工对工作是否热心，有无自觉和主动精神，工作时是否全神贯注。

计划能力——测验员工的创造力、机智、成本观念、建设性的意见。

（2）实际操作。表现测试用以测验员工的工作表现和实际操作能力。有些商店采用专业标准方法进行测验，如测验书写能力、计算的熟练程度或特殊商品知识、收银机操作、真假币辨认、商品包装、计算器使用等的能力，确定应聘者有无对所任工作应具有的知识。

5. 背景调查

对应聘者的背景调查通常包括信用状况、工作经历、犯罪记录、学历和从业许可等。现在很多企业都将背景调查作为招聘、选拔人员的必要环节，这在很大程度上是因为不合适的员工会给企业带来很多麻烦。

6. 体检

零售业是服务行业，接触的人较多，确定求职者健康状况，可以防止传染疾病，降低缺勤和事故发生的概率。

？课堂思考： 你认为测试筛选中哪一项是最重要的？

二、员工的培训

零售商可以选择两种培养员工技能和能力的方法——筛选和培训。零售商通过有选择地雇佣员工，并进行培训来提升其竞争优势。员工培训是指在组织创造的一种学习环境中，使员工的价值观、工作态度和工作行为得以改变，从而使他们能在现在或未来的工作岗位上的表现达到企业的要求，并为企业创造更多的利润。商场员工职业素质的高低是决定商场服务质量的关键，对员工进行提高职业素质的培训是商场培训的主要内容。员工培训是一项系统性工程。要达到预期的培养目标，零售企业首先要结合自身的发展战略，制定人才培养的长远规划；其次要拟定各个时期和阶段的具体培训计划，明确培训对象、内容和要求；同时还要采用科学的培训方法和手段。

（一）培训的必要性

员工培训的必要性可以总结如下：

（1）培训可以使员工更加认同企业文化和企业目标，提高其工作的积极性和主动性，从而可以提高其服务水平，为企业创造更高的效益。

（2）培训可以有效地促进员工观念的转变，提高其工作能力，为员工适应企业的需要，做好技能上的准备。

（3）培训可以使员工加深对岗位要求的理解，通过提高员工分析问题和解决问题的能力及专业技术水平，使员工能够减少工作失误和事故，从而使个人和企业都受益。

（二）培训的方式和途径

培训员工的方式和途径主要有两类：一类是通过工作实践获得锻炼和提高；另一类是进行正规的知识教育和训练。

让员工在日常实践中得到锻炼的实质是为人员提供更多的实践机会和良好的成长环境，使之在实际工作的磨炼中总结经验、学习技能、增长才干。可以采用的方法有以下几种：

（1）有计划地提升。这是指对准备提升的人员制订分步骤的提升计划，按计划由低到高使其相继经过若干职位的锻炼的人员培养方法。这种方法有助于逐步扩大人员的工作范围，增长其经验、能力和才干，也有利于加强培养工作的计划性。

（2）职务轮换。这是指让人员依次分别担任同一层次的不同职务，或不同层次的相应职务，以便全面培养人员能力的方法。这种方法有利于人员熟悉业务经营方面的情况，提高从事各项工作或高级主管工作的能力。

（3）委任助手职务。这是指安排有培养前途的人员担任部门或企业领导者的助手，使其在较高的管理层次上全面接触和了解企业各项管理工作，开阔眼界，锻炼能力；同时直接受主管领导的言传身教，并通过授权参与某些高层管理工作。这是培养企业主管人员的一种常用方法。

（4）临时提升。当因某种原因出现职务空缺时，临时指定有关人员代理相应职务，也是培养人员的方法之一。通过临时提升可以使有潜力的人员获得宝贵的锻炼机会，取得经验、增长才干，为今后的进一步发展奠定良好的基础。

此外，通过各种形式、内容的教育，对人员进行正规的系统知识教育和训练，可以帮助人员开阔视野，更新知识，对工作需要的新知识、新理论、新方法有所研究，不断提高自身素质和水平。

经常用的具体形式有：开办短期培训班、举办知识讲座、定期脱产轮训、选送高等院校接受正规教育、组织专题研究会、进行敏感性训练等。

（三）培训的对象

培训的对象包括新招人员和在职职工。按不同受训对象，培训可分为入职培训和在职培训两种。

1. 入职培训

入职培训是对新招聘人员的培训。入职培训通常包括以下内容：

（1）企业文化培训。内容主要是介绍企业概况、企业文化与经营理念、企业经营方针和组织结构、管理制度、企业主管人员。

（2）专业技能培训。内容主要是服务要素和专业技能，如收款方法、销售技术、商品管理、商品知识、商品价格、商品调换、商品陈列、商品包装、顾客意见处理等。

（3）岗位职责培训。内容主要是员工规范和行为守则、员工权力和工作区域与营业时间、责任岗位介绍、福利、薪酬与业绩考核、安全督导与预防。

2. 在职培训

在职培训是对在职员工的培训。在职培训主要是为了提升员工的专业技能、素质与知识，保持高效率的营业运作。培训内容如下：

（1）推销技巧，如接近顾客，了解顾客对产品的需求程度，介绍推荐商品，处理顾客异议，促使顾客购买商品等。

（2）顾客关系，包括接待顾客的态度，建立本店信誉和处理顾客意见等。

（3）商品信息的详情，如产品使用方法、有关的服务、用途、成分和竞争情况等。

（4）解释情况，如解释商店的计划、运作程序、营业方针、管理制度和法律等的变化。

（四）培训方法

1. 角色扮演法

角色扮演法是一种模拟训练方法。角色扮演法由受训员工扮演某些训练任务的角色，使他们真正了解所扮演的角色的感受与行为，以发现和改正自己在职位与工作中存在的问题。此种培训方法多用于提高服务素质、改善人际关系的训练中。

人际关系上的感受常因所担任的职位不同而异。如主管与下属员工之间、营业员与顾客之间，由于所处位置不同，感受与态度也不同。主管总觉得下属员工工作不够勤奋，下属员工总感到主管管制过严，不够有人情味。营业员总觉得顾客过分挑剔，顾客总会感到营业员不够礼貌或缺乏耐心。为了让员工了解处于不同位置的感受，由员工扮演顾客，进入模拟的工作环境里，让营业员亲自体验做顾客的感受，以顾客身份评论营业员工作表现，获得对顾客需求的理解，进而改善与顾客之间的关系，达到提高服务质量的培训目的。

采用角色扮演法培训时，为了达到让全体受训员工参与培训的效果，员工可以轮流互换扮演角色，共同对角色的姿势、手势、表情、语言表达等项目进行评估，使每个受训员工都有机会参加模拟训练。

2. 技能指导法

技能指导法是商场的职前实务训练中被广泛采用的一种方法。这是专业技能训练的通用方法，一般由部门经理主持，由专业技术能手在现场向受训员工简单地讲授操作技术规范，然后进行标准化的操作示范演示，学员则反复模仿实习，经过一段时间的训练，使操作渐渐地熟练，直到符合规范程序与要求，达到运用自如的程度。技能指导法培训适用于较机械性的工种，如商品包装、打码机的操作、收银机的操作、真假币辨认等。培训可在商场实地开展。

3. 课堂讲授法

课堂讲授法是传统模式的培训方法。商场培训采用课堂讲授法较为普遍，优点在于可同时实施于大批学员，不必耗费太多时间与经费。商场培训采用这种方法，要使受训员工自始至终保持学习兴趣，需要在课堂教学中加强教学互动，用问答形式进行培训讲师与受训员工之间的沟通，获取受训员工对讲授内容的反馈。为了增强培训效果，课堂培训可以采取多种先进的教学形式，并使用视听设备作为辅助手段。这种培训方法通常用于新入职员工的培训，也用于继续培训，但继续培训主要采取专题讲座形式，如介绍商场一种新政策或制度、引进新设备或技术的普及讲座、传授某单一课题内容的培训。

? 课堂思考： 一位优秀的零售人员应具备哪些素质？

案例研究

培训造就 "家乐福造" 人才

前些年，在打进中国市场的大型零售连锁品牌中，家乐福虽然在全球排名上仅次于沃尔玛，但在中国市场上的销售额却远远超过了沃尔玛，也更为国内消费者认同和熟悉。以等级森严和严格管理著称的家乐福，在培训方面也是极力打造"家乐福造"人才。

首先，注重对员工经营理念的培训。贝尔纳领导下的家乐福，主张"一次性购足、超低售价、货品新鲜、自动选购、免费停车"的经营理念。该理念显然都是为顾客的利益而制定的。为了使经营理念更好地融入日常经营当中，家乐福每开一家新店，对招聘的新员工都要进行专门的经营理念培训。为了强化理念的执行力，公司还经常通过考核来验证员工对经营理念的理解、运用程度。

其次，同沃尔玛相比，家乐福更加重视在职培训。家乐福的员工培训通常采用小范围的方式，每次培训最多也就八到十个人。在采用授课形式培训完后，一般会马上到现场进行现场操作演示。例如验货，现场讲解商品分类，各类商品的品质标准，怎样验货，验货程序如何；商品陈列则讲解不同的商品摆放的排面，如何陈列才能充分体现出商品的优点及品质，突出商品的量感及视觉效果等。所有的培训项目都是逐个进行。

再次，在培训人员设置上，家乐福一般会在某个地区（如中国华东地区）依据职位层级和岗位，专门设立各层级各岗位的培训主管，全面负责该地区的培训工作。例如，店长培训主管只负责各连锁店的店长岗前培训、领导力培训等。促销培训主管专门负责各店促销人员的促销技巧、礼貌用语等方面的培训。

最后，在管理人员培训上独具特色。家乐福结合自身全球 40 多年的管理经验与培训经验，制定了 ETP 高级管理人才培训项目。ETP 项目由 ETP 培训部专门负责，每年从报名者中择优选择富有潜力的优秀员工进行集中培训。被培训员工需要手脑并用，一半时间学习，一半时间实际操作。一旦通过 18 周 "基本零售业知识" "专业化培训" "店长培训" 3 个阶段的严格培训和测验，他们就可以直接走上中高层管理岗位，其收入水平也可以进入金领阶层。ETP 项目的好处在于家乐福可以借此培养适合公司自身发展需要的对口人才，而不用担心遭人 "挖角" 致使 "鸡飞蛋打"。

"家乐福的过人之处，是将自己培养的人才打上了'家乐福造'。" 一家本土大型零售企业负责人感叹，"国外巨头零售企业有先进的管理文化和经验，让我们十分羡慕，却又十分无奈，辛辛苦苦把人挖过来了，本来很优秀的人变得不太灵光，因为我们无法给他们提供相配套的完整舞台。"

案例解析： 企业的竞争归根结底是人才的竞争。而连锁企业的不断发展和扩张，更需要大量的管理人才。家乐福独特且完善的人才培训体系，为其自身的发展源源不断地提供了大量管理人才。

任务二　零售人员的委派

员工安排是企业经营活动得以顺利进行的必要条件，是企业维护和完善一定的社会生产关系的客观要求，是促进企业生产力发展的有力杠杆和提高企业经济效益的重要手段，也是企业自我完善以适应社会发展的可靠保证。

任务情境

众所周知，现代零售业的特点是连锁化经营，为保证其成功，不仅需要管理模式、流程制度等标准化，更需要培训出可以高度执行的人才。而开店必须保证一定的人员储备量，这样开新店时才有充足和适合的人去管理。因此，连锁企业人才的储备和培养对日后门店的运营管理质量及其拓展速度有着决定性作用。但这与传统制造业偏重纯技术性的特点又有极大区别，要做好并不易。零售行业是典型的经验型工作，需要专业知识和熟练的技术，但这些不是通过课堂教育就可以达到的，必须通过实际的演练、实习、持续的教育与行动相结合，才能真正培养出有经验、有技术、有能力的，适应连锁企业发展需求的实用型人才。

在连锁企业运营管理实践中还有很多实际问题困扰着各人事经理们。如储备人才与人力成本的矛盾，各级优秀经营管理人员尤其是高层管理人才经常性匮乏，通过外部招聘的管理人员难以发挥很大作用，中高层管理人员培训周期长，难以及时填补空缺，而内部培训又不能高效完成运营绩效的需求等，这些势必增加新店开张的不稳定因素。

现在很多零售企业为了争夺资源疯狂地开店，人才的匮乏与规模的不匹配，让这个矛盾显露无遗，也成了让管理者最头疼的问题。但是，要有效地缓解这个矛盾，很显然不是建立在传统的以总部培训中心或是以集训方式储备人才的模式上所能解决的。

思考：你认为以实践为基础、以各门店为基地的有效管理模式是什么？应如何建立？

知识精讲

员工委派是指人力资源管理部门按照各岗位的任务要求，把招聘来的员工分派到企业的具体岗位上，给予员工具体的职责和权力，使他们进入工作角色，开始为实现组织目标发挥作用。

一、员工委派的原则

每个工作职位对其任职者都有一定的基本要求，当任职者现有的素质符合职位要求时，个体的人力资源就能主动发挥，创造出高水平的绩效。否则，个体的人力资源就处于被动状态，低能低效。现代企业的人员安排要求以人为"中心"，使人进入最佳发挥状态。人最佳发挥的前提是"人适其事，事得其人，人尽其才，才尽其用"。

（一）按岗位要求委派原则

委派员工应人与工作相配。在安置员工前，要详细了解不同岗位的工作内容、在企业中的地位和作用、对员工素质技能的要求。同时对企业待安排员工，尽可能地了解其文化程度、教育水平，掌握员工的性格特征、气质类型、兴趣所在、工作能力、健康状况，甚至员工的家庭背景、社会关系，从而把符合该岗位要求的员工安排到适合其岗位上，提高用人的准确性，减少失误。

（二）按工作需求设岗原则

以岗位的空缺和实际工作的需要为出发点，因事设岗，保证组织机构的效率，防止盲目录用员工，造成人力资源的浪费，避免机构臃肿的现象发生。许多企业因人设事，形成不必要的岗位或机构。这些原本不必要的岗位或机构为了证明自己存在的必要性，就会想方设法找一些事情做，浪费大量的时间与精力，妨碍企业其他部门行使正常职能，造成企业内耗，严重影响了企业工作效率。

（三）优化组织原则

员工在构成群体时，组合适当的群体能够释放出比单个员工简单相加更大的能量，而员工组合不当的群体，工作绩效还比不上个人成绩的简单相加。企业在安排员工时，应优化组合，形成员工能力的互相补充，人才结构科学化，相互配合，建立良好的人际关系，促进组织内的团结协作，提高工作效率。

（四）按员工兴趣安排原则

"恰当的人从事恰当的工作"，职业兴趣反映了工作活动特点、职业特点和个体特点之间的匹配关系，是企业安排员工职位的重要依据和指南。个人的工作效率和事业成功与兴趣有密切关系。每个人从事一种自己喜欢的工作，工作本身就能给自己带来一种满足感，增加乐趣，提高效率。相反，每个人从事一种自己讨厌的工作，工作就成了自己的负担，使自己从心里抵触，逃避工作，马马虎虎，敷衍了事，给企业造成危害。因此，企业应当针对员工的兴趣与需要，尽量把员工派往其所感兴趣的工作岗位上。

（五）用人所长原则

由于先天生理差异和后天训练程度的不同，每个人的素质和能力也不一样。人在素质能力上的差异性，不仅表现为综合水平不一致，而且表现为单方面素质和能力有高低之分。企业在安排员工时应该注意到员工在素质和能力上的差异，把他们安排在相应的岗位上，以充分发挥他们的特长。

二、员工委派的程序

员工的委派就是将新招聘的员工安置到预先设定的岗位上，使员工开始为企业工作。委派程序如下。

（一）确认员工的上岗资格

在员工上岗前，首先应该确认员工的上岗资格，对员工的能力进行评价，了解培训工作是否达到了履行岗位职责的要求。如果员工已经具备了上岗资格，则由人力资源部委派他上岗，如果尚未达到要求，则需要重新培训，或由企业辞退，解除劳动关系。

（二）分派员工上岗

对于经过资格认证的员工，由人力资源部按员工各自具备的能力与招聘培训的目的，把他们分派到企业的各个部门和各个岗位，并颁发正式的聘书。聘书应该写明岗位的名称、工作内容、职责、权力、聘书时间、考核方式等。员工接受聘书后，按规定时间上岗，进入工作状态。

三、员工委派的方式

员工委派有以下几种方式。

（一）选任制

选任制是由机构中的员工通过选举的方式来确定由谁担任某一职务的员工用人制度。

选任制的优点：能够较好地反映大多数人的意愿，增强被选举员工对广大员工的责任感。

选任制的缺点：不适宜在很大的范围内实行，因为企业规模太大，员工彼此间不熟悉，选举盲目；选举容易流于形式，多数跟着走过场。

（二）聘任制

聘任制是企业采用招聘的形式确定任用对象，并与之订立劳动合同的员工用人制度。

聘任制的优点：在合同期内比较稳定，便于管理。

聘任制的缺点：程序比较复杂。

（三）考任制

考任制是企业通过公开考试来评价员工的知识与才能，并依据考试成绩优劣录用各种人员的员工用人制度。

考任制的优点：具有明确、统一的标准，公开竞争，机会均等，体现了成绩面前人人平等的公平原则，在大的范围内选拔人员，可以克服委任制、选任制和聘任制的主观性弊病和选拔视野窄的缺陷，并可以激励员工努力学习业务知识。

考任制的缺点：很难正确把握员工考试成绩与实际能力的关系，员工的道德素质无法通过考试来判断。考试成绩只适于测评员工专项技能。

（四）委任制

委任制是具有任免权的上级主管直接任命员工担任相应职位的用人制度。

委任制的优点：程序简单、权力集中、指挥统一、效率高、省时间。

委任制的缺点：容易因主管个人的好恶，而出现"任人唯亲"的现象；或因主管人员的视野与精力的限制，而造成在没有全面了解下属的情况下错误委任的现象。

❓ **课堂思考：** 零售企业在员工安排上怎样才能做到科学用人、准确用人？

任务三 零售人员的评估与考核

零售企业对于在职员工在其工作岗位上干得好坏，是否称职，是否达到预期目标，是否可以胜任更高一级的工作，需要进行考核与评估，以确保员工的工作行为和工作成果与企业目标保持一致，并以此作为确定员工合理晋升和工资方面的决策。

任务情境

某 IT 集团公司，下属十几个公司，其中销售公司就有两家。集团公司在年初的时候为每个公司制定了一个目标，但是到年终考核时，不单是销售公司没有完成任务，其他公司工作任务完成的质量也不佳。此时大家最先指责的是销售部门，说它们没有完成任务。两个销售公司非常气愤，觉得集团公司当初制定的指标考核就是不现实的，其他相应的资源也没提供到位。

思考： 你认为这家集团公司对员工的考核制度出现了什么问题？

知识精讲

一、零售人员的评估

（一）评估的概念

零售人员的评估是指主管或相关人员对员工的工作进行系统的评估。评估是工作行为的测量过程，是用事先制定的标准来衡量员工在其职位上的工作态度、工作成绩、执行任务、履行职责的状况，并将结果反馈给员工的过程。评估作为一种衡量、评估员工工作表现的正式系统，可起到检查及控制的作用，并以此来提示员工工作的有效性及其未来工作的潜能，从而使员工自身、企业和社会都受益。

评估通常自第一线的基层开始，由各部门的主管评估每一个员工的绩效。然后，由较高层主管评估各个部门的绩效。最后，由最高层领导评估整个企业的全面绩效。

（二）评估的作用

1. 能够提高企业效率和竞争力

员工的工作表现会影响企业效率和竞争力。员工的服务工作使顾客满意度高，提高销售额和盈利能力，就是企业效率高的表现。工作表现是通过工作成绩和出勤率来衡量的。

其中，工作成绩是员工究竟在其工作岗位上干得怎么样、是否达到预定目标的主要标准，而出勤率只是员工是否在工作岗位上从事工作的说明。对于企业来说，前者尤为重要。

2. 有助于激励员工

评估强化了工作要求，使员工责任心增强，推动员工承担工作责任，发挥其主观能动性，明确自己应该怎样做才更符合企业的期望。激励员工发掘自身潜力，调动员工的工作积极性，保持旺盛的工作热情，有效改进服务质量，出色地完成企业的预期目标。通过绩效评估，使员工明确自己工作中的成绩和不足，促使其在今后的工作中坚定信心，发挥长处，努力改善不足，使整体工作绩效进一步提高。

3. 为人事决策提供依据

评估是人事决策重要的参考指标，晋升、任免、调任、加薪等都涉及评估。在晋升和加薪前，如果不进行评估，就失去了选择的标准。有了绩效评估，就使选拔标准的透明度增强了，在选择工作业绩出色的员工时，因公平的选拔会令其他员工信服。

（三）评估的原则

1. 严格的原则

评估必须严格。若评估不严格，流于形式，不但达不到评估的目的，反而会使企业领导与员工、员工与员工之间产生矛盾，造成消极的后果。评估严格主要有以下几个方面的要求：

（1）标准要明确。要有明确而严格的评估标准。模糊不清的标准是无法执行的，一定要明确、客观、合理。标准要统一，不能一个人一个标准，否则会削弱评估的意义。

（2）方法要科学。评估的形式可以根据需要灵活采用，但评估方法一定要科学。

（3）态度要认真。必须端正考核的指导思想，防止敷衍了事、好人主义和各种不负责任的做法。

（4）制度要严格。要制定统一规范的评估规章制度。

2. 公平的原则

评估必须公平、公正。公平是确定的人员管理的前提，要排除一切干扰，主持公正。本着实事求是的精神，为达到更客观和更全面，评估前，评估负责人应征询其他部门的经理、主管、员工对被评估员工的意见，作为参考的根据。做到全面、真实、客观地考察和评价员工，摒弃个人的好恶、恩怨，防止用感情和偏见代替政策以及用主观想象代替客观事实。公平才能够使人口服心服，如果不公平，就不可能发挥评估应有的作用，反而会出现许多负面的影响。

（四）评估的标准

评估标准、评估方法的确立来源于对企业的分析和个人工作职责的分析，基于这一基础，评估标准包括员工工作的有评估价值的方面，它是期望员工达到的绩效水平。

1. 评估标准的制定

评估标准要依据以下各方面制定：

（1）根据工作而定。评估标准是为工作而不是为个人而定。根据工作本身来建立，评估标准就会具有唯一性。不管谁在做这项工作，评估标准都是一样的。这样评估就会比较科学、公平合理。在评估标准制定出来后要征求员工的意见或建议，当大多数员工认为该评估标准科学合理时则可以执行，否则要进行修改直至达到此目标。此外，员工参与制定相应的评估标准，会认为自己有责任遵循该标准工作，这可以有力地激励员工，提高工作效率和效益。

（2）评估指标要细化。标准要尽可能细化而且可以量化，评估的项目最好能用数据表示。凡是无法衡量的，就是无法控制的。

（3）通过努力可以达到。标准的水平应在部门或员工个人的控制范围内，通过部门或个人的努力可以达到，这样才有激励效果，促使员工积极工作。如果标准定得过高，员工难以达到，会失去工作积极性，反而起消极影响，削弱评估的意义。

2. 评估标准的类型

评估标准分为以下两种类型：

（1）绝对标准。绝对标准就是按照工作职位的各项具体要求衡量员工工作的标准，它是用固定标准衡量员工，而不是与其他员工的表现进行比较。固定标准比较具体、可量化，每一项都有很明确详细的要求。绝对标准通常分为三个大项，即业绩标准、行为标准和任职标准。如某商店制定的零售人员的业绩考核标准、行为标准、行为评估表分别如表 10 - 1、表 10 - 2 和表 10 - 3 所示。

表 10 - 1　业绩考核标准

岗位	业绩考核说明
促销员、营业员	以每个月度 1.5 万元营业额为考核基础，每超出 5 000 元额度则加提 1％业绩奖
收银员、仓管员、购货员	以综合促销员和营业员考核基础，按当期超出总额 0.5％提业绩奖
店长助理	以综合促销员和营业员考核基础，按当期超出总额 0.65％提业绩奖
营业店长	以综合促销员和营业员考核基础，按当期超出总额 0.75％提业绩奖
卖场经理	以综合促销员和营业员考核基础，按当期超出总额 1.00％提业绩奖

表 10 - 2　行为标准

项目	行为的具体标准	等级
1	工作态度主动积极	
2	工作技巧熟练	
3	在压力之下仍然努力工作	
4	使用个人的创新办法改进工作	
5	对专业外知识及动态了解	

续表

项目	行为的具体标准	等级
6	能独立做出完美的决策	
7	思考问题有前瞻性	
8	勇于承担责任	
9	配合他人工作	
10	从不缺勤	
11	对本职工作十分了解	
12	对公司有认同感	
13	与同事相处良好	
14	对顾客体贴	
15	反应敏锐	
16	服务周到对顾客礼貌	
17	能清楚地表达自己的观点	
18	守时	
19	商品知识丰富	
20	受到顾客表扬	

注：以上每项分为5个等级，甲：5分；乙：4分；丙：3分；丁：2分；戊：1分。20项满分为100分。

表 10-3 行为评估表

等级	行为评价	分数	加减金额（基数）
甲	极好	90 分以上	加 500 元
乙	不错	75 分～90 分（含 90 分）	加 300 元
丙	一般	55 分～75 分（含 75 分）	不予加减
丁	稍差	30 分～55 分（含 55 分）	减 500 元
戊	极差	0 分～30 分（含 30 分）	建议辞退

（2）相对标准。它是将员工间的工作表现进行相互比较来评定个人工作的好坏，即将被评估者按某种标准进行顺序排名，或将被评估者归入先前决定的等级内，再加以排名。

（五）评估程序

1. 收集意见

评估前，人事评估员先观察员工的行为表现或听取企业内其他人观察到的该员工的行为表现，征询该员工所在部门的经理、主管、同事对被评估员工的意见。收集意见是评估工作依照客观事实的依据，是评估的基础工作。收集意见最常用的是"关键事件法"，即所收集的事件资料都是明确而易观察且对绩效好坏有直接关联的。获取这方面的资料来源有：

（1）征询与被评估者有来往的直接主管、同事或该员工服务的对象评价。

（2）工作表现的记录。例如工作中的努力程度、出勤情况以及顾客、同事抱怨的次数。

2. 书面评估

由评估主管部门发出《员工自我鉴定表》《员工考核鉴定表》。《员工自我鉴定表》由员工自己填写，进行自我考评，即被考评员工对自己的主观认识。通过自评，评估主管部门可以了解被考评员工的真实想法，为考评沟通进行充分的准备。《员工考核鉴定表》由其部门负责人填写工作鉴定。员工的直接上司最了解下属的工作和行为表现，在评估中最有发言权，是评估中最主要的评估者。

3. 评估面谈

考评成绩统计结束后，评估负责人、部门负责人、人事评估员与被考评员工一起进行评估面谈。这项工作主要是告知被考评员工评估的结果及工作岗位调整情况，指出被考评员工的优缺点和努力方向，指导被考评员工改善自己的工作，征询被考评员工对评估的意见和员工的奋斗目标，并要求被考评员工签字确认。

在评估面谈中，往往容易发生被考评员工不认可自己某些缺点的争执。所以，考评面谈前，人事评估员应从员工自评与上司鉴定中不一致的地方找出可能产生争执的项目，并对相关内容进行客观广泛的调查，在解决这些争执时，做到有理有据，使被考评员工心服口服地接受考评结果。

❓ 课堂思考： 企业为什么要对员工进行评估？评估的程序有哪些？评估标准的类型有哪几种？

二、零售人员的奖惩

零售企业经过对员工的公正、客观的工作成果评估后，应根据员工的评估结果进行奖励或惩罚，工作表现好的应奖励，表现差的应惩罚甚至辞退。只有奖惩分明才能激励员工的士气，使员工体会到企业的价值取向，同时使他们的努力有所依归。

（一）零售人员的奖励

企业对员工的奖励一般有以下两种形式，即精神奖励和经济奖励。

1. 精神奖励

精神奖励是满足员工精神需要的一种奖励。每个人都有荣誉感和自尊心，有对物质和精神的双重需求。精神奖励是一剂激发人不断积极工作的良剂。精神奖励主要有授予荣誉称号与表扬、培训、人事晋升等。

（1）授予荣誉称号与表扬。每个人都有荣誉感、自尊心，有被尊重的需要，荣誉奖励就是给优秀的员工以表彰、光荣称号、各种荣誉，以满足员工心理需求，达到激励员工的目的。荣誉激励成本低、效果好。

（2）培训。现代社会是知识竞争更加激烈的社会，要跟上时代的步伐，我们就要不断地学习新知识，追求自我价值实现的需求。因此，组织给员工提供培训机会无疑是为员工的成长发展创造条件，帮助员工设计其职业生涯，实现其理想与追求，也是很好的奖励。

（3）人事晋升。晋升奖励是指员工的行政职务、专业技术职务和技术等级由低到高的变动，它包括晋升调职和升职两方面。员工若得到晋升，既是对员工工作绩效的承认和肯定，又是对员工的一种奖励。

2. 经济奖励

员工工作最主要的目标是经济收入。物质是人类的第一需要，它是人类从事一切活动的基础。物质利益关系是人类社会中最根本的关系，所以，物质激励是奖励的主要形式。经济奖励可以满足员工的物质需要，对员工有很大的激励作用。经济奖励包括增加个人福利收入、提高工资、发放绩效奖金等。

（1）增加个人福利收入。福利是企业报酬的一个重要形式，如住房补贴、交通补助、人寿保险、午餐补助等。

（2）提高工资。此种形式目前最为普遍，对收入低的员工来说，这种奖励刺激效果特别好。

（3）发放绩效奖金。企业根据员工完成的绩效而发放一定的奖励金，激励其再接再厉。

（二）零售人员的惩罚

惩罚是为了制止员工的某些错误和不良行为。企业对员工的惩罚有批评其过错、减少员工的收入、取消员工某种福利待遇、降低员工的职位等。

1. 给予批评惩罚

这种惩罚一般是指在某种场合给予员工公开批评，给其一种不舒服的感觉。

2. 经济惩罚

经济惩罚在企业中是经常运用的一种惩罚，比如扣工资、取消该发的奖金等。

3. 福利性惩罚

福利性惩罚即取消员工的某种福利，以达到惩罚的目的。例如，降低住房津贴、取消其规定的休假、取消其岗位补贴等。

4. 降职或调动岗位惩罚

这主要是在企业中降低员工的地位，使他的实际权力变小。工作的责任变小，把员工的行政职务、专业技术职务和技术等级由高层向低层变动，会使员工产生不愉快的感觉。

？课堂思考： 对零售人员的奖惩有哪几类？

拓展案例： 麦当劳的人员管理

课后复习与思考

一、单选题

1. （　　）是企业采用招聘的形式确定任用对象，并与之订立劳动合同的员工用人制度。

A. 选任制　　　　　B. 聘任制　　　　　C. 考任制　　　　　D. 委任制

2. 以下属于考任制的缺点的是（　　）。

A. 选拔容易流于形式　　　　　　　B. 程序比较复杂

C. 难以考核员工的道德素质　　　　D. 容易出现"任人唯亲"的现象

3. （　　）多用于提高服务素质、改善人际关系的培训。

A. 角色扮演法　　　B. 技能指导法　　　C. 课堂讲授法　　　D. 师徒传承法

二、多选题

1. 零售人员招聘测试的方法有（　　）。

A. 面试　　　　　　B. 笔试　　　　　　C. 心理测试　　　　D. 实际操作

2. 门店招聘员工时设定的基本条件一般包括（　　）。

A. 学历及专业　　　B. 性别　　　　　　C. 年龄　　　　　　D. 工作经验

3. 门店员工培训的方式有（　　）。

A. 职前培训　　　　B. 在职培训　　　　C. 脱产培训　　　　D. 自我开发

4. 零售企业对员工的奖励一般有以下（　　）形式。

A. 授予荣誉称号　　B. 晋升　　　　　　C. 奖金　　　　　　D. 培训

5. 零售企业员工委派的方式有（　　）。

A. 选任制　　　　　B. 聘任制　　　　　C. 考任制　　　　　D. 委任制

三、判断题

1. 评估标准的水平应在员工个人的控制范围内，通过个人的努力可以达到，这样才有激励效果。（　　）

2. 不公平的评估，不但无法发挥评估应有的作用，而且会造成许多负面的影响。（　　）

3. 员工委派方式中，选任制能够较好地反映大多数人的意愿，增强被选举员工对广大员工的责任感，适宜在大的范围内选拔人员。（　　）

4. 报纸和杂志上刊登招聘广告的优势在于成本低、容量大、速度快。（　　）

5. 面试能够了解应聘人员的过去工作表现，但无法判断其实际的操作能力。（　　）

四、简答题

1. 员工培训可以采用的具体方法有哪些？

2. 对零售人员评估的作用是什么？

五、案例分析

沃尔玛的人力资源管理

沃尔玛的全新人才管理概念——公仆领导，也就是领导和员工之间是一个"倒金字塔"的组织关系，领导在整个支架的最基层，员工是中间的基石，顾客永远在第一位。领导为员工服务，员工为顾客服务。为什么这样说？零售业是服务性行业，顾客就是"老板"，这是一个真真切切、实实在在的事实。员工的工资和生活享受不是从总经理那儿获得，而是来自他们的"老板"——顾客。只有把"老板"服务好了，员工的口袋里才会有更多的钞票。员工作为直接与"老板"接触的人，其工作精神状态至关重要。员工成天为"老板"服务，谁来为员工服务呢？在沃尔玛就是领导。领导的工作就是指导、支持、关心、服务员工。员工心情舒畅，有了自豪感，就会更好地服务于顾客。在沃尔玛，员工佩戴的工牌会注明"OUR PEOPLE MAKES DIFFERENCE"，也就是"我们的同事创造非凡"。除了名字外，在工牌上没有职务标明，包括最高总裁。公司内部没有上下级之分，直呼其名，营造出上下平等的气氛。

寓教于乐的培训方式

沃尔玛为了让员工不断进步，提供了大量的培训课程，给了他们许多自我价值实现的机会。沃尔玛采用的是经验式培训，以生动活泼的游戏和表演，训练公司管理人员"跳出框外思考"。培训课上，老师讲讲故事、组织做做游戏，再让学员自己搞点小表演，让他们在培训中展现真实的行为，协助参与者分析，讨论他们在活动中的行为，进行辅导，这种方式既有趣又有效。

鼓励员工参与管理的门户开放政策

门户开放是指任何时间、地点，任何员工都有机会发言，都可以口头或书面形式与管理人员乃至总裁进行沟通，提出自己的建议和关心的事情，包括投诉受到不公平的待遇。

人才的本地化是沃尔玛的管理基础

本地员工对当地的文化、生活习惯比较了解。在运作时，还懂得节约成本，所以人员和管理的本地化能增强企业竞争力。公司根据其业务发展趋向，加大专业培训力度，委派当地有才华的商业管理人员进行管理。

沃尔玛的团队精神

团队是指一组有进取心的人为了一个共同的目标而一起工作。在团队里没有哪个人比其他人更重要，团队的好坏取决于所有的队员。沃尔玛非常重视团队的作用，在他们看来，公司中的每一个成员就像墙上的一块砖，每块砖固然结实，但要凝结成具有力度的一堵墙，不可缺少的则是砂浆。这就是说，整个团队要制定奋斗目标，团队全体人员为共同目标一起努力、相互尊重、相互信任、畅所欲言，这样团队才会不断前进。这种团队精神就是沃尔玛成功不可缺少的条件。

沃尔玛能有今天的成功，与科学管理、正确运用人力资源是分不开的。

沃尔玛永远的旋律包括以下几方面：

忠于客户——每时每日提供有价值的商品给顾客。

领导人员——天天做公仆领导。

工作哲学——比对手更勤奋、更灵敏地选择优质的商品。

积极进取——永不满足。

尽心尽力——提供优质、出色的服务。

沃尔玛认为成功的十项基本原则如下：

（1）忠于你的事业。

（2）和员工共同分享利益，像伙伴一样对待他们。

（3）激励你的员工。

（4）尽可能地和员工交流。

（5）感谢员工为公司做的每一件事。

（6）庆祝每一次成功，从失败中寻找乐趣。

（7）听取员工意见。

（8）超出顾客期望。

（9）比竞争对手更节约开支。

（10）逆流而上，另辟蹊径，不墨守成规。

沃尔玛企业的精神：

尊重个人、服务顾客、追求卓越。

问题：

1. 沃尔玛的员工与领导及顾客之间关系如何？这种组织结构有何优劣处？

2. 沃尔玛的人力管理观念是什么？你觉得这种观念最大的好处是什么？

实践操作

1. 实训题目：考察你居住地区的大型零售企业、百货商城等的零售人员管理的模式。

2. 实训目的：通过对大型零售企业人员管理模式的考察，了解我国本土零售企业的人员管理方法，并能够写出考察报告，给出改进建议。

3. 实训要求：6～8人组成一组，做好小组分工，协同调查。

4. 实训地点和设备要求：可以考察你熟悉的地区，也可以就近选择其他区域。带上手机，做好相关的录音、拍照记录，以辅助说明问题。

5. 实训内容：分别到熟悉地区大型零售企业进行考察，找出各自的问题所在。

6. 实训实施方案（包括考核要求等）：事前做好分工，做好计划，合理分配人力物力。考察结束要及时总结，得出合理的结论。

7. 实训结果要求：把考察的全程做好记录，最后用充足的证据论证考察报告。

项目十一 新零售

学习目标

知识目标

1. 了解新零售诞生的背景。

2. 掌握新零售的概念及其内涵。

3. 掌握新零售的发展趋势。

能力目标

1. 能够区分新零售与传统零售、电子商务的异同。

2. 能够辨识新零售的不同趋势。

素养目标

1. 培养主动探究、积极思考和不断学习的能力。

2. 培养创造性思维、创新意识和实践能力。

任务一 新零售的起源

近些年，新零售成为传统零售和电商行业内提及最频繁的词语，那到底什么是新零售呢？首先我们需要对新零售追溯根源。

任务情境

在互联网大潮的冲击下，各行各业都已发生不同程度的变化，而零售行业是受其影响较大的行业。尤其是近几年来，实体零售行业的低迷已经成为趋势，在互联网平台的挑战下暴露了诸多问题，如高库存、反应慢及落后的供应链系统。在各类问题堆积的影响下，关店潮此起彼伏。曾经门店数达到 112 家、营业额达到 180 亿元的广东省第一大、全国十大连锁零售企业"新一佳"也宣布破产清算，负债 10.8 亿元。过去新一佳超市的火爆程度不亚于沃尔玛。

在国外，过去的 BigBox（大卖场、百货店）也遭遇业绩和估值双重打击，下跌最为惨烈。沃尔玛、百思买、梅西百货、西尔斯百货，从电商、O2O 到全渠道，艰难奋战之后，大部分公司的经营业绩都损失惨重：西尔斯百货十年市值下跌 96%，梅西百货下跌 55%，沃尔玛下跌 1%。多年前亚马逊的市值不足 300 亿美元，如今市值达到 2 万亿美元。

从上述可以看出，传统零售企业面临着价格战争、关店潮、倒闭潮、裁员潮、资金链断裂、经营业绩损失惨重甚至破产等情况。传统零售企业经营困难，每况愈下，前景堪忧。

思考： 什么原因导致传统零售业陷入困境？

知识精讲

一、传统零售业的困境

由于传统零售门店的零售额增长速度减缓，而网络零售发展迅速，因此传统零售业的压力越来越大。大多数传统零售企业的经营都不同程度地面临问题，经营状况不佳，发展前景不乐观。总结起来，造成传统零售业发展困难的原因主要有以下几点。

（一）缺少商业规划，导致同业竞争加剧

随着我国城市化进程的加快，城市商业快速发展，零售门店数量增加，出现了"同质化"现象，企业的商品、品牌、服务等方面的特色存在着大量的重复。再加上整个行业缺乏统一、有效的规划，传统零售业的发展失衡，存在着恶性竞争、资源浪费、利润下滑等一系列的问题。这些问题阻碍了传统零售行业的长期良性发展，有的甚至影响了商品的质量。

（二）用工成本持续走高，负担过重

劳动力成本的不断增加，加重了劳动力密集型企业的用工成本，很多传统零售企业都存在招工难的问题，一线岗位人员需求较大。

（三）房租和融资等成本不断上涨

随着房租价格的上涨，连锁企业原有门店的维持和新店开设面临着巨大的成本压力。企业的扩张和转型需要大量的资金支持，企业现有的资金远不能满足企业发展的需要，而传统零售企业普遍存在融资难的问题。

（四）落后的消费体验及强烈的电商冲击

网上购物已经成为最受消费者喜爱的购物渠道之一，35 岁以下的年轻人大多数都偏爱在网上购物。相较于传统的购物体验，网上购物能带给消费者更便捷的购物体验。而传

统零售企业开设的实体店，一方面受限于时间和空间，另一方面在零售模式不断发展的情况下，已经无法更好地满足消费者的购物体验需求。

二、电子商务的发展瓶颈

随着移动互联网购物用户比例的上升，传统电子商务的发展也遇到瓶颈，流量红利逐渐消失，电子商务用户增速大幅放缓。

造成电子商务发展困境的原因有两方面：一方面是消费需求的升级，人们消费偏向于创新、高质量的商业模式；另一方面是电子商务本身的发展弊端，如电子商务受到物流发展的制约，以及流量红利的逐步消退等。

（一）消费升级

随着我国经济的持续发展，人们的收入水平不断提高，对消费的需求也不断提升。社会生产给人们提供了各种商品和服务，在可选择项较多的情况下，消费者的消费观念也发生了较大的变化。消费者不再满足于千篇一律的消费模式，转而对新产品、新模式产生了强烈的好奇心。

例如，新生代消费者更加注重时间价值，更愿意花钱购买服务，将这部分时间交换出来，使自己可以从琐碎、重复的事务中解脱出来，投身于其他兴趣爱好中，因此诞生了广受欢迎的"跑腿服务"。

（二）物流模式的制约

物流是电子商务发展最重要的制约因素之一。当前，电子商务行业的物流、供应链制度还不完善，配送和第三方物流标准体系还不健全。很多企业开始注重物流配送体系的完善，或推出自有的配送体系，或与第三方配送企业达成合作，但电子商务物流体系的完善还需要长期的发展。

（三）流量红利的消失

近十年来，电子商务之所以能对实体店造成巨大的冲击，究其原因是电子商务让很多人能以较为优惠的价格买到自己想要的商品。同时，在电子商务发展的初期，随着淘宝、京东等头部电子商务平台的崛起，这些平台的店铺吸引了大量的流量，当时电子商务平台上的商家数量还不是很多，所以大量的流量分给了早期就入驻平台的商家。相对于线下实体店而言，电子商务平台的获客成本是比较低的，流量红利显著。

随着电子商务的发展，网店如雨后春笋般涌现，新开设的网店通过用户搜索而自然分到的免费流量已经不足以支撑网店的正常运营了，流量红利基本上消失了。网店的获客成本急剧增加，网店为获取一个新的消费者，往往要花费比之前更多的广告费用，购买更加昂贵的平台流量。因此，电子商务的发展势头也渐渐放缓。

在移动互联网时代，电子商务想要吸引消费者，就必须解决以上瓶颈，不断满足消费者的购物需求。

三、新零售的诞生历程

（一）零售业的四个发展阶段

零售业的发展经历了四个阶段，具体如下。

1. 阶段一：连锁经营

在 20 世纪 90 年代末，"连锁经营"是我国零售企业发展的主要模式，以苏宁、国美为代表的大型零售企业，以连锁店的方式拓展自己的业务领域。连锁店通过信息流、资金流、商品流的规模化复制，完成了零售业发展的第一次巨变。

2. 阶段二：电子商务

进入 21 世纪，随着计算机、互联网等的发展和网络购物的出现，新的零售模式"电子商务"进入人们的视野。网络购物如火如荼地改变着人们的消费行为和消费观念。电子商务的出现让很多零售企业看到了互联网带来的巨大红利，很多企业开始使用数字化工具从事电子商务的业务。

3. 阶段三：移动互联网

移动设备和移动互联网的发展使零售业经历了第三次发展浪潮，零售业从电子商务时代过渡到移动互联网时代，移动互联网渗入人们的社交、工作、购物等各个方面。一些零售企业也开始通过移动营销扩展自己的业务渠道，通过手机 App、移动店铺、微信小程序等方式为用户提供个性化服务。

4. 阶段四：新零售

当前，物联网、人工智能等新技术又为零售业开辟了一条崭新途径。不同的行业结合自身特点，借助物联网，实现线上与线下的深度结合，优化用户的购物体验，实现精准营销。

（二）新零售的诞生

从近几年零售业的整体发展趋势来看，整体消费升级持续放缓，部分实体店的零售额甚至出现了负增长。另外，电子商务行业经历了一段时间的快速发展后，开始面临用户数量增长放缓、流量红利缩水等问题和挑战。

同时，人们越来越重视购物过程的体验，而不仅仅是商品的价格。电子商务在满足用户体验方面的不足日益突出。传统零售业和电子商务行业都在寻找新的发展思路。

新零售的概念诞生于 2016 年的云栖大会。自此，新零售一词开始进入人们的视线，并受到人们的关注。新零售是零售企业从多方面积极探索未来发展空间的有效实践。

自此概念被提出以来，已经有包括阿里巴巴、亚马逊、百度、网易、京东、小米在内的许多互联网企业开始探索新零售。例如，亚马逊打造了 Amazon Go 新型超市，小米公司打造了小米之家。

这些新零售的业务应用，展现了新零售的强大生命力。当前，新零售仍处于发展的基础阶段，接下来，新零售的升级将继续推进。未来，新零售的核心价值在于企业可以通过不断了解消费者的需求，改善消费环境，使消费者充分体验到新技术带来的便利和乐趣。

？课堂思考： 零售业的发展经历了哪几个阶段？

课堂延伸

各零售和电商"大咖"对新零售的见解如表11-1所示。

表11-1　各零售和电商"大咖"对新零售的见解

名词	公司	理解
新零售	阿里巴巴	零售行业要将线上、线下、物流、数据有机结合，以人为本，以对每个消费者、单一的个人为本，考虑如何进行个性化、定制化服务。
	小米	新零售就是效率革命。新零售的需求是结合线上、线下，用互联网的思维来帮助实体零售转型升级，改善消费者体验，提高效率。
无界零售	京东	从后端来讲，无界零售的核心是供应链一体化，把供应链和商品、库存、货物全部升级成一个系统，减少品牌商的操作难度；从前端来讲，无界零售的核心是满足消费者随时随地消费的需求。
智慧零售	苏宁易购	智慧零售从根本上说就是数字零售，是建立在数据化管理与分析基础上的零售经营能力。利用科技手段抓取全产业链中产生的有效数据，是智慧零售中所有业务的基础。对消费者的数据进行挖掘、获取、存储、管理、分析和运用，最终将实现对于消费者的可识别、可触达、可洞察、可服务。

任务二　新零售的内涵

前面我们追溯了零售行业的发展和新零售的起源。但到底什么是新零售呢？它和传统零售、电子商务有哪些区别和联系？接下来，我们就从多个角度详细阐述新零售的内涵。

任务情境

1987年，肯德基正式进入中国市场。这几十年来，它逐渐成为年轻人的成长记忆，成了快餐行业的经典品牌。为适应新零售发展趋势，肯德基也在不断进行探索和尝试。

线上方面，肯德基积极开展外卖电话订餐、网页订餐、各外卖平台点餐、天猫肯德基超级品牌日活动等，在用户移动体验道路上不断试验。用户利用肯德基的自主点餐功能可以自动识别最近餐厅，选择到店取餐时间，实现免排队。这大大增加了门店用户的接待量。同时，会员个性服务、KMUSIC 服务、亲子阅读平台都是肯德基利用技术创新开展新零售的有效措施。

线下方面，肯德基几乎在其每家门店都配置了触屏点餐装置，引导用户自助点餐，既干净卫生，又节省了用户的时间，收效良好。

思考： 和传统零售、电子商务相比，新零售到底是什么呢？

知识精讲

一、新零售的定义

阿里研究院在《新零售研究报告》中指出，新零售是以消费者体验为中心的数据驱动的泛零售形态，其有三大特征：以心为本，围绕消费者，重构人货场；零售二重性，基于数理逻辑，企业内部与企业间的流通损耗最终可达到无限逼近于"零"的理想状态，最终实现价值链重塑；零售物种大爆发，借助数字技术，物流业、大文化娱乐业、餐饮业等多元业态均延伸出零售形态，更多零售物种即将孵化产生。

在对传统零售业和电商行业现状分析的基础上，结合各位电商专家以及阿里研究院对新零售的定义，本书对新零售的定义如下：新零售就是利用人工智能、大数据、云计算等新兴技术，对行业产业链进行智能化升级，包括消费者需求识别、设计、采购、制造、推广、交易、配送等，并结合社交、场景搭建等方式，形成"线上（云平台）＋线下（门店或制造商）＋智能物流（高效供应链体系）"三位一体的运营模式，将人、货、场重新有效组合，最终达到提高商品到达消费者之间的效率，以及提高消费者体验的目的。

我们还可以从以下四个角度去理解新零售。

（一）新零售就是消费者赋能

在买方市场的丰饶经济时代，消费者的需求才真正被重视。新零售时代，消费者被赋能体现在以下两个方面。

1. 以消费者为中心，一切以消费者的需求为出发点

零售企业要考虑的核心问题不再是我有什么、我要卖什么、在哪里卖，而是消费者需要什么、什么时候需要、需要多少。同样是"7－11"便利店卖的宫保鸡丁，天津店的宫保鸡丁用的是黄瓜丁，而北京店用的是芹菜丁。这是因为"7－11"便利店会根据不同地区分店的销售情况，按消费者需要来调整自己的商品。刚开始的时候，可能天津店的宫保鸡丁中既有芹菜丁也有黄瓜丁，但是"7－11"便利店发现天津人普遍喜欢吃黄瓜丁，商品的组合就会随着需求持续调整、反复迭代。

2. 选择成本更低、效率更高

消费者过去想货比三家就要跑至少三个地方，时间成本很高。新零售通过全渠道让消

费者接触商品更加便捷和高效，消费者只要挑选一个商品品类，那么全世界几乎所有的品牌都会呈现在眼前，消费者可以直接比对它们的品质和价格，快速锁定性价比最高的商品，做出最优选择。

未来流量入口将没有线上与线下之分，而终端则是重要的体验场景，消费者不管线上还是线下，只想能够高效愉悦地买到他所需要的优质商品。消费体验和定制化服务将成为终端最主要的两大功能，甚至终端也是粉丝们聚会交流的"社区"。技术的进步能够确保消费者在 Amazon Go 等平台购物时无须排队、无须人工结账。技术与硬件还能重构零售卖场空间，可实现门店数字化与智能化改造，智能终端将取代旧式的货架、货柜，延展店铺时空，构建丰富多样的全新消费场景，以新型门店与卖场来全面升级消费者体验，这样的终端将成为一种新模式。如此一来，消费者才能真正拥有消费主动权。

（二）新零售就是供给侧结构性改革

消费升级既促进了需求的结构升级，也带来了供给的结构升级，而新零售必然带来供给侧结构性改革。供给侧结构性改革就是从提高供给质量出发，用改革的办法推进结构调整、扩大有效供给、提高供给结构对需求变化的适应性和灵活性，更好地满足消费者的需要。新零售的供给结构升级体现在以下三个方面。

1. 全渠道

真正的新零售应是 PC 网店、移动 App、微信商城、直营门店、加盟门店等多种线上线下渠道的全面打通与深度融合，商品、库存、会员、服务等环节皆贯穿为一个整体。全渠道具有三个特征，即全程、全面、全线。

（1）全程。一个消费者从接触一个商品到最后购买商品的过程中，会有 5 个关键节点（搜寻、比较、下单、体验、分享），企业必须在这些关键节点保持与消费者的全程、零距离接触。

（2）全面。企业可以跟踪和积累消费者购物全过程的数据，在这个过程中与消费者及时互动，掌握消费者在购买过程中的决策变化，给消费者个性化建议，提升消费者购物体验。

（3）全线。零售渠道的发展经历了单一渠道时代（单渠道）、分散渠道时代（多渠道）的发展阶段，到达了渠道全线覆盖，即线上线下全渠道阶段。全渠道覆盖了包括实体渠道、电子商务渠道、移动商务渠道的线上与线下融合。传统零售面临着渠道分散、消费者体验不一、成本上升、利润空间压缩等多个困局。新零售将从单向为销售转向双向互动，从线上或线下转向线上线下融合。因此新零售要建立"全渠道"的联合方式，以实体门店、大数据云平台、移动互联网为核心，通过融合线上线下，实现商品、会员、交易营销等数据的共融互通，向消费者提供跨渠道、无缝化体验。

2. 去库存

未来的零售有两个方向：一个方向是通过系统、物流将各地仓库（包括保税区甚至海外仓）连接起来，完成库存共享，改变传统门店大量铺陈与积压商品的现状，引导消费者线下体验、线上购买，实现门店去库存；另一个方向就是从消费者需求出发，倒推至商品生产，零售企业按需备货，供应链按需生产，真正实现零售去库存。

3. 智能门店

商家应通过技术与硬件重构零售卖场空间，进行门店智能化改造：一方面依托信息技术，对消费者、商品、营销、交易 4 个环节完成运营数字化；另一方面以物联网进行店铺的智能化改造，应用智能货架与智能硬件（销售终端、触屏、3D 试衣镜等）延展店铺时空，构建丰富多样的全新零售场景。

简而言之，从供给侧结构性改革的角度来看，未来每个企业都需要大数据来支撑运营，这是企业未来走向新零售的关键，需要借助大数据完成对消费者的可识别、可服务、可触达、可洞察，企业做完这些之后最终才能走向真正的供给侧结构性改革。

（三）新零售就是升维体验

新零售为消费者带来的将不再是单一的购物体验，而是提供商品、服务和体验的综合零售模式，三层叠加拉动商品销售。例如，大量线下书店在电子商务冲击下不断亏损倒闭，但是亚马逊重新开起实体书店 Amazon Books。亚马逊重新定义了实体店，它不仅提供商品，还提供服务和体验。例如，喜欢读书的人在线上交流之后，就要到线下来聚会，那么聚会的地点就选在了实体书店。再如，实体书店提供跟书籍关联性很强的商品，喜欢读书的人，往往还会买书店里的各种商品。消费者甚至可以在网上下单后再到实体店取货，书店可以成为物流中心，这就是升维体验。

新零售还可以让消费者享受到记名消费的会员体验，这是一种有踪迹、有档案的消费。以前消费者去商场里买东西，消费者买 20 次，商家只会说这人很面熟，但不知道其他信息，这是无记名消费。新零售时代，消费者就算是买一支笔，都会有数据记载，消费者是记名消费的。甚至有的零售店要求消费者必须成为会员才能购买，例如，消费者必须下载 App 注册会员才能购买盒马鲜生的产品，从而形成消费闭环。数据后台不仅会记录消费者的姓名、身份、具体地址等信息，还会形成一个长期消费的消费档案。这就意味着，消费者和商家会建立起一种新的关系，也就是消费者在买东西的时候，实际上是在向商家提供自己各方面的信息，包括自己没有意识到的信息，如消费偏好、购买习惯等。基于这些数据，商家又可以反过来为消费者提供新的消费体验，形成一个良性循环，打造基于消费者的升维体验。

（四）新零售就是数字化革命

数字化是零售业转型和创新最重要的突破口，也是新零售的核心。未来，新零售会实现"消费者数字化、终端渠道数字化、营销数字化"。未来，零售企业的竞争力不再是价格、商品、营销，而是对消费者的洞察，以及分析数据的能力。

1. 消费者全息画像

消费者数字化是商家通过采集消费者的属性数据和行为数据对其进行全息的消费画

像，如图 11-1 所示，对购买商品和服务的消费者有一个 360°的全方位了解，从而无限接近消费者内心的真实需求。为了获得消费者的完整信息而不仅仅是一些简单的"快照"，商家需要一个中央数据仓库，用来储存消费者与具体品牌接触的全部相关信息：消费者基本数据及交易信息、浏览历史记录、消费者服务互动等。消费者画像是根据消费者社会属性、生活习惯和消费行为等信息而抽象出的一个标签化的消费者模型，具体包含以下几个维度。

图 11-1　消费者全息画像

是否有房、有车　　性别、身高、职业
购买力　　是否有孩子
关系网　　喜欢的颜色、品牌
地理位置　　促销敏感度
品牌忠诚度　　商品评价敏感度
商品种类　　送货时长的忍耐度

（1）消费者固定特征：性别、年龄、地域、教育水平、职业等。

（2）消费者兴趣特征：兴趣爱好、使用的 App 或网站、浏览/收藏评论内容、品牌偏好、商品偏好等。

（3）消费者社会特征：生活习惯、婚恋、社交渠道等。

（4）消费者消费特征：收入状况、购买力水平、商品种类、购买渠道、购买频次等。

2. 零售云端

未来将没有终端，只有云端。终端不再是商品的销售渠道，而是消费体验和数据上传的端口。云端零售将遍布传感器与交互设施的端口，而端口都是线上线下一体化的，即线下端和线上端有机融合的"双端"经营模式，商家可将线上消费者引导至线下消费，也可将线下的消费者吸引至线上消费，从而实现线上线下资源互通、信息互联、相互增值的目的。在形态上，无论是百货公司、购物中心、大卖场、便利店，还是线上的网店及各种移动设备、智能终端等，都是数据导入的端口。消费者实时在线，端口将消费者全方位的数据上传至云端，商家通过数字化技术打通线上与线下、虚拟与现实的各个碎片化端口，并吹响零售业革命的号角。

各个消费环节实现深度融合。消费者将不受区域、时段、店面的限制，商品不受内容形式、种类和数量的限制，消费者体验和商品交付形式不受物理形态的制约，零售渠道真正变得无比丰富。

3. 精准营销

有了消费者画像之后，商家便能清楚了解消费者的潜在需求，在实际操作上，也能深度经营与消费者的关系，甚至找到扩散口碑的机会。例如，超市若有生鲜的打折券，系统就会把适合商品的相关信息精准推送到消费者的手机中，实现精准推荐。首先，商家针对不同商品发送推荐信息，同时也不断通过满意度调查、跟踪码确认等方式，掌握消费者各方面的行为与偏好；其次，在不同时间阶段观察成长率和成功率，前后期对照，确认整体经营策略与方向是否正确，若效果不佳，又该用什么策略应对；最后，反复试错并调整模型，做到循环优化，精准反馈。更重要的是，在掌握数据之后，商家可以真正做好精细服务，如在情人节为消费者送上一封热情洋溢的情书和一束红玫瑰、在独自加班的晚上献上一首她经常单曲循环的歌。如此贴心的服务肯定让消费者"欲罢不能"，也会对商家"忠贞不渝"，消费者成为商家粉丝和义务宣传员也只是时间问题。

数据整合改变了企业的营销方式，现在经验已经不是累积在人的身上，而是完全依赖消费者的行为数据去做推荐。未来，销售人员不再只是销售商品的人员，而是能以专业的数据预测搭配人性的亲切互动来推荐商品，即升级成为顾问型销售人员。有人形象地比喻，精准营销就像是谈恋爱，在对的时间，对的地方，遇到对的人，采用对的措施，达成对的结果，而这一切"精准"的背后，都离不开大数据技术的支持。

"消费者赋能，供给侧结构性改革，升维体验，数字化革命"，以上所有的关键词都离不开一个出发点，就是满足消费者需求的实时变化、升级与分化，换句话说就是更好的消费体验、更方便的购物触达、更周到体贴的个性化服务、更值得信赖的品牌口碑等。要想打赢新零售这场新战役，是否能够让消费者满意、感动与分享，始终是胜负的关键点。

总之，新零售就是以消费者为中心，数据赋能下为消费者提供升维体验的实时"在线"的全渠道场景。未来，新零售能实现的消费愿景就是"所想即所得，所得即所爱"。同时，新零售带来的不是电子商务的灭亡，也不是传统零售的终结，它是在新消费刺激下两者融合而进化的新的产业形式。

❓ 课堂思考：什么是新零售？

二、新零售与传统零售

新零售，顾名思义，就是与传统零售不同的一种新的零售模式。其价值在于最大限度提升全社会零售业的运转效率，建立一个以用户体验为中心的数据驱动的泛零售形态。

（一）新零售与传统零售的联系

首先，新零售是在传统线上零售方式及线下零售方式基础上的升级与突破，两者在运营模式中，各个节点都会涉及信息流、物流、资金流，两种模式下，商品都需要通过制造商的各种连接到达零售商，然后通过物流到达用户。无论是传统零售还是新零售，追求的目标都是进一步加强制造商、供应商、销售商等之间的协同作用，最终降低成本，以实现利润最大化。

其次，在用户层面。从提供的商品与服务来看，新零售并没有发生什么实质性的变化，企业销售的商品种类没有发生变化，只是商品到达用户手中的方式和渠道发生了变化。

（二）新零售与传统零售的不同

1. 理念不同

传统零售企业的经营思想一般比较保守，企业不希望打破传统思维，有可能导致企业满足现状，故步自封。

传统零售企业向新零售企业转型，需要高层管理者具备颠覆性的管理理念和新思维，中层管理者具有线上线下融合的包容心态，基层人员具有求知精神。

2. 渠道不同

传统零售渠道比较固定，限于分销商、线下店铺等。

新零售强调全渠道的概念，用户购物渠道从单一渠道到多渠道，是一种"全渠道零售"，如图 11-2 所示。全渠道零售是指企业利用最新的技术，整合信息流、资金流、物流，用一切可能的方式来吸引用户。盒马鲜生就是将信息流、资金流、物流三流合体。用户可以从盒马鲜生的 App 上看自己要买的商品，或者在线下的盒马鲜生店看实物、看价格并和导购员交流，这是信息流；用户通过线上支付，启动资金流；盒马鲜生把商品运到店铺，用户在店里购买带回家或通过 App 下单收到盒马鲜生的商品，这是物流。

图 11-2　全渠道零售

3. 用户体验不同

传统的线下零售用户的购物场景是到店、拿货、付款、走人，线上零售用户的购物场景是浏览、加入购物车、付款、收包裹。

得益于商业模式、技术系统、运营方式、供应链等外部条件赋能，新零售购物场景是多样化的（见图 11-3），包括店铺现货购、独立 App 购、店中店触屏购、微信 H5 页面购等，给用户带来的不仅是物质消费的享受，而且是整个购物过程中体验度的提升。

4. 技术基础不同

传统零售集中在 PC 互联网时代，流量高度中心化，企业即使拥有搭建网店的技术能力和运营能力也无法成功，电子商务的业务只能依靠平台。

新零售集中在移动互联网时代，企业可以自己利用大数据、云计算等技术，整合线上碎片化流量及实体门店自带的流量，可以构建自己的新零售体系（见图 11-4）。

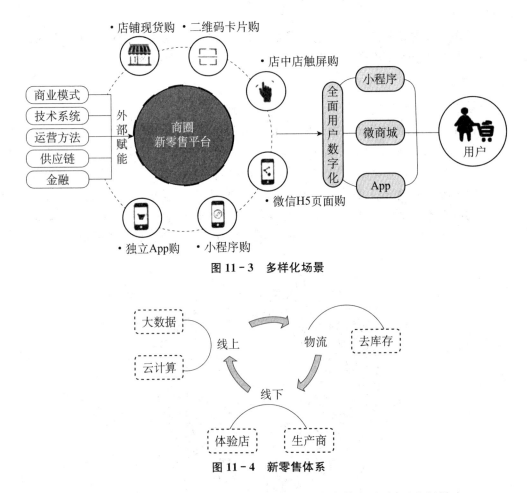

图 11 - 3   多样化场景

图 11 - 4   新零售体系

总之，新零售的发展，需要企业从理念、渠道、技术等各个方面进行转变。

三、新零售与传统电商

很多人认为传统电商就是新零售，其实这个说法并不准确。新零售通过对商品的生产、流通与销售过程进行升级改造，重塑业态结构，并对线上服务、线下体验及现代物流进行了深度融合。因此，新零售本质上是对人、货、场三者的重构，通过科技手段让零售行业获得新的活力。新零售与传统电商既有联系，也有区别。

（一）新零售与传统电商的联系

新零售的诞生离不开传统电商的发展。传统电商通常集中在线上的服务和销售，给用户提供了一种前所未有的购物体验。随着用户需求的升级，单纯的线上消费已不能满足用户的需求，于是伴随着信息技术的发展，新零售应运而生。

从传统电商到新零售，是一个从"场—货—人"到"人—货—场"的转变过程，即企业从研发商品去寻找用户的过程，转变成根据用户的需求对应生产符合用户喜好的商品，并为用户提供体验场所的过程。

也正因为有了传统电商前期的运营经验，新零售的线下布局才得以顺利开展。例如，传统电商的推荐机制就是利用大数据整合而成，而新零售在传统电商运用大数据的基础上，将整合出来的用户需求转移到线下，通过技术打造线下消费场景作为新零售的流量入口。

（二）新零售与传统电商的区别

1. 角度不同

传统电商企业向用户展示商品的形式主要是商品图片、文字甚至视频。然而，在这样的商品展示形式下，用户对商品的理解仍然不够清晰和全面，很多用户还会遇到购买的商品与实际需求不符的情况。最大的问题之一是页面显示和用户体验之间仍然存在很大的差距。显然，传统电商的商品展示形式已经不能满足用户购买商品的需求。

新零售不仅要照顾到传统零售用户的需求，还要承担起满足用户消费升级的任务。这一特点使得新零售必须从多个角度实现自我完善，从而承担起未来发展的责任。例如，基于商家的传统商品展示形式将逐渐被基于用户的商品展示形式所取代。每一次商品展示都是用户进行商品体验后的真实反映。这种展示形式无疑比传统的展示形式更加生动、直观。在用户体验过程中，新零售将增加新的技术，让用户的体验更真实。用户在新零售时代不仅是内容的接收者，还是内容的生产者和承担者。

2. 平台干预程度不同

传统电商如阿里巴巴、京东等互联网巨头为企业提供了一个销售商品的平台，它们没有太多的干预。这种发展模式最终导致很多商品无法被平台所管控，用户可能会遇到质量、服务等一系列的问题。

新零售的另一个特点是平台深度干预。在新零售模式下，平台已经深入商品的生产、运输、销售和使用中。在这些环节中，传统的电子商务平台已经开始与线下门店联系起来，线下门店被视为体验线上商品的供应站，使许多线上用户在线下门店中获得更加全面的体验。

除了线下体验外，新零售还可以依赖传统线下门店的优势，为用户提供服务。用户购买到劣质商品后不再只能通过网上途径维权。在新零售模式下，用户购买到劣质商品后，可以直接到线下门店换货，这样的模式更受用户的欢迎。

平台深度干预的新零售模式结合了网上购物的便利性和离线服务的即时性，给用户带来了与传统电商完全不同的体验。此外，用户还可以使用传统电商订单模式进行网上交易，而在最近的线下门店取货，这种深层次的干预模式最终使新的零售成为线上和线下的连接器。

3. 用户体验不同

传统电商平台只起到引导商家的作用，不涉及其他业务。这使得传统电商平台只能停留在转移的层面，等到用户维权、退换商品时，用户需要找到卖家才能解决。这种模式不仅造成了大量的资源浪费，而且使许多传统电商平台对商家的管控能力较弱。

新零售平台已不再只是承担分流的作用，它们承担的更多的任务是提升用户体验。当流量红利逐渐消失时，单纯的引流很难引发购买行为。只有在引导用户的基础上，通过增加平台功能，满足用户的新需求，才能真正适应新零售时代的到来。

未来，新零售平台将不仅具有购买功能，而且还具有体验功能、社交功能、交易功能等。当这一系列功能成为当前电子商务平台的标准时，新零售时代就会全面到来。

任务三　新零售的发展趋势

新零售自诞生之日起就备受瞩目。在电子商务发展日渐式微之时，新零售的出现无疑给经济的发展带来了新的活力。在各行各业探索新零售发展的道路上，不断涌现出新的商业模式和概念，在给消费者带来生活便利的同时也改变了其生活方式和观念。接下来，我们就来看看新零售发展中出现的新趋势。

任务情境

缤果盒子是一家可规模化复制的 24 小时无人值守便利店，每个盒子的面积为 15 平方米左右，以销售薯片、饼干、方便面等速食品和各类日用品为主。

为保证安全运营，缤果盒子研发了"小范 FAN AI"人工智能解决方案，运用人工智能、大数据、机器学习等多项技术，使盒子能够进行全智能商品感应识别、智能识别防盗、在线自助结算、远程客服适时协助等操作。在"小范 FAN AI"中，图像识别技术取代了此前广泛使用的 RFID 电子标签，节省了为商品贴标签的人工和成本。

缤果盒子尤其重视在店内防盗环节中的投入，盒子上的门禁系统由重力传感器、红外传感器及 RFID 标签读取器等组成，如果消费者带着未结账的商品，盒子的大门将无法打开。

在缤果盒子中进行消费的流程也非常简单，消费者通过扫码进行身份认证后，即可进入盒子选购商品。挑选完毕后，消费者只需打开微信的"缤果盒子"公众号并点击"我要付款"，扫码并完成支付，就可以带着商品离开。

思考： 除了无人便利店外，新零售的发展趋势还有哪些？

知识精讲

一、社区新零售

社区是人群的聚集区，在传统意义上它是一个用户居住的地理位置。随着现代营销理念和营销手段的不断发展，社区因其具有社交属性、便利属性，展现出潜在的商业价值。

在实体零售业发展进程中，社区零售业的发展已成为一种势不可当的趋势。在此大背景下，便利店、精品超市、社区型购物中心等一些社区新零售门店将会成为新零售企业转型升级的一个主要方向，社区新零售发展已经进入黄金期。

（一）社区新零售的概念

社区新零售就是指在社区场景发生并完成消费的新零售市场。社区场景是指以社区及以社为核心的周边 3 000～5 000 米范围内，满足社区居住人群日常生活需求的商家构成的场景。社区新零售为周边居民主要提供社区商业、餐饮、家政、健康美容等多种形式的服务，服务形式包括用户到点消费和商家上门服务。社区新零售属于提供日常生活用品和服务为主的属地型商业。与其他商业项目对比，社区新零售具有以下三大特征。

一是社区新零售的商业功能是便民消费，离消费者近是一个重要诉求。

二是社区新零售的消费对象偏重中档家庭，以儿童、学生消费为主。

三是社区新零售在服务模式的配置上突出消费的便捷性，服务模式的配置上侧重家庭消费的组合。

（二）社区新零售发展的背景

伴随着我国新零售的发展，企业投资的成本也会降低，社区新零售将会成为零售业发展的重要方向。从长远发展来看，社区新零售符合现在消费市场的需求。社区新零售发展的背景主要有以下几个方面。

1. 城镇化进程加速

随着城镇化进程的加快，社区新零售的需求也随之增长。相关分析统计显示，预计2030 年我国城镇化率将高达 66%，并且未来每年预计会有 1 200 万～1 400 万人口进入城市，未来我国将逐渐产生约 2 万个新社区。

2. 社区便利店发展势头强劲

毕马威和中国连锁经营协会发布的《2023 年中国便利店发展报告》显示，2022 年中国便利店（不含港澳台地区）市场销售额达 3 834 亿元，同比增速达 9.76%，门店总数达30 万家，保持了显著的增长态势，这成为社区新零售发展的强大动力。

便利店不同于商场、超市等线下渠道，它具有小而全的特点。据尼尔森最新发布的报告，超市、小型超市及便利店等的数量一直保持着增长势头，而大卖场数量却呈现出负向增长态势。

尼尔森通过对市场的研究发现，"简便、快速到达"已成为用户对线下渠道的一个普遍要求。其中 42% 的超市用户、71% 的便利店用户和 56% 的传统杂货铺用户都认为"简便、快速到达"是一个最重要的因素，如图 11-5 所示。

3. 大卖场积极向"社区"转型

大型零售商的转变，正在印证这一点。沃尔玛在我国开设了智能社区超市"惠选"，

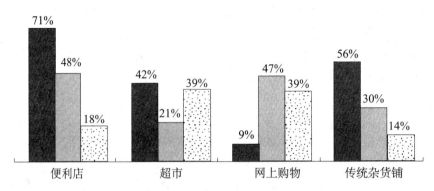

图 11-5　购物渠道选择驱动因素

这是沃尔玛在中国继大卖场、山姆会员商店和社区卖场店之后推出的第四种业态。惠选超市植根于社区中心，致力于成为社区的一部分和本地化的门店。

近些年，华润万家也推出了社区新零售品牌——万家 LIFE，致力于打造温暖而有活力的社区生活，以家庭为中心，旨在成为居民 5～10 分钟步行范围内的优选购物场所，专注于满足消费者一日三餐及居家生活基本所需，精选富有品质的优质商品，以满足消费者多样化、便利性的商品需求。

4. 新生代个性化需求的升级

消费需求和购物方式的变化决定了企业未来的发展方向。随着结婚成家、开拓事业，年轻一代用户已经成为我国社会消费的主导力量。随着居民收入的增加，喜欢个性化产品和服务的年轻用户成为我国新生代消费群体。社区零售因为其地域上的便利性和优质的购物体验，优先迎合了新一代用户的偏好。

（三）社区新零售的发展趋势

目前，我国的社区新零售还处于初始阶段。未来，社区新零售会更具发展潜力和发展空间。

总体来说，未来社区新零售的发展主要有以下趋势。

1. 融合发展

社区需要新零售，新零售也为社区服务。两者相辅相成，互相促进，更有利于共同提升零售业的现代化水平及综合竞争力。

2. 业态趋于合理

目前，社区新零售的发展还不完善。未来，社区新零售业务将会走上统一规划、定位、布局、经营和管理的道路。

3. 开拓细分市场

未来，社区新零售市场将根据不同的消费群体呈现不同类型。特别是现代社区新零售、高端社区新零售、中高端社区新零售、大型社区新零售、大学城社区新零售和文化区社区新零售将分别占有适当比例。社区新零售市场将逐步细分，适应不同类型和层次用户的需求。

4. 个性化将成为趋势

随着社会和城市的发展，一些社区已经逐步形成了自己的特点：有的社区白领较多，有的社区外国人较多。未来，社区可能需要创造一些个性化的事物，这有利于商业社会的良性发展。

5. 便利店和生鲜超市是重要组成部分

新零售较为明显的特点是零售业由大型超市向社区便利店转变，菜市场可能会被生鲜超市取代。零售商店和商业形态的市场是社区新零售的重要组成部分，但是随着社会的不断发展，便利店和生鲜超市将成为社区新零售的重要组成部分。

6. 前置仓库与社区团购成为新的纽带

前置仓库被认为是整个社区新零售服务模式的最佳解决方案。现在，京东、苏宁易购、永辉、沃尔玛和其他电商企业已经纷纷开始布局，竞争逐渐加剧。

二、线上线下一体化的全渠道零售

随着消费场景的多元化，消费者对于场景的选择更加不确定，特别是作为主力消费人群的"80后""90后"，他们既钟情于线上消费的商品丰富、价格实惠、送货上门，也同样乐于享受线下消费的即到即买、现场体验、质量可靠及完善的服务。消费者对于线上和线下的边界变得越来越模糊。

消费者需求的不确定性让线上和线下的零售商都面临着获客成本增大的压力，这也促使线上、线下零售商更加理性地审视自身：如何才能够在转型中扬长避短，开启创新、融合之路？这就是线上发挥渠道方便、快捷的优势，线下发挥消费体验和信赖度的优势，相互借力，逐步打破线上线下边界、客群边界、供应链边界、时效边界、平台边界和地域边界，让消费者能够真正实现随时随地随心所购。

随着线上线下的不断融合，线上与线下零售店在各方面的差距将不断缩小。在这种背景下，一方面，商品价格、购物体验及商品质量将统一；另一方面，全渠道零售将开启，消费者将通过多种渠道获得更加专业的服务和更加优质的商品。

（一）线上线下商品和服务一体化

传统电商采用线上线下两个不同的商品和价格体系，可称之为电商"双轨制"。这个电商"双轨制"是不利于企业长远发展的。电商"双轨制"的起源是企业试图在传统线下经销体系之外再开辟一个销售渠道，为了避免与传统经销渠道冲突，所以采用了不同系列的商品，并且因为线上电商价廉的原因，商品还要以低于线下经销价格销售。商品分开销售，售后的配送安装服务一般也是分开来实施的。由于线上与线下的对立，线下传统经销商对线上销售商品的售后服务可能会拖延执行甚至不提供服务，严重影响了消费者的使用体验。在新零售时代，企业需要打破以往线上线下分割的局面，提供线上线下一体化的消费体验。

一体化的消费体验不仅要求企业线上线下所展示的商品要一致，而且价格也要一致。2019年8月7日，卡西欧新零售店"G-SHOCK新天地店"在上海开业，理念是创造"任何时间、任何地点、任何商品、任何渠道"的购物体验，实现线上线下业务一体化。在这里，消费者可享受前卫的科技感视觉体验、体验互动游戏，也能现场直接扫码购物，并通过多元化支付功能实现真正的便捷消费。

除此之外，线上线下一体化的消费体验还表现在企业在整个商品导购过程中如何及时引导消费者在线上与线下之间进行无缝切换。例如，当消费者在线上浏览商品时，企业如何及时引导消费者去线下实体店进行实物体验，对商品有更多的了解，并且通过线下导购一对一的解释促进消费者的转化等。

消费者在购物时无论身处何地，无论是在线下逛街还是手持鼠标或智能终端，都能以同样的价格买到同样的商品、享受同样的咨询或售后服务，用任意方式支付和取货，这种线上线下一体化正是全行业力推的新零售较为典型的标志之一。

（二）开启全渠道零售

全渠道零售是一种新的销售理念，它强调用户触达渠道的多样化。全渠道零售是指零售企业将多种类型的零售渠道相结合，以满足用户的购物、娱乐和社交的需要。全渠道零售企业可以根据自己的目标用户需求，制订多渠道整合策略和市场定位。

随着信息技术、移动互联网和社交媒体的兴起，整个零售行业进入精细化销售的时代，渠道为王的时代正被移动互联网、消费者体验、数据价值融会贯通于线上线下，全渠道成为零售业发展的必然方向。零售商不仅仅需要整合渠道和改变运营模式，也需要结合大数据重构零售供应链系统，提供更精准的消费者体验。

在未来的零售业务场景中，消费者不管是走进线下门店，还是使用商家开发的移动端App和第三方电商平台上的店铺，都能获取一致的商品和促销信息。商家要对任意平台进行一体化管理，包括线上会员线下开卡、线下会员线上绑定、积分线上线下通兑、网上购买实体店取货等。消费者可随时随地按照自己喜欢和方便的方式进行消费，而且可以获得统一的消费体验。

案例研究

沃尔玛的全渠道零售

沃尔玛很早就已经开始进行全渠道零售，并且取得了较好的效果。"京东-沃尔玛模式""扫码购"就是全渠道零售的典型样板。

早在2017年，京东与沃尔玛就进行了深层合作：线上，沃尔玛官方旗舰店、沃尔玛海外购官方旗舰店、山姆会员商店官方旗舰店、山姆会员商店全球购官方旗舰店纷纷入驻京东；线下，越来越多的沃尔玛门店入驻京东到家平台。京东与沃尔玛实施消费者互通、门店互通与库存互通的"三通"战略，意味着在双方此前的浅层合作基础上将合作推进到供应链和后台技术方面更深度的融合。2018年，借助京东到家的消费数据，结合沃尔玛的供应链能力，沃尔玛推出了零售商超行业的首个仓配一体化"沃尔玛云仓"，目前已经在深圳、上海和成都建立了十余家云仓，这些云仓可以为消费者提供1小时送达服务。

另外，通过与腾讯的合作，沃尔玛将"扫玛购"推广到了全国。在类似功能的小程序中，目前整个商超零售行业里也只有沃尔玛实现了全国400家门店的覆盖。利用沃尔玛"扫码购"功能，消费者在线下门店购物时随时添加想要购买的商品，然后直接在线上进行支付，免去排队付款的烦恼，这几乎和线上购物的流程一样。该功能可以将沃尔玛大量的线下流量连接起来，提升门店的运营效率，为沃尔玛沉淀更多数字化消费者，从而为消费者提供个性化的购物体验打下基础。

案例解析：在线上线下融合发展成为大趋势的背景之下，线下实体零售商和电商之间的竞争开始越来越趋于理性，甚至不少传统企业开始接受并拥抱互联网，不少线下零售商开始承认，互联网给整个行业的发展带来了颠覆性的变化，零售行业理应顺应潮流，走线上线下营销活动融合发展的道路。目前，线上电商企业和线下零售商之间形成了一个共识，零售行业未来的发展趋势一定是线上线下一体化的新零售。

三、高效的即时零售

（一）即时零售的含义及模式

即时零售也称作零售外卖，指消费者在线上交易平台下单，线下实体零售商通过第三方或自有物流执行配送上门的服务，配送时效通常在30～60分钟。其履约过程，是由"基础运力骑手＋智能调配系统"组成，发件端可以是门店、前置仓、企业，也可以是个人，其中，门店和前置仓是主要订单来源。

显然，即时零售是以即时配送体系为基础的高时效性到家消费业态，属于典型的零售新业态和消费新模式，也是全渠道零售的一种形式。即时零售的主要特征是"线上下单，线下30～60分钟送达"，其供给高度依赖本地门店。即时零售业态的发展创造了更多的本地就业机会。

目前，即时零售有两种运营模式，分别是配送为主的平台模式（简称平台模式）和全链路的自营模式（简称自营模式）。而自营模式还分为前置仓模式和店仓一体模式。

即时零售平台不直接拥有商品，自身无自营的线下门店或者前置仓，通过建立线上交易撮合平台，吸引线下商超等实体门店入驻。即时零售平台提供流量入口和配送物流支持，商品完全由入驻平台的线下商家门店所有，线下门店负责拣货打包，平台匹配外卖骑手到店取货，最终送达消费者，完成履约。平台模式SKU丰富，覆盖面广，扩张速度快，代表企业有美团闪购和京东到家、饿了么，它们以平台为基础，接入其他商家和自有货源。

自营模式是从货物到仓储到配送，能够全链路自营。前置仓模式产品把控力强，长于生鲜，代表企业有每日优鲜、美团买菜。店仓一体模式提供线下体验，能增加消费者信任度，代表企业有盒马鲜生、永辉超市、大润发。

（二）即时零售的起源及发展

最早的即时零售，可以追溯到 2013 年在美国成立的外卖平台 Gopuff。Gopuff 曾表示"在技术协调和训练有素的员工配合下，最快能在 90 秒内完成挑选、包装和发送订单的全过程"。这样缩短配送时间的外卖，在某种程度上就可以称为是一种"即时零售"。

我国的即时零售始于 2013 年的生鲜线上化，当时的主要做法是用标品的方式做生鲜——通过快递进行履约，一仓或多仓发全国。经过一轮烧钱，商家才发现电商是没法完成生鲜线上化的。于是，在城市仓/区域仓之下设置前置仓或者店用来囤货、分拣、打包、分发、履约就成了必然的探索方向。

2014 年，每日优鲜开创了前置仓模型。接着，永辉生活成立，以永辉超市门店为基础，开通线上渠道，实现生鲜/商超线上化。

2015 年，京东到家成立，将本地超市线上化，发展超市外卖业务。

2016 年，盒马鲜生成立，它融合了店和仓的模式，既做门店又做前置仓，同样是通过线上下单完成了生鲜互联网化。

盒马鲜生、京东到家、永辉生活、每日优鲜、美团、饿了么等都被称作 O2O 平台或项目，前四者是零售 O2O，后二者是餐饮 O2O。2015—2016 年，餐饮外卖还处于混沌状态，美团刚收购大众点评，美团、饿了么、百度外卖大战正酣，外卖行业巨亏，不论是外卖行业还是里面的玩家都是危机重重。外卖对公众的影响相对现在来说也很小，还没有成为大众的日常生活。商家并没有把餐饮外卖与即时零售联系起来，只是把餐饮外卖和零售外卖当作 O2O 的一部分，并没有意识到即时零售就是零售外卖，并且零售外卖的启动将晚于餐饮外卖，并依托于餐饮外卖。

一直到 2021 年，即时零售才算有了真正意义上的成长，而这成长的动力来自美团。到 2020 年左右，美团外卖占据外卖市场七成以上份额，外卖业务实现盈利，外卖日均订单量突破 3 000 万。此时，外卖成为大众日常生活的一部分，改变了大众的消费习惯，美团彻底击败对手，站稳脚跟，然后它提出了万物到家的概念，并在 2021 年进一步将零售确定为公司未来 10 年的战略方向。由此，即时零售进入快速发展时期。

从 2019 年至 2022 年，我国即时零售全行业规模约从 750 亿元增长到 3 200 亿元，美团闪购规模从 295 亿元增长到 1 474 亿元。2022 年美团闪购规模占即时零售行业市场约 50% 份额，饿了么占即时零售市场约 15% 份额，整个外卖平台占即时零售市场约 65% 份额。

2022 年 7 月，商务部发布的《2022 年上半年中国网络零售市场发展报告》首次提及"即时零售"，点出即时零售将作为新型零售模式的重点发展对象之一。

❓ **课堂思考：**什么是即时零售？

四、无人零售

随着技术发展、人工和租金的大幅上涨、基础设施的规模化和移动支付的普及，尤其是人工智能和物联网技术的飞速发展，无人零售已经具备加速发展的客观条件，加上资本入局，无人零售将进入快速扩张阶段。各种新型的自动售货机，包括占领办公室的自动咖啡机、自动售卖冰柜等，都将成为新零售形态中不可或缺的一部分。目前，除了各电商和互联网巨头以外，创业企业也纷纷涌入，积极布局。目前，我国无人零售企业的主要经营模式如表11-2所示。

表11-2 无人零售企业的主要经营模式

类型	面积	形式	距离消费者距离	代表企业
开放货架	占地面积小（<10平方米）	开放式	距离消费者最近	每日优鲜便利购、小e微店等
自动贩卖机	占地面积小（<10平方米）	封闭式	距离消费者较近	天使之橙、零点咖啡吧等
无人便利店	占地面积大（10~30平方米）	形式不一	距离消费者较远	缤果盒子、便利蜂、F5未来商店等
无人超市	占地面积大（几百甚至上千平方米）	半开放式	距离消费者最远	Amazon Go、淘咖啡等

随着支持无人零售行业发展政策的陆续出台，以及资本对无人零售行业的青睐，未来，在资本和技术的继续推动下，我国无人零售行业将迎来一个高速发展期，无人零售店数量和消费者规模都将得到大幅提升。

另外，在未来，人工智能和网络技术将以消费者、运营商及产业链各方需求为导向，对现有无人零售领域的三大主流技术（互联网、物联网、人工智能）进行优化，无人零售将会进一步提升消费者体验，简化购物流程。

拓展案例： 技术革新下的零售业：智趣仓无人超市的突破

课后复习与思考

一、单选题

1. 即时零售也称作零售外卖，指消费者在线上交易平台下单，线下实体零售商通过第三方或自有物流执行配送上门的服务，配送时效通常在（   ）。

A. 15 分钟内 B. 30～60 分钟 C. 半天 D. 1 天

2. 社区新零售是指以社区及以社为核心的周边（ ）范围内，满足社区居住人群日常生活需求的新零售市场。

A. 100 米 B. 500 米

C. 3 000～5 000 米 D. 10 公里

3. （ ）是指零售企业将多种类型的零售渠道相结合，以满足用户的购物、娱乐和社交的需要，它强调用户触达渠道的多样化。

A. 社区新零售 B. 全渠道零售 C. 即时零售 D. 无人零售

二、多选题

1. 零售行业的发展目前经历了（ ）阶段。

A. 连锁经营 B. 电子商务 C. 移动互联网 D. 新零售

2. 下列有关新零售的理解正确的有（ ）。

A. 新零售就是消费者赋能 B. 新零售就是供给侧结构性改革

C. 新零售就是升维体验 D. 新零售就是数字化革命

3. 新零售与传统零售的区别体现在（ ）。

A. 理念不同 B. 渠道不同 C. 用户体验不同 D. 技术基础不同

4. 社区新零售的业态主要有（ ）。

A. 百货店 B. 大卖场 C. 生鲜超市 D. 便利店

5. 目前无人零售的主要经营模式有（ ）。

A. 开放货架 B. 自动贩卖机 C. 无人便利店 D. 无人超市

三、判断题

1. 数字化是新零售的核心。（ ）

2. 新零售和传统零售相比，企业销售的商品种类并没有发生变化，只是商品到达用户手中的方式和渠道发生了变化。（ ）

3. 社区新零售的消费以高档的家庭消费为主。（ ）

4. 社区零售是以即时配送体系为基础的高时效性到家消费业态。（ ）

5. 新零售平台将不仅具有购买功能，而且还具有体验功能、社交功能、交易功能等。（ ）

四、简答题

1. 什么是新零售？

2. 新零售与传统零售、电子商务的区别在哪里？

3. 社区新零售的趋势有哪些？

4. 什么是全渠道零售？

5. 什么是即时零售？其目前的运营模式有哪些？

五、案例分析

盒马鲜生

盒马鲜生是阿里巴巴集团旗下的自营生鲜类商超，也是其支付宝会员店。盒马鲜生是对线下超市完全重构的新零售模式，是以数据和技术驱动的新零售平台。盒马鲜生希望为消费者打造社区化的一站式新零售体验中心，用科技带给消费者"鲜美生活"。

一、盒马鲜生简介

盒马鲜生被称为阿里巴巴新零售的探路者。2016年1月，盒马鲜生在上海金桥广场开设了第一家门店，面积达4 500平方米。从表面上看，盒马鲜生是选取"生鲜"高频消费品为切入点的一家超市，经营品类包含水果蔬菜、肉禽蛋品、海鲜水产、熟食料理、食品酒饮、粮油调味、日化百货等，能满足消费者日常生活一站式购物需求，但是超市后面还"隐藏"着一个物流配送中心，支持线上销售。其核心逻辑是"仓店一体"，既是超市的门店，又是电商的线下仓库。

盒马鲜生通过实时更新的电子价签保证了线下与线上商品的价格统一，又透露出盒马鲜生是有着强烈互联网基因的企业。同时，门店内的餐饮区可以给消费者提供周到的体验感，消费者产生信任后，盒马鲜生又能将多数快消品通过App实现线上销售。超市、仓库、线上便是阿里巴巴对线下超市完全重构的新零售模式。

二、盒马鲜生新零售运营模式

1. 线下搭建"零售＋餐饮"消费场景

"零售＋餐饮"的线下消费场景是盒马鲜生的一大特色。盒马鲜生坚持"新鲜每一刻、所想即所得、一站购物、让吃变得快乐、让做饭变成娱乐"的经营理念，重构商品结构，使商品整体品类组合更加扁平化，追求不仅仅为消费者提供简单的商品，而是提供一种生活方式的经营理念，实现"零售＋餐饮"的融合。

盒马鲜生线下店的布局是在线下卖场内引入餐饮区域的模式，一方面为消费者提供了就餐的便利性，延长了消费者在店内的停留时间，增强了消费者黏性；另一方面，餐饮的高毛利率也可改善盒马鲜生零售的盈利结构。对于作为盒马鲜生主打商品的生鲜商品，盒马鲜生也配备了海鲜代加工服务，方便消费者在店内享用最新鲜的美食，同时也提升了转化率。具体制作流程为：消费者在海鲜档口选好海鲜，称重付款，凭小票和实物至烧烤吧，加工区确认小票收取加工费后厨房加工，消费者领取叫号器，叫餐后凭小票取餐。

盒马鲜生选择"零售｜餐饮"的模式不仅为消费者带来了新颖的新零售体验，同时在业内开创了生鲜产业的新零售模式。

2. 线上线下融合并行发展

盒马鲜生的运营模式是通过线下体验店覆盖，消费者线上App下单，实现线上、线下真正融合互通。

（1）线下卖场承载消费体验功能。盒马鲜生的线下卖场能够使消费者快速建立品牌认知，在实现低成本物流的同时，也建立了线上生鲜商品冷藏配送基地，成为线上消费的前置仓，实现高效的物流运转和配送。

（2）线上下单打造全渠道营销。到盒马鲜生门店的消费者会被门店服务员指导安装盒马鲜生App，门店服务员会引导线下消费者线上下单，实现线下体验线上下单的闭环消费模式。为了扫清线上、线下对接的阻碍，盒马鲜生通过电子标签等手段将线上、线下销售的商品统一管理，包括所有商品的变价和库存等信息，在适应全渠道营销的同时，形成了线上线下消费的完整闭环。

因此，在线上线下融合并行发展背景下，消费者想购买盒马鲜生的商品，可以选择多种模式，主要包括"到店下单、送货上门""手机 App 下单，送货上门""线上下单，门店自提""直接到门店购买"4 种。

盒马鲜生能够实现线上线下信息的打通，离不开电子价签的应用。通过电子价签系统，盒马鲜生实现了线下线上销售的商品一致，价格同步。消费者可以放心在线上下单，不用再到线下看商品；或者线下直接购买，而不用再到线上查价。

一方面，电子价签提供了品名、价格、单位、规格、等级、产地等传统纸质价签提供的商品信息及对应条形码，消费者通过盒马鲜生 App 扫码了解商品信息并加入移动端购物车；另一方面，盒马鲜生主打水产、蔬菜、瓜果等生鲜商品，生鲜是一个价格变动相对频繁的品类，在应用了电子价签后，店员只需在后台更新价格，便能完成盒马鲜生 App 和实体店内商品价格的同步调整。

3. 基于支付宝构建消费闭环

在支付层面，盒马鲜生不接受现金付款，只接受支付宝结账。消费者到店消费时，门店服务员就会指导消费者安装盒马鲜生的 App，消费者到门店消费必须成为会员，结账时必须通过 App 或支付宝支付，不能使用现金，这也是盒马鲜生的特色之一。

盒马鲜生要求消费者只能用支付宝付款，主要有以下几点考虑：一是有利于收集线上和线下下单消费者的所有消费数据；二是通过门店服务员引导消费者安装盒马鲜生 App 及支付宝 App，可以将线下客流吸引到线上，刺激消费者产生消费黏性；三是支付宝收银系统和其电子价签系统及后端的物流配送系统可以轻松打通，有利于盒马鲜生进一步开展模式优化，实现完整的商务电子化。

另外，盒马鲜生要求消费者统一采用支付宝付款，一方面能够将线上的消费者通过支付宝转化为自身的会员；另一方面也可能将线下消费者发展为支付宝用户。

4. 基于大数据开展店铺选址和精准营销

店铺周围 3 千米，是盒马鲜生可以最大限度搜寻目标消费者的范围。盒马鲜生对于选址有自己的考量标准，会借鉴手机淘宝和支付宝的用户数据，了解目标消费者的画像及线上购物活跃度。盒马鲜生以周边支付宝的活跃用户数量及用户购买力来决定选址，从一定程度上打破了固有商业选址模式。例如，成都的盒马鲜生首店开在红牌楼区域，而不是传统意义上的春熙商圈，就是因为淘宝系的数据表明红牌楼区域的网购消费者的数量很大、客单价也高。

盒马鲜生对于整个生鲜市场的把控，之所以能够做到面面俱到，并且高效运作，正是得益于大数据的帮助。例如，当某一款海鲜商品出现断货或者需要进行新鲜鉴定的时候，盒马鲜生通过大数据系统就可以提前知道，这样一来备货人员就可以及时对这一个货架的商品进行更换或补给，高效的运作可以避免新鲜商品出现滞销货过期的问题，确保商品的新鲜程度。此外，在大数据的支撑下，运营人员还可以根据消费者的消费行为及习惯，决定哪一款商品需要加大供货力度，哪一款商品需要调整促销策略等。清晰的数据可以反映出更多的问题，能够帮助盒马鲜生更好地运营和发展。

盒马鲜生所代表的新零售从表面看只是线上、线下的结合，实际上是一套复杂的台前、幕后融合系统，上至供应链，下至消费者，都与大数据有着千丝万缕的联系。盒马鲜生通过数据掌握消费者需求，反向驱动商品采购、中央厨房、加工中心、配送等环节的精准供应和流通效率，最终实现 3 千米范围内 30 分钟免费送达的智能物流体验。这是一套颠覆传统零售的运营体系。

5. 全自动物流模式提升配送效率

为了完成线上订单"3 千米范围，30 分钟送达"的承诺，盒马鲜生从接单到装箱开始配送仅需 10 分钟左右。为此，盒马鲜生门店采用了全自动物流模式，从前端体验店拣货到后库装箱，都由物流带传送。盒马鲜生门店内顶上安装的不是华丽的吊灯，而是传送滑道，这也是门店一道别致的风景，传送带不停歇地运转着，它连接着商品陈列区和后仓，用于快速传送消费者线上 App 订购的商品。一旦接收到线上订单，盒马鲜生工作人员立即使用专用拣货袋开始拣货，完成后通过滑道输送到下一名工作人员，依次拣货完成后，传送到后仓进行打包和配送。

线上订单具体的配送流程为：系统接收到线上订单后，拣货员根据移动手持终端（PDA）显示订单，前往零售区或仓储区拣货，放入专用拣货袋，将拣货袋放至传送起点，通过自动传输系统把商品传送到后台 300 多平方米的合流区，后台人员将拣货袋装入专用的配送箱，用垂直升降系统送到一楼出货。

移动手持终端 PDA 上共有收货、退货、上架、盘点、移库、打包、复核等多项功能，涵盖了从存货管理、拣货到配送的方方面面。接到订单后，PDA 会显示订单中每一个物品的货位、名称、编号、应拣数量、待拣数量等信息。拣货员接到订单后提取拣货袋，首先用 PDA 扫描拣货袋上的编号，确保订单在后续配送中可追踪。每找到一个商品后，拣货员用 PDA 扫描商品条形码，完成单个商品的拣货。

6. 供应链重构和资源充分利用

生鲜市场对供应链的要求非常高。盒马鲜生有专业的供应链团队，门店开到哪儿，就和当地的供应商建立联盟，甚至直接组织农户进行生产。盒马鲜生从生产基地采购生鲜的同时，还将大部分生鲜在第一个环节就做好包装，从而避免了在运输过程中因门店运营和消费者挑选等环节中带来的损耗。盒马鲜生将这些上游供应链整合的获益都反映在商品的价格上，让生鲜商品获得了更好的性价比，既新鲜又好吃。例如，日日鲜系列是盒马鲜生去基地直接采购，并且在种植区域附近的生产车间实现冷链温控和预包装等，保证从蔬菜收割到门店上架控制在 18 小时以内。例如，上海光明食品集团与盒马鲜生达成了合作，上海光明食品集团的乳制品、肉制品、有机米、农场蔬菜水果等也逐步进入盒马鲜生体验店及线上平台。

另外，盒马鲜生还充分利用大数据平台，通过深度挖掘消费者数据，将数据不断沉淀，反向导入平台化体系，进而分析数据与数据之间的交叉网点，去了解消费者的具体诉求，利用前端的销售数据去影响后端的供应链生产，并有效控制成本。盒马鲜生通过供应链前移，给供货商进行有效的赋能，不断优化流程，减少了中间环节，降低了损耗和成本，更重要的是保证了商品鲜度、商品品质和食品安全。

问题：盒马鲜生的新零售运营体现在哪些方面？

｜实践操作｜

1. 实训题目：考察一家你所在地区向新零售成功转型的传统零售商店。

2. 实训目的：通过对该商店的考察，了解我国本土传统零售商店向新零售转型所面临的挑战，并写出考察报告，总结成功经验。

3. 实训要求：6～8 人组成一组，做好小组分工，协同调查。

4. 实训地点和设备要求：可以就近选择考察区域。最好能够带着手机，做好相关的录音，拍照记录，以辅助说明问题。

5. 实训内容：分别到该商店进行考察，找出其成功转型的经验。

6. 实训实施方案：事前做好分工，做好计划，合理分配人力、物力。考察结束要及时总结，得出合理的结论。

7. 实训结果要求：对考察的全程做好记录，最后用充足的证据论证考察报告。

参考文献

1. 巴里·伯曼，乔尔·埃文斯，帕特拉莉·查特吉. 零售管理：第 13 版 ［M］. 金钰，译. 北京：中国人民大学出版社，2021.

2. 陈海权. 零售管理 ［M］. 北京：人民邮电出版社，2024.

3. 许应楠. 认识新零售 ［M］. 北京：人民邮电出版社，2020.

4. 张卫林，庄新美子. 新零售实务 ［M］. 北京：人民邮电出版社，2024.

图书在版编目（CIP）数据

零售管理 / 郑立主编 . -- 4 版 . -- 北京：中国人
民大学出版社，2025.1. --（新编 21 世纪高等职业教育
精品教材）. -- ISBN 978-7-300-33309-0

Ⅰ. F713.32

中国国家版本馆 CIP 数据核字第 2024MY0977 号

新编 21 世纪高等职业教育精品教材·市场营销系列

零售管理（第四版）

主　编　郑　立

Lingshou Guanli

出版发行	中国人民大学出版社			
社　　址	北京中关村大街 31 号		**邮政编码**	100080
电　　话	010 - 62511242（总编室）		010 - 62511770（质管部）	
	010 - 82501766（邮购部）		010 - 62514148（门市部）	
	010 - 62515195（发行公司）		010 - 62515275（盗版举报）	
网　　址	http://www.crup.com.cn			
经　　销	新华书店			
印　　刷	北京密兴印刷有限公司		**版　　次**	2010 年 6 月第 1 版
开　　本	787 mm×1092 mm　1/16			2025 年 1 月第 4 版
印　　张	19.25		**印　　次**	2025 年 1 月第 1 次印刷
字　　数	435 000		**定　　价**	49.00 元